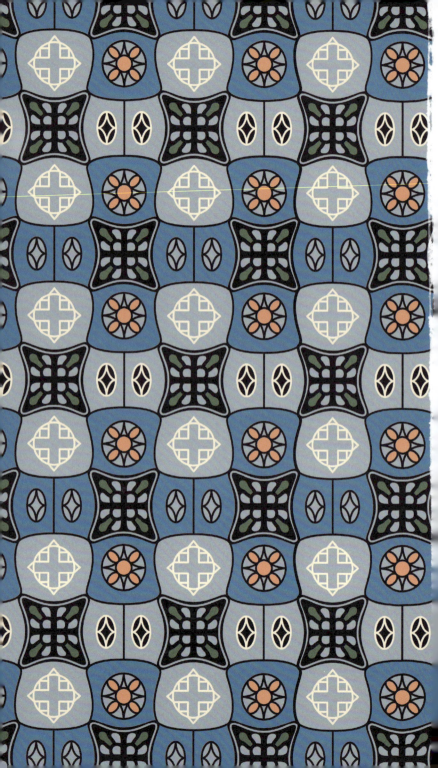

# SIGMUND FREUD

**OBRAS COMPLETAS**

**SIGMUND**

# FREUD

**OBRAS COMPLETAS VOLUME 8**

**O DELÍRIO E OS SONHOS NA *GRADIVA*, ANÁLISE DA FOBIA DE UM GAROTO DE CINCO ANOS E OUTROS TEXTOS**

# (1906-1909)

TRADUÇÃO PAULO CÉSAR DE SOUZA

*8ª reimpressão*

COMPANHIA DAS LETRAS

Copyright da tradução © 2015 by Paulo César Lima de Souza

*Grafia atualizada segundo o Acordo Ortográfico da Língua Portuguesa de 1990, que entrou em vigor no Brasil em 2009.*

Os textos deste volume foram traduzidos de *Gesammelte Werke*, volumes VII e XIII (Londres: Imago, 1941 e 1940).
Os títulos originais estão na página inicial de cada texto. A outra edição alemã referida é *Studienausgabe* (Frankfurt: Fischer, 2000).

Capa e projeto gráfico
warrakloureiro

Imagens das pp. 3 e 4, obras da coleção pessoal de Freud:
*Shabti* de Senna, Egito, séc. XV a.C., calcário, 23 cm
Cavalo e cavaleiro, Grécia, *c.* 550 a.C., terracota, 10,3 cm
Freud Museum, Londres.

Preparação
Célia Euvaldo

Índice remissivo
Luciano Marchiori

Revisão
Angela das Neves
Marise Leal

Dados Internacionais de Catalogação na Publicação (CIP)
(Câmara Brasileira do Livro, SP, Brasil)

Freud, Sigmund, 1856-1939.
   Obras completas, volume 8: O delírio e os sonhos na *Gradiva*, Análise da fobia de um garoto de cinco anos e outros textos (1906-1909) / Sigmund Freud; tradução Paulo César de Souza. — 1ª ed. — São Paulo: Companhia das Letras, 2015.

Título original: Gesammelte Werke.
ISBN 978-85-359-2586-9

1. Freud, Sigmund, 1856-1939  2. Psicanálise  3. Psicologia
4. Psicoterapia  I. Título.

15-02342                                           CDD-150.1952

Índice para catálogo sistemático:
1. Sigmund Freud: Obras completas: Psicologia analítica      150.1952

Todos os direitos desta edição reservados à
EDITORA SCHWARCZ S.A.
Rua Bandeira Paulista, 702, cj. 32
04532-002 — São Paulo — SP
Telefone: (11) 3707-3500
www.companhiadasletras.com.br
www.blogdacompanhia.com.br
facebook.com/companhiadasletras
instagram.com/companhiadasletras
twitter.com/cialetras

# SUMÁRIO

**ESTA EDIÇÃO** 9

**O DELÍRIO E OS SONHOS NA *GRADIVA* DE W. JENSEN (1907)** 13
POSFÁCIO À SEGUNDA EDIÇÃO (1912) 119

**ANÁLISE DA FOBIA DE UM GAROTO DE CINCO ANOS
("O PEQUENO HANS", 1909)** 123
I. INTRODUÇÃO 124
II. CASO CLÍNICO E ANÁLISE 143
III. EPÍCRISE 234
PÓS-ESCRITO À ANÁLISE DO PEQUENO HANS (1922) 283

**A INSTRUÇÃO JUDICIAL E A PSICANÁLISE (1906)** 285

**ATOS OBSESSIVOS E PRÁTICAS RELIGIOSAS (1907)** 300

**O ESCLARECIMENTO SEXUAL DAS CRIANÇAS
(CARTA ABERTA AO DR. M. FÜRST, 1907)** 314

**O ESCRITOR E A FANTASIA (1908)** 325

**AS FANTASIAS HISTÉRICAS E SUA RELAÇÃO
COM A BISSEXUALIDADE (1908)** 339

**CARÁTER E EROTISMO ANAL (1908)** 350

**A MORAL SEXUAL "CULTURAL" E O NERVOSISMO MODERNO (1908)** 359

**SOBRE AS TEORIAS SEXUAIS INFANTIS (1908)** 390

**CONSIDERAÇÕES GERAIS SOBRE O ATAQUE HISTÉRICO (1909)** 412

**O ROMANCE FAMILIAR DOS NEURÓTICOS (1909)** 419

**TEXTOS BREVES (1906-1909)** 425
RESPOSTA A UMA ENQUETE SOBRE LEITURA E BONS LIVROS 426
ANÚNCIO DA COLEÇÃO *ESCRITOS DE PSICOLOGIA APLICADA* 428
PREFÁCIO A *ESTADOS NERVOSOS DE ANGÚSTIA E SEU TRATAMENTO*,
 DE W. STEKEL 430
PREFÁCIO A *O ESTUDO DA ALMA: ENSAIOS NO ÂMBITO DA PSICANÁLISE*,
 DE S. FERENCZI 431

**ÍNDICE REMISSIVO** 433

## ESTA EDIÇÃO

Esta edição das obras completas de Sigmund Freud pretende ser a primeira, em língua portuguesa, traduzida do original alemão e organizada na sequência cronológica em que apareceram originalmente os textos.

A afirmação de que são obras completas pede um esclarecimento. Não se incluem os textos de neurologia, isto é, não psicanalíticos, anteriores à criação da psicanálise. Isso porque o próprio autor decidiu deixá-los de fora quando se fez a primeira edição completa de suas obras, nas décadas de 1920 e 30. No entanto, vários textos pré-psicanalíticos, já psicológicos, serão incluídos nos dois primeiros volumes. A coleção inteira será composta de vinte volumes, sendo dezenove de textos e um de índices e bibliografia.

A edição alemã que serviu de base para esta foi *Gesammelte Werke* [Obras completas], publicada em Londres entre 1940 e 1952. Agora pertence ao catálogo da editora Fischer, de Frankfurt, que também recolheu num grosso volume, intitulado *Nachtragsband* [Volume suplementar], inúmeros textos menores ou inéditos que haviam sido omitidos na edição londrina. Apenas alguns deles foram traduzidos para a presente edição, pois muitos são de caráter apenas circunstancial.

A ordem cronológica adotada pode sofrer pequenas alterações no interior de um volume. Os textos considerados mais importantes do período coberto pelo volume, cujos títulos aparecem na página de rosto, vêm em primeiro lugar. Em uma ou outra ocasião, são reunidos aqueles que tratam de um só tema, mas não foram publicados sucessivamente; é o caso dos artigos sobre a técnica psicanalítica, por exemplo. Por fim, os textos mais curtos são agrupados no final do volume.

Embora constituam a mais ampla reunião de textos de Freud, os dezessete volumes dos *Gesammelte Werke* foram sofrivelmente editados, talvez devido à penúria dos anos de guerra e de pós-guerra na Europa. Embora ordenados cronologicamente, não indicam sequer o ano da publicação de cada trabalho. O texto em si é geralmente confiável, mas sempre que possível foi cotejado com a *Studienausgabe* [Edição de estudos], publicada pela Fischer em 1969-75, da qual consultamos uma edição revista, lançada posteriormente. Trata-se de onze volumes organizados por temas (como a primeira coleção de obras de Freud), que não incluem vários textos secundários ou de conteúdo repetido, mas incorporam, traduzidas para o alemão, as apresentações e notas que o inglês James Strachey redigiu para a *Standard edition* (Londres, Hogarth Press, 1955-66).

O objetivo da presente edição é oferecer os textos com o máximo de fidelidade ao original, sem interpretações de comentaristas e teóricos posteriores da psicanálise, que devem ser buscadas na imensa bibliografia sobre o tema. Informações sobre a gênese de cada obra também podem ser encontradas na literatura secundária. Para questionamentos de pontos específicos e do próprio conjunto da teoria freudiana, o leitor deve recorrer à literatura crítica de M. Macmillan, F. Cioffi, J. Van Rillaer, E. Gellner e outros.

Após o título de cada texto há apenas a referência bibliográfica da primeira publicação, não a das edições subsequentes ou em outras línguas, que interessam tão somente a alguns especialistas. Entre parênteses se acha o ano da publicação original; havendo transcorrido mais de um ano entre a redação e a publicação, a data da redação aparece entre colchetes. As indicações bibliográficas do autor foram normalmente conservadas tais como ele as redigiu, isto é, não foram substituídas por edições mais recentes das obras citadas. Mas sempre é fornecido o ano da publicação, que, no caso de remissões do autor a seus próprios textos, permite que o leitor os localize sem maior dificuldade, tanto nesta como em outras edições das obras de Freud.

As notas do tradutor geralmente informam sobre os termos e passagens de versão problemática, para que o leitor tenha uma ideia mais precisa de seu significado e para justificar em alguma medida as soluções aqui adotadas. Nessas notas são reproduzidos os equivalentes achados em algumas versões estrangeiras dos textos, em línguas aparentadas ao português e ao alemão. Não utilizamos as duas versões das obras completas já aparecidas em português, das editoras Delta e Imago, pois não foram traduzidas do alemão, e sim do francês e do espanhol (a primeira) e do inglês (a segunda).

No tocante aos termos considerados técnicos, não existe a pretensão de impor as escolhas aqui feitas, como se fossem absolutas. Elas apenas pareceram as menos insatisfatórias para o tradutor, e os leitores e profissionais que empregam termos diferentes, conforme suas diferentes abordagens e percepções da psicanálise, devem sentir-se à vontade para conservar suas opções; que cada qual seja "feliz à sua maneira", como disse aquele famoso rei da Prússia, citado por Freud.

P.C.S.

# O DELÍRIO E OS SONHOS NA *GRADIVA* DE W. JENSEN (1907)

TÍTULO ORIGINAL: *DER WAHN UND DIE TRÄUME IN W. JENSENS* GRADIVA. PUBLICADO PRIMEIRAMENTE COMO VOLUME AUTÔNOMO: LEIPZIG E VIENA: HELLER, 1907. TRADUZIDO DE *GESAMMELTE WERKE* VII, PP. 31-125; TAMBÉM SE ACHA EM *STUDIENAUSGABE* X, PP. 9-85.

# I

Num grupo de senhores que têm como certo que os principais enigmas do sonho foram solucionados pelo presente autor, surgiu certo dia a curiosidade de se ocupar daqueles sonhos que jamais foram sonhados realmente, que foram imaginados por escritores e atribuídos a personagens inventadas, no contexto de uma narrativa. A proposta de submeter esse tipo de sonhos a uma investigação pode parecer estranha e ociosa, mas de certo ponto de vista encontra justificação. Geralmente não se acredita que o sonho seja algo dotado de sentido e passível de interpretação. A ciência e a maioria das pessoas cultas sorriem ante a sugestão de interpretar um sonho; somente o povo, que cultiva a superstição — e nisso dá prosseguimento às convicções da Antiguidade —, não abandona a ideia de que os sonhos são interpretáveis, e o autor da *Interpretação dos sonhos* ousou tomar o partido dos supersticiosos e dos antigos contra as objeções da ciência rigorosa. Certamente ele está longe de ver no sonho uma previsão do futuro, que há tempos imemoriais o ser humano procura em vão desvendar por todos os meios possíveis. Mas também não pôde rejeitar inteiramente a relação entre o sonho e o futuro, dado que, após um penoso trabalho de tradução, o sonho se revelou como um *desejo*, da pessoa que sonha, apresentado como *satisfeito*, e quem poderia negar que os desejos se voltam predominantemente para o futuro?

Acabei de afirmar que o sonho é um desejo realizado. Quem não se intimida ante a leitura de um livro difícil, quem não pede que um problema intrincado lhe seja exposto como algo simples e fácil, para poupar esforços e à custa de fidelidade e verdade, pode encontrar na referida *Interpretação dos sonhos* a prova circunstanciada dessa tese e, enquanto isso, deixar em suspenso as dúvidas quanto à equivalência entre sonho e realização de desejo, que seguramente lhe ocorrem.

Adiantamo-nos demais, porém. Ainda não se trata de estabelecer se o sentido de um sonho deve, em cada caso, corresponder a um desejo realizado ou, com igual frequência, a uma expectativa angustiada, uma intenção, uma reflexão etc. O que se acha em questão, primeiramente, é se o sonho tem de fato um sentido, se podemos lhe atribuir o valor de um evento* psíquico. A ciência responde com um "não", declara que o sonho é um evento puramente fisiológico, no qual, portanto, não devemos buscar sentido, significação, propósito. Estímulos somáticos atuariam sobre o instrumento psíquico durante o sono, assim trazendo à consciência ora uma, ora outra ideia, desprovidas de qualquer consistência psíquica. Os sonhos seriam comparáveis apenas a espasmos, não a movimentos expressivos da psique.

Nessa disputa sobre a avaliação dos sonhos, os escritores** parecem estar do lado dos antigos, do públi-

---

* No original, *Vorgang*, que também pode significar "processo". [As notas chamadas por asterisco e as interpolações às notas do autor, entre colchetes, são de autoria do tradutor. As notas do autor são sempre numeradas.]

** No original, *Dichter*, que designa sobretudo os autores de poemas, mas também os de obras poéticas num sentido amplo.

co supersticioso e do autor da *Interpretação dos sonhos*. Quando fazem sonhar as personagens que sua fantasia criou, obedecem à experiência cotidiana de que os pensamentos e afetos dos indivíduos prosseguem durante o sono, e buscam retratar os estados de alma de seus heróis mediante os sonhos que eles têm. Mas os escritores são aliados valiosos e seu testemunho deve ser altamente considerado, pois sabem numerosas coisas do céu e da terra, com as quais nem sonha a nossa filosofia.[*] No conhecimento da alma eles se acham muito à frente de nós, homens cotidianos, pois recorrem a fontes que ainda não tornamos acessíveis à ciência. Mas quem dera fosse menos ambígua a posição dos escritores em favor da natureza significativa dos sonhos! Pois uma crítica mais severa poderia objetar que o escritor não toma partido nem contra nem a favor do significado psicológico de um sonho; ele se contenta em mostrar como a psique adormecida[**] reage às excitações que nela permaneceram ativas como prolongamentos da vida de vigília.

No entanto, essa desilusão não diminuirá nosso interesse pela forma como os escritores se utilizam do sonho. Se tal investigação não trouxer nada de novo sobre a essência dos sonhos, talvez nos proporcione, a partir desse ângulo, algum vislumbre da natureza da

---

[*] Alusão a versos famosos de *Hamlet*, ato I, cena 5.
[**] No original, *die schlafende Seele*; nas versões estrangeiras consultadas — a espanhola da Biblioteca Nueva, a argentina da Amorrortu, a italiana da Boringhieri e a *Standard* inglesa — encontramos: *el alma dormida, el alma durmiente, la psiche dormiente, the sleeping mind.*

produção literária. Os sonhos reais já são vistos como formações desenfreadas e sem regras, e agora temos as recriações livres de tais sonhos! Mas há muito menos liberdade e arbítrio na vida psíquica do que somos inclinados a supor; talvez não haja nenhuma. O que no mundo exterior denominamos acaso resolve-se em leis, como é sabido. Também o que na esfera psíquica denominamos arbítrio baseia-se em leis — apenas obscuramente entrevistas, por enquanto. Vamos ver, então, o que descobrimos.

Haveria dois caminhos para essa investigação. Um deles seria o aprofundamento num caso especial, nos sonhos criados por um autor em uma de suas obras. O outro consistiria em juntar e contrastar todos os exemplos de utilização de sonhos que podem ser achados em obras de diferentes escritores. O segundo caminho parece ser, de longe, o mais acertado, e talvez o único justificável, pois de imediato nos livra dos problemas ligados à adoção do conceito artificialmente unitário de "escritor" [*Dichter*]. Sendo investigada, essa unidade se dissolve em escritores individuais de valor bastante diverso, entre os quais alguns que nos habituamos a reverenciar como os mais profundos conhecedores da alma humana. Entretanto, estas páginas serão tomadas por uma pesquisa do primeiro tipo. Aconteceu que, no grupo de senhores em que surgiu a ideia, um deles se lembrou[*] de que havia, na obra de ficção que lhe agra-

---

[*] Foi C. G. Jung, como informa Ernest Jones em sua biografia de Freud.

dara por último, vários sonhos que lhe pareciam ter aspecto familiar, convidando-o a neles experimentar o método da *Interpretação*. Ele confessou que o tema e o cenário da pequena obra haviam influído enormemente no agrado que esta lhe suscitara, pois a história se passava em Pompeia e tratava de um jovem arqueólogo que havia trocado o interesse na vida pela dedicação aos vestígios do passado clássico e agora, por uma via indireta bem peculiar, mas consistente, era transportado de volta para a vida. Enquanto se desenvolvia esse tema genuinamente poético, muitas afinidades e concordâncias eram despertadas no leitor. A obra era a novela *Gradiva*, de Wilhelm Jensen [1837-1911], que o próprio autor designava como "uma fantasia pompeiana".

Agora devo pedir a meus leitores que deixem de lado momentaneamente este ensaio e o substituam pela *Gradiva* — lançada no comércio em 1903 —, de maneira que eu possa, nas páginas seguintes, referir-me a algo que lhes seja familiar. Para aqueles que já leram a *Gradiva*, no entanto, recordarei o teor da história com um breve sumário, confiando em que sua memória restabeleça todo o encanto que nisso vai perdido.

Um jovem arqueólogo, Norbert Hanold, descobriu numa coleção de antiguidades, em Roma, um baixo-relevo que o atraiu de tal forma que ele se regozijou ao conseguir uma excelente cópia em gesso da peça, que pendurou em seu gabinete numa cidade universitária alemã, onde pode estudá-la com atenção. A escultura representa uma jovem mulher andando; ela ergue um pouco seu vestido drapejado, de modo que seus pés ficam visíveis nas sandálias. Um dos pés se apoia inteiramente no chão, enquanto o outro se acha dobrado, tocando o solo apenas com os dedos, tendo a planta e o tornozelo quase a prumo [ver a imagem na p. 20]. Foi esse andar inusual e bastante encantador que provavelmente prendeu a atenção do artista e, após tantos séculos, veio a seduzir o olhar do nosso arqueólogo.

O interesse que o herói da história tem pelo baixo-relevo é o fato psicológico básico da narrativa, e não acha explicação imediata. "O dr. Norbert Hanold, professor de arqueologia, não encontrou nada verdadeiramente notável para a sua ciência no baixo-relevo" (*Gradiva*, p. 3).* "Não podia explicar para si mesmo o que nele havia despertado sua atenção, apenas sabia que fora atraído por algo, e que esse efeito prosseguia inalterado desde então." Mas sua imaginação não para de se ocupar da imagem. Ele vê algo "de hoje" nela, como se o artista a tivesse enxergado na rua e capturado a visão "conforme a vida". Ele dá um nome à moça representada a andar: "Gradiva", "aquela que anda"; ele fantasia que certamente ela é filha de uma casa nobre, talvez de um edil pertencente ao patriciado, que "executava seu trabalho sob os auspícios de Ceres", e que se acha a caminho do templo da deusa. Mas depois lhe desagra-

---

* O número da página, após as citações da novela, remete à edição alemã utilizada por Freud. Há uma edição brasileira dessa obra: *Gradiva: Uma fantasia pompeiana* (trad. de Ângela Melim. Rio de Janeiro: Jorge Zahar, 1987). No livro não se acha indicação de qual língua foi traduzido. Um cotejamento com as citações revela que não foi do alemão.

Baixo-relevo com a "Gradiva".

da situar aquela figura tranquila no torvelinho de uma grande cidade, e se convence de que ela ficaria melhor em Pompeia, onde caminharia sobre as peculiares pedras do calçamento — desenterradas recentemente —, que em dia chuvoso permitiam que se cruzasse a rua sem molhar os pés e, ao mesmo tempo, possibilitavam o tráfego de coches e carroças. Os traços de seu rosto lhe pareciam *gregos*; ela era de origem helênica, sem dúvida. Aos poucos, todo o conhecimento que ele tem da Antiguidade é posto a serviço dessa e de outras fantasias relacionadas àquela que teria sido o modelo para o baixo-relevo.

Mas logo lhe surge um problema supostamente científico, que requer solução. Trata-se de chegar a um juízo crítico: "O escultor havia reproduzido o andar da Gradiva de forma fiel à vida?". Ele não consegue evocá-lo por si próprio; na busca pela "realidade" desse andar, é conduzido a "encetar observações próprias da vida real, para esclarecimento da questão" (*G.*, p. 9). Isso o obriga, no entanto, a fazer coisas que lhe são inteiramente alheias. "O sexo feminino, para ele, fora até então algo feito de mármore ou de bronze; aos seus representantes contemporâneos ele jamais dispensara a menor atenção." Obrigações sociais sempre lhe foram um tormento inevitável; mal enxergava e escutava as senhoritas que nelas lhe apareciam, de modo que, ao vê-las em outra ocasião, por elas passava sem cumprimentar — o que, naturalmente, não lhes causava boa impressão. Agora, contudo, a tarefa científica que se havia proposto o fazia atentar avidamente, em tempo seco e, especialmente, em dias de chuva, para os pés que se tornavam visíveis das senhoras e moças que passavam na rua, atividade essa que lhe proporcionava alguns olhares aborrecidos e outros tantos encorajadores, por parte das mulheres observadas; "mas nem de uns nem de outros ele vinha a se dar conta" (*G.*, p. 10). Como resultado desses estudos, descobriu que o andar da Gradiva não se verificava na realidade, o que o encheu de fastio e lamento.

Pouco depois teve um sonho terrivelmente angustiado, em que se achava na antiga Pompeia, no dia da erupção do Vesúvio, e era testemunha da destruição da cidade. "Quando estava num lado do fórum, próximo ao templo de Júpiter, viu subitamente a Gradiva, a pouca distância de si. Até aquele instante não pensara na presença dela, mas agora lhe ocorria, como algo natural, que, sendo ela uma pompeiana, vivia na cidade natal e, *sem que ele o suspeitasse, era sua contemporânea*" (*G.*, p. 12). A angústia quanto ao destino iminente para ela o fez soltar um grito de alerta, ao que a figura, caminhando imperturbada, voltou para ele o rosto. Mas ela prosseguiu calmamente até o pórtico do templo,* sentou-se num degrau da escada e lentamente encostou a cabeça nesta, enquanto seu rosto empalidecia cada vez mais, como que se transformando em mármore. Quando ele a alcançou, encontrou-a estendida no amplo degrau, com expressão tranquila, como se estivesse dormindo, até que a chuva de cinzas cobriu sua figura.

---

* O templo de Apolo; cf. o mapa de Pompeia na p. 23 oposta.

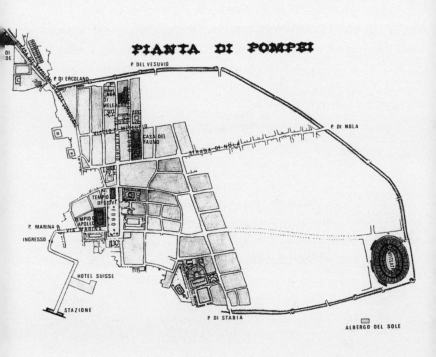

Mapa das escavações de Pompeia no início do séc. XX.

Ao despertar, acreditou ainda ter no ouvido os gritos confusos dos moradores de Pompeia em busca de salvação e o bramido surdo e ameaçador do mar em agitação. Mesmo depois de readquirir a consciência plena e ver que tais ruídos eram as manifestações de vida da cidade grande que acordava, manteve ainda por algum tempo a crença na realidade do que sonhara. Quando, por fim, renunciou à ideia de que ele próprio havia testemunhado a destruição de Pompeia, quase dois mil anos atrás, ficou-lhe ainda a convicção de que a Gradiva vivera em Pompeia e lá fora soterrada no ano de 79 d.C. Suas fantasias sobre ela foram de tal modo realçadas por aquele sonho, que agora ele a pranteava como alguém que perdera.

No momento em que, tomado por esses pensamentos, debruçava-se na janela, chamou-lhe a atenção um canário, que trinava seu canto numa gaiola presa à janela aberta da casa em frente. De súbito, algo como um sobressalto lhe veio, estando ele, ao que parece, ainda não inteiramente acordado do sonho. Acreditou ter visto na rua uma silhueta como a de sua Gradiva, reconhecendo-lhe até mesmo o andar característico; sem pensar, abalou para a rua, a fim de alcançá-la, e apenas o riso e a mofa das pessoas, ante seu inconveniente roupão, impeliram-no rapidamente de volta à casa. Em seu aposento, o canário a cantar na gaiola mais uma vez lhe ocupou o pensamento, suscitando-lhe a comparação com sua própria pessoa. Também ele estava numa espécie de gaiola, achou, mas era-lhe mais fácil escapar dela. Como que em mais um efeito do sonho, e talvez também por influxo do ameno ar primaveril, formou-se nele a decisão de uma viagem à Itália, para a qual logo se encontrou um pretexto científico, embora "o impulso para essa viagem lhe tivesse surgido de uma sensação inefável" (*G.*, p. 24).

Chegando a essa viagem de motivação peculiarmente vaga, façamos uma pausa e consideremos mais detidamente a personalidade e a conduta do nosso herói. Ele ainda se coloca de maneira tola e incompreensível para nós; ainda não vislumbramos como a sua tolice particular se ligará ao propriamente humano, de modo a granjear nosso interesse. É uma prerrogativa do escritor nos deixar nesta incerteza; com a beleza de sua linguagem, com a engenhosidade de sua trama ele nos recompensa provisoriamente a confiança que nele depositamos e a simpatia, ainda não justificada, que nos dispomos a sentir pelo seu herói. Sobre este também somos informados que a tradição familiar já o predestinava a estudioso da Antiguidade, que seu posterior isolamento e independência o fizeram mergulhar por inteiro na ciência e afastar-se completamente da vida e seus prazeres. Para sua sensibilidade, o mármore e o bronze eram as únicas coisas realmente vivas, que davam expressão à finalidade e ao valor da existência humana. Mas, talvez com benévola intenção, a natureza lhe dera um antídoto de natureza totalmente não científica, uma fantasia extremamente vivaz, capaz de se impor não apenas nos sonhos mas, com frequência, também na vigília. Tal dissociação entre a fantasia e o intelecto o destinava a ser um escritor ou um neurótico, ele contava entre aquelas pessoas cujo reino não é deste mundo. Assim pôde lhe acontecer de permanecer interessado num baixo-relevo que representava uma garota de passo peculiar, de envolvê-lo em suas fantasias, inventar-lhe nome e procedência, localizar na Pompeia soterrada havia mais de 1800 anos a pessoa que criou e, finalmente, após um estranho sonho angustiado, exacerbar até o delírio a fantasia sobre a existência e o fim da garota chamada Gradiva, delírio esse que adquiriu influência sobre os seus atos. Tais operações da fantasia nos pareceriam singulares e impenetráveis se as encontrássemos numa pessoa viva real. Como o herói Norbert Hanold é uma criação do autor, talvez possamos perguntar a este, timidamente, se a sua fantasia foi guiada por outras forças que não seu arbítrio.

Deixamos nosso herói quando, aparentemente levado pelo canto de um canário, ele decidiu empreender uma viagem à Itália, sem um motivo que lhe fosse realmente claro. Também somos inteirados de que tampouco a destinação e o roteiro da viagem estavam fixados. Um desassossego e insatisfação interior o impele de Roma a Nápoles, e daí adiante. Encontra-se no meio de uma revoada de noivos em lua de mel e, vendo-se obrigado a observar os carinhosos "Augustos" e "Margaridas",* é absolutamente incapaz de entender o modo de agir desses casais. Chega à conclusão de que, entre todas as tolices humanas, "o casamento assume o primeiro lugar, sendo a maior e mais incompreensível, e as absurdas viagens de núpcias à Itália são, de certo modo, o coroamento dessa loucura" (*G.*, p. 27). Em Roma, tendo o sono perturbado

---

* "August" e "Grete" no original: nomes que são dados pejorativamente, na novela, aos noivos e noivas em geral.

pela vizinhança de um casal carinhoso, rapidamente foge para Nápoles, apenas para lá encontrar outros "Augustos e Margaridas". Acreditando ter ouvido, nas conversas desses casais de pombos, que a maioria deles não pensa em aninhar-se entre as ruínas de Pompeia, mas em seguir voo para Capri, ele resolve fazer o que não farão e, uns poucos dias após sua partida, "contra toda a expectativa e sem intenção", encontra-se em Pompeia.

Mas lá não encontra o sossego que procura. O papel que antes cabia aos recém-casados, de inquietar seu ânimo e incomodar seus sentidos, agora é assumido pelas moscas domésticas, nas quais ele se inclina a ver a encarnação do mal e do supérfluo absolutos. Os dois tipos de atormentadores se fundem numa unidade: alguns pares de moscas lhe recordam os casais em lua de mel, provavelmente falando entre si, na sua linguagem, "meu querido Augusto" e "minha amada Margarida". Por fim, não pode deixar de reconhecer que "sua insatisfação não é causada somente pelo que se acha ao seu redor, mas tem origem, em parte, dentro dele próprio" (*G.*, p. 42). Sente que "está de mau humor, pois lhe falta algo, mas não consegue entender o quê".

Na manhã seguinte, passa pelo *Ingresso* [Entrada],\* em Pompeia, e, após se livrar do guia, anda sem rumo pela cidade, não se lembrando, curiosamente, que pouco

---

\* Em italiano no texto; da mesma forma, nas páginas seguintes Freud também vai se referir à Casa del Fauno, à Strada Consolare e ao Albergo del Sole (respectivamente Casa do Fauno, rua Consular e Hotel do Sol).

tempo antes presenciou, em sonho, o soterramento de Pompeia. Depois, na "ardente, sagrada" hora do meio-dia — que os antigos consideravam hora de espíritos —, quando os outros visitantes se recolheram e os montes de ruínas surgem desolados e banhados de sol à sua frente, manifesta-se nele a capacidade de remontar à vida desaparecida, mas não através da ciência. "O que esta ensinava era uma concepção arqueológica sem vida; o que lhe saía da boca era uma linguagem morta, filológica. Essas não ajudavam a apreender com a alma, o espírito, o coração — como se queira chamar; quem aspirasse a tanto deveria, como o único ser vivo no cálido silêncio do meio-dia, permanecer ali entre os vestígios do passado, para ver e ouvir não com os olhos físicos e não com os ouvidos do corpo. Então... os mortos despertavam e Pompeia recomeçava a viver" (*G.*, p. 55).

Enquanto assim faz reviver o passado com a fantasia, subitamente vê a inconfundível Gradiva do baixo-relevo a sair de uma casa e atravessar a rua, caminhando agilmente sobre as pedras de lava, tal como a viu no sonho daquela noite, quando ela se pôs sobre os degraus do templo de Apolo, como se fosse dormir. "E, juntamente com essa lembrança, algo mais lhe surgiu pela primeira vez na consciência: desconhecendo ele próprio aquele impulso interior, ele viera para a Itália, seguira até Pompeia sem parar em Roma e Nápoles, com o fim de ali encontrar os rastros da Gradiva. E isso no sentido literal, pois o andar peculiar da moça devia ter deixado nas cinzas uma impressão dos dedos diferente de todas as demais" (*G.*, p. 58).

Neste ponto, a tensão em que o autor nos manteve se transforma, por um momento, em dolorosa perplexidade. Não apenas o nosso herói perdeu claramente o equilíbrio; também nós ficamos desnorteados com o aparecimento da Gradiva, que até então era uma figura de mármore e da imaginação. Trata-se de uma alucinação de nosso herói, ofuscado pelo delírio? É um fantasma "real" ou uma pessoa de carne e osso? Não necessitamos crer em fantasmas para elencar essas possibilidades. O escritor, que denominou sua narrativa "uma fantasia", ainda não teve oportunidade de esclarecer se pretende nos deixar em nosso mundo, visto como prosaico, dominado pelas leis da ciência, ou nos conduzir a um mundo fantástico, em que fantasmas e espíritos adquirem realidade. Como ensina o exemplo de *Hamlet* ou de *Macbeth*, nós, leitores, estamos plenamente dispostos a acompanhá-lo neste segundo caso. Então, o delírio do arqueólogo fantasioso teria de ser medido por outro padrão. Se considerarmos como é improvável a existência de uma pessoa que reproduza fielmente a semelhança de uma antiga figura de pedra, nossa lista se reduz a uma alternativa: alucinação ou espectro do meio-dia. Um pequeno detalhe da descrição logo exclui a primeira possibilidade: um grande lagarto jaz imóvel à luz do sol, e, ante a aproximação da Gradiva, foge rapidamente por sobre as pedras de lava da rua. Nenhuma alucinação, portanto, mas algo exterior aos sentidos do nosso sonhador. A presença de uma ressuscitada poderia incomodar um lagarto?

Diante da casa de Meleagro, a Gradiva desaparece. Não nos surpreende que Norbert Hanold prossiga em seu delírio, achando que Pompeia começou a reviver ao seu redor, na hora fantasmal do meio-dia, e que também a Gradiva tornou a viver e entrou na casa que habitava antes daquele dia fatal de agosto de 79 d.C. Passam por sua mente especulações engenhosas sobre a personalidade do dono da casa, que teria recebido o nome dele, e sobre a relação entre ele e a Gradiva — mostrando que seus conhecimentos se acham inteiramente a serviço de sua imaginação. Entrando nessa casa, subitamente vê a aparição mais uma vez, sentada sobre uns degraus baixos, entre duas das colunas amarelas. "Em seus joelhos havia alguma coisa branca estendida, que o seu olhar não divisava claramente; parecia ser uma folha de papiro..." Com base em suas últimas conjecturas sobre a origem da moça, ele a interpela em grego, hesitante e ansioso por descobrir se, em sua existência aparente, ela possuía o dom da fala. Como não teve resposta, falou-lhe em latim. Ao que ela replicou, sorridente: "Se desejas falar comigo, deves usar o alemão".

Que vergonha para nós, os leitores! Também de nós o autor zombou e nos induziu — talvez auxiliado pelos reflexos do ardente sol de Pompeia — a um pequeno delírio, para julgarmos mais brandamente o pobre coitado que sofria verdadeiramente sob o sol do meio-dia. Mas agora sabemos, já recuperados de uma breve confusão, que a Gradiva é uma jovem alemã de carne e osso, algo que tendíamos a rejeitar como improvável. Podemos então aguardar, com um sentimento de tranquila superioridade, até descobrirmos que relação existe entre a garota e sua imagem de pedra, e como o nosso arqueólogo chegou às fantasias que apontam para a personalidade real da moça.

Mas nosso herói não é arrancado de sua ilusão tão rapidamente como nós, pois, diz o autor, "embora sua crença o tornasse feliz, tinha de haver-se com um bom número de circunstâncias misteriosas" (*G*., p. 140). E, além disso, esse delírio provavelmente tem raízes internas, das quais nada sabemos e que não estão presentes em nós. Será necessário um tratamento incisivo para trazê-lo de volta à realidade. Nesse momento, tudo o que ele pode fazer é adequar o delírio à maravilhosa experiência que acabou de ter. A Gradiva, que pereceu com os outros habitantes na destruição de Pompeia, só pode ser um fantasma do meio-dia, que retorna à vida na breve hora dos espectros. Mas por que, após ouvir a resposta por ela dada em alemão, ele exclamou: "Eu sabia que a sua voz soava assim"? Não apenas nós, a própria garota pergunta isso, e Hanold tem de admitir que jamais escutou sua voz, esperava escutá-la no sonho, quando a chamou, no momento em que ela se punha sobre os degraus do templo para dormir. Ele solicita que ela faça novamente como então, mas ela se levanta, olha-o com estranheza e, andando alguns passos, desaparece entre as colunas do pórtico. Logo antes, uma bela borboleta voejou ao seu redor; na interpretação dele, foi um mensageiro do Hades, lembrando à falecida que devia retornar, pois findava a hora fantasmal do meio-dia. Hanold ainda consegue lançar esta pergunta à garota que se vai: "Você voltará aqui amanhã, ao meio-dia?". Nós, porém, que agora nos inclinamos a interpretações mais sóbrias, acreditamos que ela viu na solicitação de Hanold uma coisa inapropriada, e por isso o abandonou, ofendida, nada querendo saber do seu sonho. A sensibilidade da moça não teria percebido a natureza erótica do anseio, que para ele era motivado pela relação com o seu sonho?

Depois que a Gradiva desaparece, nosso herói observa cuidadosamente todos os hóspedes do Hotel Diomède presentes na refeição, e assim também os do Hotel Suisse, em seguida, e pode verificar que em nenhum dos dois estabelecimentos que conhece da cidade há alguém remotamente parecido com a Gradiva. Naturalmente, ele rejeitaria como absurda a expectativa de realmente achar a Gradiva num dos dois hotéis. Depois, o vinho gerado no quente solo do Vesúvio contribui para a vertigem em que ele passa o dia.

Para o dia seguinte, a única coisa segura é que Hanold iria novamente à casa de Meleagro na hora do meio-dia; esperando por esse momento, ele penetra na cidade por sobre o muro antigo, de maneira irregular. Vê um ramo de asfódelo com suas campânulas brancas, e, sendo uma flor do mundo subterrâneo, esta lhe parece bastante significativa; então ele a colhe e a leva consigo. Mas todo o estudo da Antiguidade é para ele, enquanto espera, a coisa mais inútil e mais indiferente do mundo, pois um outro interesse se apoderou dele: o problema "de que natureza seria a aparição física de um ser como a Gradiva, que está morto e, ao mesmo tempo, vivo, ainda que somente na hora fantasmal do meio-dia" (*G.*, p. 80). No entanto, ele tem receio de não encontrá-la hoje, porque talvez o retorno só lhe seja permitido após um longo período, e toma a sua aparição por uma peça de sua própria fantasia, quando novamente a enxerga entre as colunas — o que dele extrai a dolorosa exclamação: "Oh, se você ainda existisse e aqui estivesse!". Mas dessa vez ele está sendo crítico em demasia, pois a aparição tem voz e lhe pergunta se aquela flor branca é para ela, encetando uma longa conversa com ele, agora novamente desconcertado. A nós, leitores — para quem a Gradiva já se tornou interessante como pessoa viva — o autor informa que o olhar de mau humor e rejeição do dia anterior cedeu lugar a uma expressão de curiosidade e interesse. Ela realmente o interroga, pede que explique a observação da véspera, quando é que ele ficou ao seu lado enquanto ela se punha a dormir; assim toma conhecimento do sonho em que perecia juntamente com a cidade, do baixo-relevo e da posição do pé, que tanto atraiu o arqueólogo. Concorda em lhe mostrar seu andar, no qual a única diferença que se nota, em relação ao modelo original, é a substituição das sandálias por sapatos cor de areia de couro fino, algo que ela afirma ser uma adaptação ao presente. Claramente, ela se ajusta ao seu delírio e faz com que ele o revele em toda a amplitude, sem jamais contradizê-lo. Apenas uma vez um afeto próprio parece arrancá-la de seu papel, quando ele, com o pensamento no baixo-relevo, diz que a havia reconhecido imediatamente. Como, nessa altura da conversa, ela ainda não sabe do relevo, é natural que não compreenda bem as palavras de Hanold, mas logo se recobra, e para nós é como se algumas de suas falas tivessem duplo sentido — quando, por exemplo, ela lamenta que ele não tenha conseguido rever nas ruas o modo de andar da Gradiva: "Que pena, talvez você não precisasse fazer a longa viagem até aqui" (*G.*, p. 89). Ela vem a saber que ele chama "Gradiva" ao baixo-relevo, e lhe diz seu verdadeiro nome, Zoé. "Esse nome lhe cai bem, mas soa como uma ironia amarga para mim, pois *Zoé* significa 'vida'." — "Temos que nos render ao inevitável", responde ela, "e há muito já me habituei a estar morta." Prometendo voltar no dia seguinte, ao meio-dia, ela se despede, após novamente lhe solicitar o ramo de asfódelos. "As pessoas mais afortunadas recebem rosas na primavera, mas o certo, para mim, é você me dar a flor do esquecimento" (*G.*, p. 90). A tristeza não deixa de ser apropriada numa mulher há muito falecida, que apenas retornou à vida por algumas breves horas.

Começamos a entender e a ter alguma esperança. Se aquela jovem, sob cuja forma a Gradiva tornou a viver, aceita o delírio de Hanold de maneira tão completa, provavelmente o faz para livrá-lo dele. Não há outro caminho para obter isso; contradizê-lo apenas excluiria essa possibilidade. Também o tratamento sério de um estado patológico real desse tipo teria de colocar-se inicialmente no terreno da construção delirante, para então examiná-la do modo mais completo possível. Se Zoé for a pessoa certa para isso, logo veremos como se cura um delírio como o de nosso herói. Também gostaríamos de saber como surge um delírio desses. Seria algo peculiar — embora não sem exemplos e paralelos — se o tratamento e a investigação do delírio coincidissem e a explicação para sua origem fosse obtida justamente durante sua decomposição.* Podemos suspeitar, é certo, que nosso caso patológico poderia resultar numa história de amor "habitual", mas convém não desprezar o amor como força curativa contra o delírio, e o encantamento de nosso herói pela imagem da Gradiva não era uma completa paixão, ainda que dirigida para algo passado e sem vida?

Depois que a Gradiva desaparece, apenas se ouve por um momento, à distância, algo como o grito alegre de um pássaro a voar sobre as ruínas da cidade. Agora sozinho, Hanold apanha uma coisa branca que a Gradiva deixou — não uma folha de papiro, mas um caderno de rascunhos, com desenhos a lápis de várias cenas de Pompeia. Diríamos que se trata de um penhor do seu retorno, pois afirmamos que ninguém esquece algo sem uma razão secreta ou um motivo oculto.

O resto do dia traz a nosso arqueólogo todo tipo de descobertas e constatações, que ele não chega a integrar num conjunto, porém. No muro do pórtico, onde a Gradiva se foi, ele percebe agora uma abertura estreita, pela qual uma pessoa excepcionalmente esbelta poderia passar. Ele nota que Zoé-Gradiva não precisaria desaparecer na terra nesse ponto — algo tão absurdo

* No original: *Zersetzung*; nas versões consultadas: *análisis*, *descomposición* [com nota que diz: *O sea, su análisis*], *scomposizione*, *while it was being dissected*. Cf. o termo similar empregado no título de uma das *Novas conferências introdutórias à psicanálise*: *Die Zerlegung der psychischen Persönlichkeit*, que nesta coleção (v. 18, 31ª conferência) foi traduzido por "A dissecção da personalidade psíquica".

que ele se envergonha de ter pensado assim antes —, mas que teria utilizado essa passagem para alcançar sua tumba. Uma leve sombra lhe parece evadir-se no final da rua dos Sepulcros, diante da casa denominada Villa de Diomedes. No mesmo torvelinho do dia anterior, e ocupado com os mesmos problemas, ele agora vagueia nos arredores de Pompeia. Pensa em qual poderia ser a natureza física de Zoé-Gradiva, e no que alguém sentiria se lhe tocasse a mão. Um ímpeto peculiar lhe traz a intenção de fazer tal experiência, mas um receio igualmente forte lhe dificulta inclusive imaginá-la. Num declive banhado pelo sol encontra um senhor de meia-idade, que, a julgar pelo equipamento, deve ser um zoólogo ou botânico, e que parece ocupado em caçar algo. Este se volta para ele e pergunta: "Você também se interessa pelo *faraglionensis*? Eu não podia supor, mas agora acho provável que ele se encontre não apenas nas ilhas Faraglioni, junto de Capri, mas tenha se estabelecido também aqui no continente. O método indicado pelo colega Eimer[*] é realmente bom; já o utilizei várias vezes com sucesso. Por favor, não se mexa" (*G.*, p. 96). O homem se cala, toma um laço feito de um longo talo de erva e o segura diante da fresta de um rochedo, onde se vê a pequena cabeça azul iridescente de um lagarto. Hanold deixa o apanhador de lagartos, pensando, de maneira crítica, nos propósitos peculiares e tolos que podem levar os indivíduos a empreender a longa via-

---

[*] O zoólogo Theodor Eimer (1843-98), da Universidade de Tübingen.

gem até Pompeia — naturalmente não incluindo, nessa crítica, ele próprio e sua intenção de buscar as pegadas da Gradiva nas cinzas de Pompeia. O rosto do homem não lhe parece desconhecido, talvez o tenha visto rapidamente num dos dois hotéis, e, além disso, ele o abordou como a um conhecido.

Prosseguindo no passeio, tomou uma via menor e chegou a uma construção que ainda não vira, e que resultou ser um terceiro hotel, o Albergo del Sole. O proprietário, ocioso, aproveitou a ocasião para recomendar vivamente sua casa e os tesouros que ali foram desenterrados. Afirmou que estava presente quando, na área do fórum, foi encontrado o jovem casal que, reconhecendo o destino inevitável, abraçara-se fortemente à espera da morte. Hanold já ouvira falar dessa história e dera de ombros, achando que era uma fábula de algum narrador fantasioso, mas agora a conversa do hoteleiro despertou sua credulidade, que foi ainda maior quando ele lhe trouxe uma presilha de metal, coberta de pátina verde, que fora retirada das cinzas, junto com os restos da moça, estando ele presente. O arqueólogo adquiriu essa presilha sem hesitação ou dúvida, e quando viu, ao deixar o *albergo*, um ramo de asfódelos com as flores brancas, assomando de uma janela aberta, a visão dessa flor sepulcral lhe pareceu uma confirmação da autenticidade de sua nova aquisição.

Com essa presilha, porém, um novo delírio tomava posse dele; ou, melhor dizendo, ao velho delírio se juntava mais um elemento — o que, claramente, não era um bom auspício para a terapia iniciada. Perto do fórum havia sido desenterrado o jovem casal naquela posição, unido num abraço, e nessa mesma região, ao lado do templo de Apolo, ele sonhara que via a Gradiva se abaixar para dormir. Seria possível que, na realidade, ela tivesse ido além do fórum para encontrar alguém, depois morrendo com essa pessoa? Essa conjectura fez surgir nele um sentimento martirizante, que talvez possamos ver como ciúme. Ele o atenuou lembrando a incerteza dessa hipótese, e recobrou-se de tal forma que pôde jantar no Hotel Diomède. Lá, chamaram-lhe a atenção dois hóspedes recém-chegados, um rapaz e uma moça, que uma certa semelhança física o levou a considerar irmãos, apesar da diferença na cor do cabelo. Entre as pessoas que encontrou na viagem, foram as primeiras a lhe dar uma impressão simpática. A jovem tinha no peito uma rosa vermelha de Sorrento que despertava nele alguma recordação, não podia precisar qual. Por fim, foi dormir e sonhou; eram coisas singulares e absurdas, mas obviamente extraídas de suas vivências do dia. "A Gradiva estava sentada em algum lugar, no sol, fazendo um laço com um talo de grama, para prender um lagarto, e dizia: 'Por favor, fique inteiramente imóvel — a colega tem razão, o método é realmente bom e ela o empregou com sucesso'." Ainda dormindo, ele se defendeu desse sonho com a observação crítica de que era uma maluquice, e conseguiu livrar-se do sonho com a ajuda de um pássaro invisível, que soltou um grito breve, semelhando uma risada, e levou o lagarto no bico.

Apesar dessa confusão, acordou sentindo-se lúcido e firme. Uma roseira — com flores da mesma espécie da que havia notado na jovem — lembrou-lhe que durante a noite alguém dissera que as pessoas dão rosas na primavera. Distraidamente colheu algumas rosas, e ligado a elas devia haver algo que teve um efeito liberador em sua mente. Despojado de seu acanhamento, tomou o caminho habitual para Pompeia, levando as rosas, a presilha e o caderno de desenhos, e ocupado com vários problemas que diziam respeito à Gradiva. O velho delírio mostrava rachaduras; ele já duvidava de que ela pudesse estar em Pompeia somente ao meio-dia, e não em outras horas. Mas a ênfase havia se deslocado para o novo elemento, e o ciúme relacionado a este o atormentava sob formas diversas. Quase desejaria que a aparição permanecesse visível apenas para seus olhos, subtraindo-se à percepção dos outros; assim poderia considerá-la sua propriedade exclusiva. Enquanto vagava, esperando pelo meio-dia, teve um encontro surpreendente. Na Casa del Fauno deparou com duas figuras num canto; provavelmente acreditavam que não eram vistas, pois estavam abraçadas e seus lábios se tocavam. Admirado, reconheceu nelas o casal simpático do dia anterior. Mas o abraço e o beijo lhe pareceram muito demorados para que fossem irmãos; logo, era mesmo um casal de apaixonados, presumivelmente em lua de mel — August e Grete, mais uma vez. Curiosamente, agora essa visão lhe deu apenas satisfação, e timidamente, como se tivesse perturbado um secreto ato de devoção, afastou-se sem que o vissem. Restabelecia-se nele uma atitude de respeito que por muito tempo lhe faltara.

Chegando à casa de Meleagro, o medo de encontrá-la em companhia de outro voltou a apoderar-se dele, tão fortemente que a cumprimentou perguntando: "Está sozinha?". Com dificuldade, ela o fez se dar conta de que havia colhido as rosas para ela, e ele confessou-lhe seu último delírio, o de que ela era a garota que havia sido encontrada perto do fórum, num abraço amoroso, e à qual pertencia a presilha verde. Não sem alguma ironia, ela perguntou se havia encontrado o objeto sob o sol, pois este — ela usou a palavra italiana, *sole* — produz coisas desse tipo. Para remediar a tontura que ele afirmou sentir, ela lhe propôs partilhar a pequena refeição que trouxe, e lhe ofereceu metade de um pão branco envolto em papel de seda, comendo a outra metade com evidente apetite. Seus dentes perfeitos luziam entre os lábios, e faziam ligeiros sons de estalo ao morder a crosta do pão. "É como se há dois mil anos nós já tivéssemos comido esse pão juntos", disse ela. "Você não se lembra?" (*G.*, p. 118). Ele não soube o que responder, mas a melhora em sua cabeça, ocasionada pelo alimento, e todos aqueles indícios de presença, dados pela moça, não deixavam de produzir algum efeito sobre ele. A razão avultou nele e pôs em dúvida o delírio de que a Gradiva seria apenas um fantasma do meio-dia. Contra isso, é verdade, podia-se argumentar que ela própria acabava de dizer que dois mil anos atrás já havia partilhado uma refeição com ele. Para resolver esse conflito surgiu a ideia de um experimento, que ele realizou de maneira astuta e corajosa. A mão esquerda da moça, com seus dedos finos, apoiava-se calmamente sobre os joelhos, e sobre ela pousou uma daquelas moscas que tanto o haviam irritado antes com sua impertinência e inutilidade. De repente, a mão de Hanold subiu e, num toque nada suave, abateu-se sobre a mosca e a mão da Gradiva.

Esta ação ousada teve duas consequências para ele: primeiro, a jubilosa convicção de que havia tocado uma mão real, viva e cálida; mas também ocasionou uma repreensão que o fez levantar-se assustado. Pois as seguintes palavras saíram dos lábios da Gradiva, depois que ela se refez do espanto: "Você está louco, Norbert Hanold!". Como se sabe, a melhor maneira de acordar alguém que dorme ou um sonâmbulo é chamá-lo pelo nome. Infelizmente, não se pôde observar que consequências teve para Norbert Hanold o fato de a Gradiva chamar seu nome — que ele não havia informado a ninguém na cidade. Pois nesse momento crítico apareceu o simpático casal que ele vira na Casa del Fauno, com a jovem exclamando, num tom de alegre surpresa: "Zoé! Você aqui! E também numa viagem de núpcias? Mas você não me escreveu nada sobre isso!". Diante de mais essa prova da realidade da Gradiva, Hanold bateu em retirada.

Zoé-Gradiva também não ficou agradavelmente surpresa com esse encontro inesperado, que a perturbava no que seria — tudo indicava — uma tarefa importante. Logo se recompôs, no entanto, e respondeu à pergunta de maneira desenvolta, informando à amiga (e a nós, sobretudo) acerca da situação e desembaraçando-se, ao mesmo tempo, daquele jovem casal. Deu-lhes parabéns, mas ela própria não estava em lua de mel.

"O rapaz que acabou de sair sofre de uma notável ilusão, ele parece acreditar que há uma mosca zumbindo em sua cabeça; bem, cada qual pode ter algum inseto na cabeça. Por obrigação, entendo um pouco de entomologia e posso ser útil nesses casos. Meu pai e eu nos hospedamos no Sole, ele também sofreu um ataque repentino e teve a boa ideia de me trazer até aqui, desde que eu me entretivesse por conta própria em Pompeia e não lhe fizesse nenhum tipo de solicitação. Imaginei que alguma coisa interessante eu poderia desenterrar aqui sozinha. É verdade que eu não contava com essa descoberta, Gisa — com a sorte de encontrá-la, quero dizer" (*G.*, p. 124).

Mas então precisou sair rapidamente, para fazer companhia ao pai na mesa do hotel. E partiu, depois de haver se apresentado a nós como a filha do zoólogo e caçador de lagartos e reconhecer, em algumas expressões ambíguas, a intenção terapêutica e outras intenções ocultas.

A direção que tomou, porém, não era a do Albergo del Sole, onde seu pai a esperava; quis-lhe parecer que nos arredores da Villa de Diomedes uma figura espectral buscava por seu túmulo e desaparecia sob um dos monumentos sepulcrais, e por isso ela voltou os passos, sempre com o pé em posição quase perpendicular, na direção da via dos sepulcros. Ali, confuso e envergonhado, havia se refugiado Norbert Hanold, que andava incessantemente de um lado para o outro no pórtico do jardim, ocupado em lidar com o restante de seu problema mediante um esforço do intelecto. Uma coisa se tornara indiscutivelmente clara para ele:

havia sido completamente tolo e insensato em acreditar que estivera às voltas com uma moça de Pompeia que retornara à vida numa forma mais ou menos corpórea, e essa nítida percepção de sua tolice era, inegavelmente, um avanço considerável no caminho de volta à sadia razão. Por outro lado, essa moça viva, com a qual se relacionavam outras pessoas, como se faz com alguém de carne e osso como nós, era a Gradiva, e ela sabia seu nome, e sua razão, que mal havia despertado, não era forte o suficiente para resolver esse enigma. Além disso, ele mal dispunha de tranquilidade emocional para enfrentar uma tão difícil tarefa, pois preferia haver sido igualmente soterrado na Villa de Diomedes dois mil anos atrás, para estar seguro de que não encontraria Zoé-Gradiva novamente.

Entretanto, uma forte ânsia de revê-la contrariava o que ainda lhe restava da inclinação para fugir.

Ao dobrar um dos quatro cantos da colunata, ele recuou num sobressalto. Num fragmento de muro estava sentada uma das garotas que haviam encontrado a morte ali na Villa de Diomedes. Mas tratava-se de uma última tentativa, logo rechaçada, de fugir para o reino do delírio; não, era a Gradiva, que claramente havia retornado para lhe ministrar a última parte do tratamento. De modo correto, ela interpretou o primeiro movimento instintivo dele como uma tentativa de abandonar o local, e mostrou-lhe que não poderia escapar, pois um aguaceiro terrível começava a cair. Implacável, deu início ao exame perguntando o que pretendia ele ao golpear a mosca em sua mão. Ele não encontrou ânimo para utilizar determinado pronome,* mas teve a coragem — mais valiosa — de fazer uma pergunta decisiva:

"Eu estava — como disse alguém — um tanto confuso da cabeça, e peço desculpas por ter usado a mão... como pude ser tão insensato não consigo entender... mas também não posso entender como a dona da mão me pôde... pôde repreender minha tolice mencionando meu nome" (*G.*, p. 134).

"Então sua compreensão não chegou a esse ponto, Norbert Hanold. Mas não posso me surpreender, pois durante muito tempo você me acostumou a isso. Eu não precisaria ter vindo a Pompeia para perceber isso novamente, e você poderia ter me confirmado isso umas cem milhas mais perto."

"Cem milhas mais perto", prosseguiu revelando a ele, que ainda não compreendia; "quase diante do seu apartamento, do outro lado da rua, na casa da esquina. Em minha janela há um canário numa gaiola."

Essas últimas palavras tocaram o interlocutor como uma lembrança longínqua. Era o mesmo pássaro cujo canto o fizera decidir-se pela viagem à Itália.

"Naquela casa mora meu pai, o professor de zoologia Richard Bertgang."

---

* Referência ao pronome pessoal da segunda pessoa, *du*, de emprego informal. O arqueólogo sempre usou o *du* ao falar com sua Gradiva, mas agora, começando a perceber que se trata, na realidade, de uma moça alemã de sua época, tende a utilizar o pronome *Sie*, mais formal e adequado para pessoas que mal se conhecem. A Gradiva-Zoé, porém, nunca deixou de usar o *du*. Deve-se ter presente essa distinção ao ler o diálogo que se segue.

Sendo sua vizinha, ela o conhecia e sabia seu nome. Sentimo-nos um tanto decepcionados por uma solução banal, que não parece digna de nossa expectativa.

Norbert Hanold mostra ainda não haver readquirido a autonomia do pensamento, pois repete: "Então você [*Sie*]... é a senhorita Zoé Bertgang? Mas ela tinha um aspecto diferente...".

A resposta de Zoé Bertgang demonstra que, afinal, outros laços além do da vizinhança haviam existido entre os dois. Ela sabe defender o uso do coloquial *du*, que ele havia utilizado naturalmente com o fantasma do meio-dia e que novamente recusava à pessoa viva, mas para o qual ela reivindica velhos direitos. "Se você [*du*] acha esse tratamento o mais adequado entre nós, eu também posso empregá-lo, mas o outro me saía mais naturalmente. Não sei se eu tinha outro aspecto no passado, quando corríamos e brincávamos amigavelmente todos os dias, às vezes também trocando tapas, para variar. Mas, se você [*Sie*] tivesse me olhado atentamente uma só vez nos últimos anos, seus olhos teriam talvez notado que havia já algum tempo que a minha aparência era outra."

Portanto, uma amizade infantil existira entre os dois, talvez um amor infantil, que fornecia a razão para o *du*. Esta solução não seria tão banal quanto a primeira que imaginamos? Mas contribui bastante para um aprofundamento do caso a nossa ideia de que esse relacionamento infantil explicaria, de maneira insuspeitada, vários pormenores ocorridos na relação atual entre os dois. Aquele golpe na mão de Zoé-Gradiva, que Norbert Hanold tão bem justificou pela necessidade de resolver experimentalmente a questão da natureza física da aparição, não se assemelharia notavelmente, por outro lado, a uma revivescência do impulso a "trocar tapas", que, conforme disse Zoé, predominava na infância dos dois? E quando a Gradiva pergunta ao arqueólogo se não lhe parece que dois mil anos atrás eles teriam partilhado uma refeição como aquela, essa pergunta incompreensível não adquirirá súbito significado se, em lugar do passado histórico, pusermos aquele pessoal, a época da infância, cujas recordações parecem vivamente conservadas na moça, mas esquecidas no rapaz? Não nos vem subitamente a percepção de que as fantasias do jovem arqueólogo acerca da Gradiva poderiam ser um eco dessas recordações infantis esquecidas? De modo que não seriam produtos arbitrários de sua fantasia, mas sim determinadas, sem que ele o soubesse, pelo material de impressões infantis que esqueceu e que nele continuam atuantes, porém. Devemos ser capazes de precisar essa origem das fantasias, ainda que apenas por conjecturas. Se, por exemplo, a Gradiva tem que ser de origem *grega*, a filha de um homem respeitado, talvez um sacerdote de Ceres, isso não deixaria de se harmonizar com o conhecimento de seu nome grego, *Zoé*, e com o fato de pertencer à família de um catedrático de zoologia. Mas, se as fantasias de Hanold forem recordações transformadas, então podemos esperar que as informações de Zoé Bertgang nos conduzam às fontes dessas fantasias. Escutemo-la. Ela nos falou de uma amizade íntima do tempo de infância; agora vamos saber como evoluiu depois essa relação infantil.

"Antigamente, mais ou menos até à época em que nos chamam — não sei por quê — *Backfisch*,* eu tinha desenvolvido um notável apego a você e acreditava que jamais encontraria, no mundo inteiro, um amigo tão agradável. Eu não tinha mãe nem irmãos, e para meu pai uma cobra-de-vidro conservada em álcool era mais interessante do que eu; e todos (no que incluo as garotas) precisam ter algo que possa ocupar os pensamentos e o que está relacionado a eles. Isso era você naquele tempo; mas, quando o estudo da Antiguidade o tomou completamente, descobri que você [*du*] — desculpe, mas esta sua novidade do *Sie* convencional me parece um despropósito e não combina com o que desejo expressar —, aconteceu, ia dizendo, que você havia se tornado um homem insuportável, que já não tinha, ao menos no que tocava a mim, olhos para enxergar e boca para falar, e mais nenhuma recordação da nossa amizade de infância. Sem dúvida eu estava muito diferente de antes, pois ao encontrá-lo socialmente, de vez em quando — ainda no inverno passado, por exemplo — você não olhava para mim, nem eu chegava a ouvir sua voz, o que não era privilégio meu, aliás, pois você agia dessa forma com todos. Eu não era nada para você, e, com seu topete louro, que antes

---

* Um termo alemão para "garota adolescente"; significa primariamente "peixe para fritar", ou seja, que já é grande o suficiente para não ser devolvido à água, mas ainda tem a carne tenra, mais do que o peixe adulto.

eu havia frequentemente despenteado, você era enfadonho, seco e taciturno como uma cacatua empalhada, e, ao mesmo tempo, formidável como um... *arqueópterix*, sim, é como se chama o pássaro enorme, antediluviano, que foi desenterrado. Mas o que eu não podia suspeitar era que sua cabeça abrigasse uma fantasia igualmente formidável, a de me tomar, aqui em Pompeia, por um ser desenterrado e redivivo; e quando você, inesperadamente, surgiu à minha frente, tive de me esforçar bastante para atinar com a incrível fantasmagoria que sua imaginação havia tecido. Depois ela me divertiu e, apesar da maluquice, não deixou de me agradar. Pois, como falei, eu não teria suspeitado disso em você."

Ela nos diz muito claramente o que, com o passar dos anos, fora feito da amizade infantil dos dois. Nela, crescera até se tornar uma paixão, pois é preciso ter, sendo uma garota, algo aonde apegar seu coração. A senhorita Zoé, personificação da inteligência e da clareza, torna sua vida psíquica transparente para nós. Já sendo regra geral, para uma garota de constituição normal, dirigir inicialmente a sua inclinação para o pai, ela se dispunha especialmente a isso, não tendo outra pessoa senão o pai na família. Mas esse nada tinha com ela, os objetos de sua ciência tomavam todo o seu interesse. Então ela teve de olhar ao redor, em busca de outra pessoa, e com ternura especial se apegou a seu colega de brinquedos. Quando também esse já não tinha olhos para ela, seu amor não foi perturbado por isso, pelo contrário, aumentou, pois o rapaz se tornara como seu pai, absorvido pela ciência e alienado da vida e da moça, exatamente como ele. Assim lhe foi dado permanecer fiel na infidelidade, reencontrar o pai no amado, abranger os dois com o mesmo sentimento ou, poderíamos dizer, identificar os dois no seu sentir. De onde vem nossa justificativa para essa pequena análise, que facilmente pode parecer arbitrária? É o autor quem a fornece, num detalhe pequeno, mas característico. Quando Zoé menciona a desoladora transformação do seu colega de brinquedos, ela o insulta por meio de uma comparação com o arqueópterix, aquele pássaro monstruoso que pertence à arqueologia da zoologia. Assim, encontra uma só expressão concreta para a identificação dos dois indivíduos; seu rancor atinge o amado e o pai com a mesma palavra. O arqueópterix é, digamos, a ideia de compromisso ou intermediária, em que se juntam o pensamento da loucura de seu amado e aquele da característica análoga de seu pai.

Com o rapaz sucedeu de outra forma. O estudo da Antiguidade o absorveu e deixou-lhe o interesse apenas por mulheres de bronze e pedra. A amizade da infância desapareceu, em vez de intensificar-se em paixão, e as recordações dela caíram em tal esquecimento que ele não reconheceu a companheira de antes, não atentando para ela ao encontrá-la socialmente. É certo que, considerando o que viria depois, podemos duvidar que "esquecimento" seja a correta designação psicológica para o destino dessas lembranças no arqueólogo. Há uma espécie de esquecimento que se distingue pela dificuldade com que a lembrança é despertada inclusive por fortes evocações externas, como se uma resistência interior se empenhasse contra sua reanimação. Tal esquecimento recebeu o nome de "repressão" na psicopatologia; o caso que nosso escritor nos apresenta parece constituir um exemplo de repressão. Não sabemos, de modo bastante geral, se o esquecimento de uma impressão está ligado ao desaparecimento do seu traço mnemônico da psique; mas da "repressão" podemos afirmar, com certeza, que não coincide com o desaparecimento, a extinção da lembrança. O que foi reprimido não pode, geralmente, impor-se como lembrança sem maior dificuldade, mas permanece capaz de ação e efeito, e um dia faz surgir, sob a influência de algo externo, consequências psíquicas que podemos conceber como produtos transformados e derivativos da recordação esquecida, e que permanecem ininteligíveis se não os concebemos assim. Nas fantasias de Norbert Hanold a respeito da Gradiva já acreditamos ver os derivados das lembranças reprimidas de sua amizade infantil com Zoé Bertgang. Tal retorno do reprimido podemos esperar com especial regularidade nos casos em que os sentimentos eróticos de uma pessoa ficam apegados às impressões reprimidas quando sua vida amorosa foi atingida pela repressão. Então se mostra correto o velho ditado latino, que talvez tenha sido criado com referência à expulsão por influências externas, não a conflitos internos: *Naturam furca expellas, semper redibit.*\* Mas ele não diz tudo, apenas exprime o fato do retorno do quê de natureza

---

\* Trata-se, na verdade, de um verso de Horácio, aqui citado de modo impreciso. Eis a citação correta e sua tradução, segundo Paulo Rónai, em *Não perca seu latim* (Rio de Janeiro: Nova Fronteira, 5ª ed., 1980): "*Naturam expellas furca, tamen usque recurret*: 'Ainda que a expulses com um forcado, a natureza (isto é, a índole inata de uma pessoa) voltará a aparecer'. Verso de Horácio (*Epístolas*, I, 10, 24)".

que foi reprimido, não descreve a maneira bastante notável desse retorno, que se efetua como que mediante uma pérfida traição. Justamente aquilo que foi escolhido para meio da repressão — como a *furca* do ditado — torna-se veículo do que retorna; dentro e atrás do elemento que reprime, impõe-se afinal, triunfante, o reprimido. Uma conhecida gravura de Félicien Rops* ilustra esse fato pouco notado e tão merecedor de consideração, de modo mais impressionante do que podem fazê-lo muitas explicações, e isso no caso exemplar da repressão na vida dos santos e penitentes. Um monge ascético refugiou-se — das tentações do mundo, certamente — junto à imagem do Redentor crucificado. Então a cruz vai caindo, à maneira de uma sombra, e em seu lugar, substituindo-a, ergue-se radiante a imagem de uma voluptuosa mulher nua, na mesma posição de crucificada. Em outras representações da tentação, pintores de menor acúmen psicológico mostraram o pecado insolente e vitorioso em algum lugar próximo ao Redentor na cruz. Somente Rops o pôs no lugar do próprio Salvador; ele parecia saber que o reprimido, ao retornar, vem do próprio elemento repressor.

Vale a pena nos demorarmos nisso, para nos convencermos, a partir de casos patológicos, como a psique humana se torna, no estado da repressão, sensível à aproximação do que foi reprimido, e como bastam semelhanças mínimas para que este obtenha efeito por trás e através do elemento repressor. Tive oportunidade, certa vez, de tratar um jovem, quase ainda garoto, que, após a primei-

* Pintor e gravador belga (1833-98).

ra informação (indesejada) que lhe chegou dos processos sexuais, fugiu de todos os desejos que nele afloravam, recorrendo a diversos meios de repressão para isso: intensificou a diligência nos estudos, exacerbou o apego infantil à mãe e adotou, de modo geral, um comportamento infantil. Não exporei aqui como a sexualidade reprimida tornou a irromper justamente na relação com a mãe; descreverei, num exemplo mais raro e mais estranho, como outro de seus baluartes desmoronou numa ocasião que dificilmente seria considerada suficiente. Para distrair do sexo, a matemática goza de grande reputação; Jean-Jacques Rousseau já tivera de ouvir o seguinte conselho, de uma mulher que ficara insatisfeita: *Lascia le donne e studia la matematica!* [Deixe as mulheres e estude a matemática!]. Assim também nosso fugitivo se ocupou, com zelo especial, da matemática e da geometria ensinadas na escola, até que um dia sua compreensão falhou repentinamente ante alguns exercícios inocentes. Foi possível relembrar o teor de dois desses exercícios. Um deles dizia: "Dois corpos se chocam, um com a velocidade etc.". E o outro: "Num cilindro de diâmetro $m$, inscrever um cone etc.". Por causa dessas alusões à atividade sexual, que para outros estariam longe de ser evidentes, ele se sentiu traído pela matemática e fugiu dela também.

Se Norbert Hanold fosse alguém tirado da vida real, que tivesse afastado o amor e a lembrança da amizade infantil com a ajuda da arqueologia, seria normal e correto que precisamente um relevo antigo despertasse nele a lembrança daquela que amara com sentimentos de criança; seria seu merecido destino apaixonar-se pela imagem de pedra da Gradiva, mediante a qual, graças a uma semelhança inexplicada, a Zoé viva e negligenciada adquiria influência.

A própria srta. Zoé parece partilhar nosso entendimento do delírio do jovem arqueólogo, pois a satisfação que expressou no final de seu "impiedoso, detalhado e instrutivo sermão" provavelmente só se justificaria pela inclinação a relacionar à sua pessoa, desde o início, o interesse dele pela Gradiva. Foi justamente isso o que não havia esperado dele, e o que, não obstante todo o disfarce do delírio, afinal reconheceu como o que era. Mas o tratamento psíquico por ela realizado alcançava nele um efeito benéfico; ele se sentia livre, pois agora o delírio era substituído por aquilo de que só podia ser uma cópia deformada e insuficiente. E ele também já não hesitava em se recordar e em reconhecê-la como a boa, alegre e esperta camarada, que no fundo não havia mudado. Uma coisa, porém, ele achava muito singular...

"Que alguém precise antes morrer para se tornar vivo", falou a garota. "Mas para os arqueólogos isso deve ser necessário" (*G.*, p. 141). Evidentemente, ela ainda não lhe havia perdoado o grande rodeio que fizera pelo estudo da Antiguidade, para passar da amizade infantil à nova relação que se formava.

"Não, o seu nome, quero dizer... Porque *Bertgang* significa o mesmo que *Gradiva*, ou seja, "a que brilha ao andar" (*G.*, p. 142).*

---

* A raiz germânica *bert* (ou *brecht*) significa "reluzir, brilhar", e *gang*, "andar".

Para isso nós também não estávamos preparados. Nosso herói começa a abandonar sua humildade e a ter um papel ativo. Nota-se que ele ainda não está completamente curado de seu delírio, ainda não o superou inteiramente, e demonstra isso ao romper ele próprio os últimos fios da teia do delírio. Também agem dessa forma os doentes aos quais afrouxamos a compulsão dos pensamentos delirantes, ao lhes revelar o material reprimido que há por trás deles. Tendo compreendido, eles próprios aduzem as soluções para os últimos e mais importantes enigmas de seu estranho estado, em ideias que lhes ocorrem subitamente. Já havíamos suposto que a origem grega da imaginária Gradiva seria um obscuro eco do nome grego Zoé, mas nada havíamos imaginado a respeito do nome "Gradiva", acreditando ser ele uma criação da fantasia de Norbert Hanold. E eis que justamente esse nome se revela como um derivado — como tradução mesmo — do sobrenome reprimido da amada supostamente esquecida da infância!

A derivação e a resolução do delírio estão agora completas. O que o autor acrescenta serve para a conclusão harmoniosa da narrativa. Tranquiliza-nos, em relação ao futuro, que tenha prosseguimento a reabilitação do indivíduo que antes desempenhou tão lamentável papel, quando necessitava de tratamento, e que agora ele consiga despertar na moça alguns dos afetos de que sofreu. Ocorre, assim, que ele a faz ciumenta ao mencionar a simpática jovem senhora que atrapalhou o encontro dos dois na casa de Meleagro, e ao confessar que esta foi a primeira que lhe agradou bastante.

Quando Zoé, então, quer despedir-se friamente, com a observação de que agora tudo retornou à razão, incluindo ela própria — que ele pode procurar novamente Gisa Hartleben, ou que nome ela tenha agora, para lhe dar alguma ajuda científica no que ela pretenda em sua visita a Pompeia; mas ela tem de ir ao Albergo del Sole, onde o pai a espera para o almoço, talvez se encontrem de novo socialmente, na Alemanha ou na Lua; então ele novamente usa o pretexto da mosca incômoda para apoderar-se primeiro de sua face, depois de seus lábios, acionando a agressividade que cabe ao homem no jogo do amor. Somente uma vez uma sombra parece cair na sua felicidade, quando Zoé lembra que precisa realmente voltar para o pai, ou ele passará fome no Sole. "Seu pai... o que acontecerá...?" (*G.*, p. 147). Mas a inteligente garota sabe atenuar logo a preocupação dele: "Provavelmente nada, eu não sou uma peça indispensável da coleção zoológica de meu pai; se fosse, meu coração talvez não se ligasse tão tolamente a você". Contudo, se o pai, excepcionalmente, tivesse opinião diferente da sua, haveria um expediente mais seguro. Bastaria apenas que Hanold tomasse um barco até Capri e ali apanhasse um *Lacerta faraglionensis* (ele poderia praticar a técnica com o dedo mínimo dela), para depois largar o bicho ali e pegá-lo novamente diante do zoólogo, deixando a este a escolha entre o *faraglionensis* na terra firme e a filha. Uma sugestão, como se vê, em que a zombaria se mescla à amargura, como que uma advertência para que o noivo não se mantenha muito fiel ao modelo segundo o qual ela o escolheu. Nisso Norbert

Hanold também nos tranquiliza, expressando, em muitos indícios aparentemente pequenos, a grande transformação que nele ocorreu. Ele manifesta a intenção de passarem a lua de mel na Itália, em Pompeia, como se nunca tivesse se irritado com os Augustos e Margaridas em lua de mel. Desapareceu-lhe completamente da memória o que sentira em relação àqueles casais felizes, que desnecessariamente viajavam a mais de cem milhas de distância de sua pátria alemã. O escritor está certo, não há dúvida, ao apresentar semelhante fraqueza de memória como valioso sinal de mudança de atitude. A resposta de Zoé ao projeto de viagem anunciado por seu *"amigo de infância que também foi como que desenterrado novamente das ruínas"* (*G.*, p. 150) é que ainda não se sente mesmo viva o bastante para tomar uma decisão geográfica desse tipo.

A bela realidade triunfa então sobre o delírio, mas esse ainda receberá uma homenagem antes que os dois deixem Pompeia. Tendo chegado ao portão de Hércules, onde, no início da Strada Consolare, a rua é coberta de antigas pedras de pavimento, Norbert Hanold para e pede à moça que siga diante dele. Ela compreende e, "erguendo um pouco o vestido com a mão esquerda, Zoé Bertgang, a Gradiva rediviva, passa à frente, envolvida por aquele olhar sonhador, e, com seu andar calmo e gracioso, atravessa a rua sob a luz do Sol, sobre as pedras antigas". Com a vitória do elemento erótico, também o que era belo e valioso no delírio encontra reconhecimento.

Com sua última imagem — do "amigo de infância que foi desenterrado das ruínas" — o autor nos entregou a chave para o simbolismo que o delírio do herói utilizou para disfarçar a lembrança reprimida. Realmente, não há analogia melhor para a repressão, que torna inacessível e conserva ao mesmo tempo algo na psique, do que o soterramento, tal como o que Pompeia sofreu e do qual pôde ressuscitar mediante o trabalho das pás. Por isso o jovem arqueólogo tinha de transpor para Pompeia, na sua fantasia, o original do baixo-relevo que lhe recordava o amor de infância esquecido. E o escritor teve razão em se deter na valiosa semelhança que sua fina sensibilidade percebeu entre determinado processo psíquico no indivíduo e um evento específico na história da humanidade.

## II

Na verdade, nossa intenção era apenas investigar, com a ajuda de certos métodos analíticos, dois ou três sonhos que se acham na *Gradiva*. Como sucedeu, então, que tenhamos sido levados a decompor toda a história e examinar os processos psíquicos dos dois protagonistas? Bem, isso não foi um trabalho supérfluo, mas uma preparação necessária. Também quando queremos entender os sonhos reais de uma pessoa real temos de nos ocupar intensamente do caráter e das vicissitudes de tal pessoa, inteirando-nos não apenas das vivências que teve pouco antes do sonho, mas também daquelas do passado distante. Acho, inclusive, que ainda não estamos prontos para acometer nossa tarefa propriamente dita, que temos de nos deter ainda na história mesma e perfazer mais algum trabalho preliminar.

Nossos leitores terão notado, com alguma surpresa, que até agora tratamos Norbert Hanold e Zoé Bertgang, em todas as suas atividades e manifestações psíquicas, como se fossem indivíduos reais e não criações de um autor, como se o espírito do autor fosse um meio transparente, e não refrator ou turvador. E nosso procedimento deve parecer ainda mais estranho pelo fato de o autor renunciar expressamente a uma descrição da realidade, denominando sua história "uma fantasia". Mas todas as suas descrições nos parecem tão fielmente copiadas da realidade que não levantaríamos objeção se a *Gradiva* não fosse designada como uma fantasia, mas como um estudo psiquiátrico. Somente em dois pontos o autor fez uso da sua liberdade para criar premissas que não parecem basear-se nas leis da realidade. A primeira vez, quando faz o jovem arqueólogo deparar com um baixo-relevo indubitavelmente antigo, mas que semelha uma pessoa viva de época muito posterior, não apenas na particularidade da posição do pé ao andar, mas em todos os detalhes da forma do rosto e da postura do corpo, de modo que ele é capaz de ver o aparecimento físico dessa pessoa como a escultura tornada viva. A segunda, quando o faz encontrar a moça viva justamente em Pompeia, onde apenas sua imaginação havia colocado a moça morta, e a viagem a Pompeia o afastava justamente da garota viva, que ele tinha visto na rua, em sua cidade. Esta segunda determinação do autor não representa um enorme desvio da possibilidade; ela apenas se vale do acaso, que indiscutivelmente tem seu papel em tantas vicissitudes humanas, e além disso lhe confere um sentido, pois esse acaso reflete a fatalidade que decidiu que precisamente mediante a fuga a pessoa reencontra aquilo de que foge. Mais fantasiosa, e nascida inteiramente do arbítrio do autor, é a primeira premissa, da qual decorrem os acontecimentos que se seguem, a enorme semelhança entre a escultura e a garota viva, que uma abordagem sóbria limitaria à coincidência da posição do pé ao andar. Ficamos tentados a permitir que nossa própria fantasia forneça aqui a ligação com a realidade. O sobrenome Bertgang poderia indicar que já antigamente as mulheres dessa família se diferenciaram por essa particularidade do andar bonito, e talvez os Bertgang germânicos se ligassem, por descendência, àquela estirpe grega* da qual uma mulher levou um artista antigo a gravar em pedra a peculiaridade do seu andar. Como, porém, as variações da forma humana não são independentes uma da outra, e, de fato, também em nosso meio sempre reaparecem os tipos antigos que vemos nas coleções, não seria totalmente impossível que uma Bertgang moderna repetisse a compleição de sua velha ancestral em todos os demais traços de sua forma física. Mais prudente do que fazer tais especula-

---

* "Grega": é como está na edição alemã utilizada, mas em duas das versões consultadas (a espanhola e a inglesa) encontramos "romana", sem qualquer nota de esclarecimento; as outras duas (a argentina e a italiana) conservaram o adjetivo original. Cf. a informação sobre a origem do baixo-relevo, que é dada no final do "Posfácio à segunda edição", neste volume (p. 121).

ções, no entanto, seria informar-se com o próprio autor acerca das fontes para esse elemento de sua criação; teríamos, então, uma boa possibilidade de mais uma vez mostrar que um elemento de suposto arbítrio obedece às leis da realidade. Mas, não tendo livre acesso às fontes na psique do autor, reconhecemos como válido seu direito de edificar algo verossímil sobre uma premissa pouco provável — direito que também Shakespeare, por exemplo, reivindicou no *Rei Lear*.

Fora isso, reafirmamos que o escritor nos ofereceu um estudo psiquiátrico inteiramente correto, pelo qual podemos medir nossa compreensão da vida psíquica, uma história clínica e de cura que pareceria destinada a enfatizar certas teorias fundamentais da psicologia médica. É um fato singular que o autor tenha feito isso! Mas, e se ele, interrogado, negasse completamente essa intenção? É tão fácil fazer analogias e atribuir sentidos. Não seríamos nós que dotamos essa bela narrativa poética de um significado alheio a seu autor? Talvez; mais adiante retornaremos a essa questão. Até aqui procuramos nos guardar de uma interpretação tendenciosa desse tipo, reproduzindo a história quase inteiramente com as próprias palavras do autor, deixando ele próprio fornecer o texto e o comentário. Quem comparar nossa reprodução com o texto da *Gradiva* admitirá isso.

Além disso, segundo a maioria das pessoas talvez prestemos um desserviço a nosso autor, ao qualificar sua obra como um estudo psiquiátrico. Ouvimos dizer que um escritor deve se esquivar ao contato com a psiquiatria, deixando para os médicos a descrição de estados patológicos. Na realidade, nenhum verdadeiro escritor obedeceu a esse mandamento até hoje. A caracterização da vida psíquica humana é, de fato, o autêntico domínio do escritor. Ele sempre foi um precursor da ciência e, portanto, também da psicologia científica. Mas a fronteira entre os estados psíquicos denominados normais e mórbidos é, em parte, convencional e, além disso, tão fluida que cada um de nós provavelmente a atravessa algumas vezes no curso de um dia. Por outro lado, a psiquiatria faria mal se quisesse limitar-se ao estudo daquelas enfermidades sérias e sombrias que se originam de grosseiros danos ao delicado aparelho psíquico. Não são de menor interesse para ela os desvios de saúde mais leves e suscetíveis de correção, que hoje só podemos rastrear até perturbações no jogo das forças psíquicas, não além; apenas através dessas ela pode compreender tanto a saúde como os fenômenos da doença grave. Assim, o escritor não pode evitar o psiquiatra, nem o psiquiatra ao escritor, e o tratamento poético de um tema psiquiátrico pode resultar correto sem sacrificar a beleza.

E é correta, efetivamente, essa representação literária de um caso clínico e seu tratamento, que agora, depois de concluirmos a narração e satisfazermos nosso suspense, podemos ver melhor em seu conjunto e reproduzir com as expressões técnicas de nossa ciência — nisso não precisando nos incomodar com a necessidade de repetir o que já foi dito.

O estado de Norbert Hanold é frequentemente chamado de "delírio" pelo autor, e não temos motivo para rejeitar essa designação. Podemos indicar dois traços principais de um "delírio", que não o descrevem exaustivamente, é verdade, mas que o diferenciam claramente de outros distúrbios. Primeiro, ele pertence ao grupo de estados mórbidos em que não há efeito direto sobre o corpo, que se manifestam apenas por indícios psíquicos; segundo, é caracterizado pelo fato de que nele "fantasias" alcançaram predomínio, isto é, conquistaram a crença e adquiriram influência sobre os atos. Lembrando a viagem até Pompeia, para buscar nas cinzas as pegadas singulares da Gradiva, temos um ótimo exemplo de ação realizada sob o governo do delírio. Um psiquiatra talvez situasse o delírio de Norbert Hanold no grande grupo da paranoia e o designasse como uma "erotomania fetichista", pois o que mais lhe chamaria a atenção seria o enamoramento na escultura e porque, em sua tendência a conceber grosseiramente as coisas, o interesse do jovem arqueólogo pelos pés e os movimentos dos pés das pessoas do sexo feminino lhe pareceria suspeito de "fetichismo". Entretanto, todas essas denominações e classificações das várias espécies de delírio com base em seu conteúdo têm algo de incerto e infecundo.[1]

Além disso, um psiquiatra severo imediatamente rotularia nosso herói — sendo este uma pessoa capaz de desenvolver um delírio a partir de uma preferência tão singular — de *dégénéré*, e buscaria a herança genética que o impeliu inexoravelmente a tal destino. Nis-

---

[1] O caso de N. H. deveria ser designado, na realidade, como de delírio histérico, e não paranoico. Nele não se acham os traços típicos da paranoia.

so, porém, o escritor não o acompanha — e com bons motivos. Ele quer nos aproximar do herói, facilitar-nos a "empatia", e com o diagnóstico de *dégénéré*, seja este cientificamente justificado ou não, o arqueólogo é subitamente afastado, já que nós, leitores, somos as pessoas normais, o padrão de humanidade. As precondições hereditárias e constitucionais desse estado também não importam muito ao escritor; por outro lado, ele se aprofunda na condição psíquica pessoal que pode dar origem a um delírio tal.

Num aspecto relevante Norbert Hanold se comporta diferentemente de um ser humano comum. Ele não demonstra interesse pela mulher viva; a ciência, à qual ele serve, tirou-lhe esse interesse e o deslocou para as mulheres de mármore ou de bronze. Não devemos considerar isso uma peculiaridade banal; ela é, isto sim, a premissa básica para o evento narrado, pois um dia ocorre que uma dessas esculturas solicita a atenção que normalmente cabe a uma mulher viva, e com isso aparece o delírio. Então vemos como, graças a circunstâncias felizes, esse delírio é curado e o interesse é dirigido novamente para uma moça viva. O autor não nos faz ver que influências levaram o nosso herói a afastar-se das mulheres; apenas informa que tal comportamento não é explicado por sua disposição inata, que inclui, isto sim, alguma necessidade de fantasias — e podemos acrescentar: erótica. Também verificamos, depois, que na infância ele não se diferenciava de outras crianças; mantinha amizade com uma garotinha, era inseparável dela, com ela dividia suas merendas, também batia nela e deixava que desarrumasse o seu cabelo. É em tal apego, em tal combinação de ternura e agressividade que se manifesta o erotismo verde da infância, que apenas a posteriori, mas de forma irresistível, apresenta seus efeitos, e que durante a infância mesma apenas o médico e o romancista costumam reconhecer como erotismo. Nosso autor nos dá claramente a entender que também ele pensa dessa forma, pois faz o seu herói desenvolver subitamente um vivo interesse pelo andar e o posicionamento dos pés das mulheres, que lhe traz a reputação de fetichista, conforme a ciência e as mulheres da cidade, mas que, para nós, deriva necessariamente da recordação dessa companheira de infância. Essa garota certamente já exibia, naquele tempo, a peculiaridade do andar gracioso, com o pé se erguendo quase verticalmente, e, ao representar justamente esse andar, um antigo baixo-relevo adquiriu aquele grande significado para Norbert Hanold. Podemos acrescentar, de resto, que nessa derivação do curioso fenômeno do fetichismo o autor se acha em pleno acordo com a ciência. Desde A. Binet procuramos, com efeito, fazer remontar o fetichismo a impressões eróticas da infância.

O estado de duradouro afastamento das mulheres produz a inclinação pessoal, ou, como costumamos dizer, a predisposição para a formação de um delírio. O desenvolvimento do transtorno psíquico se inicia no momento em que uma impressão casual desperta as vivências infantis que foram esquecidas e que possuem ao menos traços eróticos. Mas certamente "despertar" não é a designação correta, se levamos em conta o que vem em seguida. Temos de reproduzir a exata caracterização do autor em termos psicológicos adequados. Norbert Hanold não se recorda, ao observar o baixo-relevo, de já ter visto aquela posição do pé em sua amiga de infância; não se recorda de nada, e, no entanto, todo o efeito da escultura vem desse nexo com a impressão da infância. Tal impressão é animada, torna-se ativa, de modo que começa a manifestar efeitos, mas não chega à consciência, permanece "inconsciente", como hoje costumamos dizer, usando uma expressão que se tornou inevitável na psicopatologia. Desejamos que esse inconsciente esteja livre de todas as disputas dos filósofos e filósofos da natureza, que frequentemente têm significação apenas etimológica. Por enquanto não temos denominação melhor para os processos psíquicos que se comportam de maneira ativa mas não chegam à consciência da pessoa, e é isso o que entendemos por "ser inconsciente". Quando alguns pensadores nos questionam a existência de tal inconsciente, alegando ser ilógica, acreditamos que jamais se ocuparam dos fenômenos psíquicos correspondentes, acham-se presos à experiência regular de que todo psíquico, que se torna ativo e intenso, torna-se também consciente, e ainda têm de aprender — o que nosso autor sabe muito bem — que existem processos psíquicos que, embora sejam intensos e produzam fortes efeitos, permanecem distantes da consciência.

Afirmamos acima que as recordações dos laços com Zoé, quando eram meninos, encontravam-se no estado da "repressão"; agora as denominamos recordações "inconscientes". Logo, é preciso que dediquemos alguma atenção ao nexo entre esses dois termos técnicos, que parecem coincidir no significado. Não há dificuldade em esclarecer esta relação. "Inconsciente" é o conceito mais amplo; "reprimido", o mais estrito. Tudo o que é reprimido é inconsciente, mas não podemos dizer que todo inconsciente é reprimido. Se Norbert Hanold, ao ver a escultura, tivesse se lembrado do andar de Zoé, uma recordação antes inconsciente teria se tornado simultaneamente ativa e consciente, mostrando, assim, que antes não era reprimida. "Inconsciente" é um termo puramente descritivo, indefinido em alguns aspectos e, digamos, estático. "Reprimido" é uma expressão dinâmica, que leva em conta o jogo das forças psíquicas; indica que há um esforço de exteriorizar todas as ações psíquicas, inclusive a de tornar-se consciente, mas que há também uma força contrária, uma resistência, capaz de impedir uma parte dessas ações psíquicas, inclusive também o tornar-se consciente. A característica de algo reprimido é justamente o fato de, apesar de sua intensidade, não conseguir chegar à consciência. No caso de Norbert Hanold, trata-se, depois do aparecimento do baixo-relevo, de algo inconsciente reprimido; em suma, de algo reprimido.

Estão reprimidas, em Norbert Hanold, as lembranças de seus laços infantis com a garota de andar bonito; mas essa ainda não é a abordagem correta da situação psicológica. Ficamos na superfície, ao lidar apenas com lembranças e ideias. O que realmente vale, na vida psíquica, são os sentimentos; as forças psíquicas todas têm importância apenas por sua capacidade de despertar sentimentos. As ideias* são reprimidas apenas por se relacionarem a uma liberação de sentimentos que não deve ocorrer; seria mais correto dizer que a repressão atinge os sentimentos, mas esses podem ser apreendidos apenas em sua ligação com as ideias. Estão reprimidos em Norbert Hanold, portanto, os sentimentos eróticos, e como seu erotismo não conhece ou tomou conhecimento de nenhum outro objeto senão Zoé Bertgang, na infância, as recordações que ele tem dela foram esquecidas. O baixo-relevo antigo desperta nele o erotismo adormecido, tornando ativas as recordações da infância. Graças a uma resistência ao erotismo, nele existente, tais recordações podem se tornar atuantes apenas enquanto inconscientes. O que nele então sucede é uma luta entre o poder do erotismo e as forças que o reprimem; a manifestação dessa luta é o delírio.

Nosso autor não dá os motivos que levaram à repressão da vida amorosa do seu herói; pois ocupar-se da ciência é apenas o meio de que se serve a repressão. Aqui o médico teria de cavar mais fundo, talvez sem chegar ao fundo nesse caso. Mas, como destacamos admirados, o autor não deixou de mostrar como o despertar do erotismo reprimido vem justamente do âmbito dos meios que servem à repressão. De modo justificado, é uma obra antiga, a escultura de uma mulher, que arranca o nosso arqueólogo do seu alheamento diante do amor e o adverte a saldar a dívida com a vida, que pesa sobre nós desde o nosso nascimento.

---

* *Vorstellungen*, que também se traduz por "representações".

As primeiras manifestações do processo desencadeado em Hanold pelo baixo-relevo são fantasias com a pessoa representada. A figura lhe parece ter algo "de hoje" no melhor sentido da palavra, como se o artista houvesse fixado "conforme a *vida*" aquela que andava na rua. Ele dá à garota antiga o nome *Gradiva*, que formou com base no epíteto do deus da guerra que caminha para a batalha, Mars Gradivus. Dota a personalidade da moça de mais e mais características. Talvez ela seja a filha de um homem respeitado, quem sabe de um *patrício* ligado ao templo de uma divindade. Ele acredita enxergar uma origem *grega* nas feições da moça e, por fim, é levado a situá-la bem longe do burburinho da cidade grande, na tranquila Pompeia, onde a faz caminhar sobre as pedras de lava, que permitem passar de um lado da rua para o outro. Essas produções da fantasia parecem bastante arbitrárias, mas também insuspeitas e inócuas; mesmo quando pela primeira vez o estimulam à ação, quando o arqueólogo, atormentado pelo problema de saber se aquela posição do pé corresponde à realidade, começa a fazer observações na vida real, a examinar os pés das mulheres e garotas contemporâneas, e esta ação é coberta de motivos científicos conscientes, como se todo o interesse pela escultura da Gradiva nascesse do terreno de sua ocupação profissional com a arqueologia. As mulheres e garotas, que ele toma por objeto de investigação na rua, devem adotar outra concepção, cruamente erótica, para o seu comportamento — e nisso temos de lhes dar razão. Não há dúvida, para nós, de que Hanold ignora os motivos de sua pesquisa, tanto quanto a procedência de suas fantasias com a Gradiva. Estas são, como depois descobrimos, ecos de suas lembranças da amada da infância, derivados dessas lembranças, transformações e deformações delas, depois que não conseguiram chegar à consciência de forma inalterada. O juízo supostamente estético de que a escultura representa algo "de hoje" substitui o conhecimento de que aquele andar pertence a uma garota sua conhecida, que *na atualidade* caminha pela rua. Por trás da expressão "conforme a vida" e da fantasia de a garota ser grega se esconde a lembrança de seu nome, Zoé, que em grego significa "vida". "Gradiva", como nos explica ele no final, já curado do delírio, é uma boa tradução do nome de família dela, Bertgang, que significa "esplêndido ou brilhante no andar". As especificações acerca do pai vêm da informação de que Zoé Bertgang é filha de um respeitado professor da universidade, algo que poderia corresponder, na Antiguidade, à elevada função num templo. Por fim, sua fantasia a situa em Pompeia, não "porque a natureza calma e quieta da garota o pedisse", mas porque na ciência dele não há analogia melhor para o singular estado em que, mediante um vago vislumbre, ele atina com as lembranças de sua amizade da infância. Se certa feita, como lhe era natural, ele igualou sua própria infância ao passado clássico, o soterramento de Pompeia, um desaparecimento com conservação do passado, guarda magnífica semelhança com a *repressão*, da qual ele tem conhecimento por percepção "endopsíquica", digamos. Dentro dele trabalha o mesmo simbolismo que, na conclusão da história, o autor faz a garota utilizar conscientemente.

"Imaginei que alguma coisa interessante eu poderia desenterrar aqui sozinha. É verdade que eu não contava [...] com essa descoberta" (*G.*, p. 124). No final, a garota responde à sugestão de local para lua de mel do seu "amigo de infância que também foi como que desenterrado novamente das ruínas" (*G.*, p. 150).

Assim, já nos primeiros produtos das fantasias delirantes e atos de Hanold encontramos uma dupla determinação, uma derivação de duas fontes diversas. Uma determinação é a que se manifesta ao próprio Hanold; a outra, aquela que se revela a nós, ao examinarmos seus processos psíquicos. Uma é, com referência à pessoa de Hanold, aquela consciente para ele; a outra, aquela totalmente inconsciente. Uma procede inteiramente do âmbito de ideias da arqueologia, mas a outra vem das recordações de infância reprimidas e nele ativadas, e dos impulsos emocionais* a elas vinculados. Uma é, digamos, superficial; esconde a outra, que como que se oculta por trás dela. Pode-se dizer que a motivação científica serviria de pretexto para a inconsciente e erótica, e que a ciência teria se posto inteiramente a serviço do delírio. Mas também não se deve esquecer que os determinantes inconscientes só podem conseguir o que simultaneamente satisfaz aos científicos, conscientes. Os sintomas do delírio — tanto fantasias como atos — são precisamente resultados de um compromisso entre as duas correntes psíquicas, e num

---

* "Impulsos emocionais": *Gefühlstriebe*; nas versões consultadas: *impulsos sentimentales*, *pulsiones de sentimiento*, *spinte emotive*, *emotional instincts*.

compromisso são levadas em conta as exigências dos dois lados; cada um deles, contudo, tem de renunciar a uma parte daquilo que desejava obter. Ali onde se dá um compromisso houve uma luta — nesse caso, o conflito que supusemos entre o erotismo suprimido e as forças que o mantêm sob a repressão. Na formação de um delírio, essa luta jamais tem fim. Ataque e resistência se renovam após cada formação de compromisso, que jamais, por assim dizer, é inteiramente satisfatória. Isso o nosso autor também sabe, e por isso faz com que um sentimento de insatisfação, um peculiar desassossego domine seu herói nesse estágio do transtorno, como precursor e como garantia de desenvolvimentos posteriores.

Essas peculiaridades significativas — a dupla determinação das fantasias e decisões, a formação de pretextos conscientes para ações motivadas sobretudo pelo reprimido — nós encontramos, ao avançar na história, com frequência cada vez maior e de forma talvez mais nítida. Como seria de esperar, pois assim o autor apreende e descreve a indefectível característica principal dos processos psíquicos patológicos.

O desenvolvimento do delírio prossegue, em Norbert Hanold, com um sonho que, não sendo ocasionado por um evento novo, parece proceder inteiramente de sua vida psíquica, dominada que é por um conflito. Mas façamos uma pausa, antes de examinar se também na construção dos sonhos o autor satisfaz nossa expectativa de ter uma compreensão aprofundada. Perguntemos, antes, o que a ciência psiquiátrica nos diz sobre as hipóteses do autor relativas à gênese de um delírio, como ela se posiciona ante o papel da repressão e do inconsciente, ante o conflito e a formação de compromisso. Em suma, se a representação literária da gênese de um delírio pode se sustentar ante o veredicto da ciência.

Nisso temos de dar uma resposta talvez inesperada. Na realidade, infelizmente sucede o contrário: a ciência não se sustém ante a realização do artista. Entre as precondições hereditário-constitucionais e as criações do delírio, que parecem emergir prontas, a ciência permite que haja uma lacuna — que é preenchida pelo escritor. Ela ainda não faz ideia da importância da repressão, não reconhece que necessita do inconsciente para elucidar o mundo dos fenômenos psicopatológicos, não busca o fundamento do delírio num conflito psíquico e não vê os sintomas dele como formação de compromisso. Então o escritor estaria sozinho contra toda a ciência? Não, isso não — ao menos se o autor destas linhas puder incluir suas obras entre aquelas da ciência. Pois ele próprio defende, há vários anos — e, até recentemente, mais ou menos sozinho[2] — todas as concepções que aqui extraiu da *Gradiva* de Jensen e expôs na terminologia da psicanálise. Mostrou, de maneira detalhada, nos estados conhecidos como histeria e obsessões, que os determinantes individuais do distúrbio psíquico são a supressão

---

[2] Ver o importante trabalho de E. Bleuler, *Affektivität, Suggestibilität, Paranoia*, e os *Diagnostischen Assoziationsstudien*, de C. G. Jung, ambos de Zurique [de 1906]. — [Acrescentado em 1912:] Agora, em 1912, este autor deve retirar a afirmação acima, que se tornou inatual. Desde então, o "movimento psicanalítico" por ele iniciado se expandiu bastante e continua em ascensão.

de uma parte da vida instintual e a repressão das ideias pelas quais o instinto suprimido é representado, e logo depois repetiu a mesma concepção para várias formas de delírio.[3] A questão de os instintos envolvidos nessa causação serem sempre componentes do instinto sexual ou serem de outro tipo é um problema que pode ser visto como irrelevante na análise da *Gradiva*, pois no caso escolhido pelo romancista trata-se, sem dúvida, da supressão dos sentimentos eróticos. O presente autor demonstrou a validez das hipóteses sobre conflito psíquico e formação de sintomas através de compromissos entre as duas correntes psíquicas em luta, em casos de pacientes observados e tratados clinicamente, de modo idêntico ao que pôde fazer no caso, inventado pelo romancista, de Norbert Hanold.[4] Antes disso, Pierre Janet, o discípulo do grande Charcot, e Josef Breuer, de Viena, juntamente com o presente autor, já haviam relacionado as manifestações de doenças neuróticas, em especial histéricas, ao poder dos pensamentos inconscientes.[5]

Quando, a partir de 1893, este autor se aprofundou em tais pesquisas sobre a gênese dos transtornos psíquicos, verdadeiramente não lhe ocorreu procurar confirmação para seus resultados nos escritores, e por

---

3 Cf., do autor, *Sammlung kleiner Schriften zur Neurosenlehre* [Reunião de pequenos textos sobre a teoria das neuroses] 1893-1906 [sobretudo o artigo "Novas observações sobre as neuropsicoses de defesa", de 1896].
4 Cf. *Fragmento de análise de um caso de histeria* [Caso Dora], 1905.
5 Cf. Breuer e Freud, *Estudos sobre a histeria*, 1895.

isso não foi pequena sua surpresa, ao notar que na *Gradiva*, publicada em 1903, o romancista baseou sua obra nas mesmas coisas que ele acreditava ter extraído, pela primeira vez, das fontes da experiência médica. Como pôde o romancista chegar ao mesmo conhecimento que o médico, ou, ao menos, fazer como se o possuísse?

O delírio de Norbert Hanold, dizíamos, desenvolveu-se posteriormente com um sonho que teve quando se empenhava em achar um andar como o da Gradiva nas ruas de sua cidade natal. Podemos resumir facilmente o teor desse sonho. O sonhador está em Pompeia no dia em que a infausta cidade é destruída, e presencia os horrores, mas sem correr perigo; de repente, vê a Gradiva andando e entende como algo natural, sendo ela pompeiana, que ela viva em sua própria cidade e, "sem que ele o tenha suspeitado, na mesma época que ele". É tomado de angústia pela sorte dela, lança-lhe um grito, ela volta ligeiramente o rosto em sua direção. Mas segue adiante sem atentar para ele, inclina-se nos degraus do templo de Apolo e é soterrada pela chuva de cinzas, depois que seu rosto empalidece, como que se transformando em mármore branco, até semelhar inteiramente uma figura de pedra. Acordando, ele ainda escuta os ruídos da cidade grande, que penetram em seu quarto, como se fossem os gritos de socorro dos habitantes desesperados de Pompeia e o bramido do mar agitado. A sensação de que o que sonhou aconteceu realmente com ele não o abandona, por algum tempo após o despertar, e do sonho lhe resta, como novo alento para o delírio, a convicção de que a Gradiva viveu em Pompeia e morreu naquele dia infeliz.

Mais difícil será dizermos o que o autor pretendeu com esse sonho e o que o fez ligar o desenvolvimento do delírio justamente a ele. É certo que pesquisadores diligentes reuniram muitos exemplos de como transtornos psíquicos são vinculados aos sonhos e surgem deles,[6] e também nas vidas de pessoas eminentes parece que impulsos para atos e decisões relevantes se originaram de sonhos. Mas nossa compreensão não ganha muito com tais analogias; vamos nos ater ao nosso caso, então, o caso inventado do arqueólogo Norbert Hanold. Por onde devemos abordar um sonho desses para inseri-lo na trama, de modo que não permaneça um adorno supérfluo na exposição?

Posso imaginar que um leitor exclame nesse ponto: "O sonho é fácil de explicar! É um simples sonho angustiado, ocasionado pelos ruídos da cidade grande, que são reinterpretados como parte da destruição de Pompeia pelo arqueólogo ocupado com sua pompeiana". Dado o menosprezo geral pelas operações dos sonhos, tudo o que se costuma pedir da explicação de um sonho é que seja encontrado, para um trecho do seu conteúdo, um estímulo externo que condiz mais ou menos com ele. Esse estímulo externo para o sonhar seria dado pelos ruídos que acordam o sonhador; nisso se esgotaria o interesse no sonho. Se tivéssemos algum motivo para supor que a cidade grande era mais ruidosa do que o normal nessa manhã; se, por exemplo, o autor não tivesse deixado de nos informar que nessa noite Hanold,

---

[6] Sante de Sanctis, *Die Träume* [Os sonhos], 1901.

contra seus hábitos, adormecera com a janela aberta! É pena que o escritor não tenha se dado esse trabalho! E se um sonho angustiado fosse algo tão simples! Não, esse interesse não se esgota tão simplesmente.

A vinculação a um estímulo sensorial externo não é essencial para a formação do sonho. O sonhador pode negligenciar esse estímulo do mundo externo, pode ser acordado por ele sem formar um sonho, pode também entrelaçá-lo em seu sonho, como acontece aqui, se ele lhe convém por algum outro motivo; e há numerosos sonhos em que não é possível demonstrar que o seu conteúdo foi determinado assim, por um estímulo que chega aos sentidos do sonhador. Não, vamos experimentar outro caminho.

Talvez achemos um ponto de partida naquilo que o sonho deixou na vida desperta de Hanold. Até então, uma fantasia sua fora que a Gradiva tinha sido uma pompeiana. Agora essa hipótese se torna uma certeza, e uma segunda certeza ajusta-se a esta, a de que ela foi soterrada lá, com as outras pessoas, no ano de 79 d.C.[*] Sentimentos tristes acompanham esse progresso do delírio, como um eco da angústia que tomara o sonho. Essa nova dor pela Gradiva não nos parece muito inteligível; afinal, ela agora já estaria morta há séculos, mesmo se tivesse sido poupada da destruição em 79 d.C.; ou não devemos discutir dessa forma nem com Norbert Hanold nem com o próprio autor? Novamente, nenhum caminho parece levar ao esclarecimento. De toda maneira,

[*] Cf. o texto da *Gradiva*, p. 15.

note-se que o aumento que o delírio obtém desse sonho é acompanhado de forte sentimento doloroso.

De resto, porém, nossa perplexidade não é mitigada. Esse sonho não se explica por si; temos de nos decidir a fazer empréstimos à *Interpretação dos sonhos*, deste autor, e utilizar aqui algumas das regras que ali são dadas para a resolução de sonhos.

Uma dessas regras diz que normalmente um sonho tem relação com as atividades do dia anterior. O romancista parece querer indicar que seguiu essa regra, pois o sonho vem imediatamente após as "pesquisas pedestres" de Hanold. Ora, estas não constituem senão uma busca pela Gradiva, que ele pretende reconhecer pelo andar característico. O sonho deveria, então, conter uma indicação de onde a Gradiva pode ser encontrada — e, de fato, contém, pois a mostra em Pompeia, mas isso não é uma novidade para nós.

Outra regra diz: quando, após um sonho, a crença na realidade das imagens oníricas dura mais que o habitual, de modo que não conseguimos nos desprender do sonho, isso não é um erro de julgamento provocado pela vivacidade das imagens do sonho, mas sim um ato psíquico em si, uma asseveração relacionada ao conteúdo do sonho, de que algo nele é realmente como sonhamos, e convém acreditarmos nela. Se nos atemos a essas duas regras, devemos concluir que o sonho dá uma informação sobre o paradeiro da Gradiva que coincide com a realidade. Nós conhecemos o sonho de Hanold; aplicando as duas regras a ele, obtemos algum sentido razoável?

Curiosamente, sim. Tal sentido se acha apenas disfarçado de forma peculiar, de sorte que não o reconhecemos de imediato. Hanold descobre, no sonho, que a garota buscada vive numa cidade e é sua contemporânea. Isso é correto a respeito de Zoé Bertgang; sucede apenas que a cidade do sonho não é a cidade universitária alemã, mas Pompeia, e o período não é o presente, mas o ano 79 de nossa era. É como uma deformação por deslocamento: a Gradiva não é situada no presente, o sonhador é que se vê colocado no passado; mas o essencial e novo, *que ele partilha o local e o tempo daquela que busca*, também é afirmado. De onde vem esse deslocamento e disfarce, que engana a nós e ao próprio sonhador acerca do verdadeiro sentido e conteúdo do sonho? Bem, já temos como dar uma resposta satisfatória a essa pergunta.

Recordemo-nos de tudo o que vimos sobre a natureza e a origem das fantasias, essas precursoras do delírio. Elas são sucedâneos e derivados de lembranças reprimidas, que uma resistência não permite que entrem inalteradas na consciência, mas que chegam a tornar-se conscientes levando em consideração a censura da resistência, através de mudanças e deformações. Após ser realizado esse compromisso, as lembranças se tornam as fantasias, que podem facilmente ser mal compreendidas pela pessoa consciente, isto é, podem ser entendidas conforme a corrente psíquica dominante. Agora imaginemos que as imagens oníricas sejam o que poderíamos chamar de criações delirantes fisiológicas do ser humano, os resultados de compromisso dessa luta entre o que é reprimido e o que é dominante, que provavelmente existe em toda pessoa, também naquelas completamente sadias durante o dia. Então compreendemos que as imagens oníricas devam ser vistas como algo deformado, por trás do qual se deve buscar outra coisa, não deformada, mas inconveniente em certo sentido, como as lembranças reprimidas por trás das fantasias de Hanold. Podemos dar expressão ao contraste percebido diferenciando entre o que o sonhador se lembra ao acordar, o *conteúdo onírico manifesto*, e o que constitui a base do sonho antes da deformação causada pela censura, os *pensamentos oníricos latentes*. Interpretar um sonho significa, então, traduzir o conteúdo onírico manifesto para os pensamentos oníricos latentes, fazer retroceder a deformação que estes tiveram de sofrer por parte da censura da resistência. Se aplicamos tais considerações ao sonho que nos ocupa, vemos que os pensamentos oníricos latentes só podem haver sido: "a garota com o andar bonito, que você procura, vive realmente nesta cidade, como você". Mas nessa forma o pensamento não podia se tornar consciente; era estorvado pelo que uma fantasia já havia estabelecido, como resultado de um compromisso anterior: que a Gradiva era de Pompeia, de modo que não havia escolha, se o fato real de viverem no mesmo lugar e na mesma época devia ser reconhecido, a não ser empreender a deformação: você vive em Pompeia, no tempo da Gradiva, e essa é, então, a ideia que o conteúdo onírico manifesto realiza, apresentando-a como um presente vivido.

Raramente um sonho é a representação — poderíamos dizer: a encenação — de um único pensamento; em geral, representa uma série deles, um tecido de pensamentos.

No sonho de Hanold pode ser destacado outro elemento do conteúdo, cuja deformação é facilmente eliminada, de modo que descobrimos a ideia latente por ele representada. Essa é uma parcela do sonho a que também é possível estender a asseveração de que é real, com que o sonho terminou. A Gradiva que anda se transforma, no sonho, numa imagem de pedra. Isso não é senão uma representação poética engenhosa do acontecimento real. De fato, Hanold transferiu o interesse da moça viva para a imagem de pedra; a amada se transformou num baixo-relevo de mármore para ele. Os pensamentos oníricos latentes, que têm de permanecer inconscientes, querem transformar essa figura de volta na moça viva; o que dizem a ele, em conexão com isso, é algo como: "Você se interessa pelo baixo-relevo da Gradiva somente porque ele o lembra a Zoé atual, que vive aqui". Mas esta percepção, se pudesse tornar-se consciente, significaria o fim do delírio.

Teríamos a obrigação de substituir dessa maneira cada parcela do conteúdo manifesto do sonho por pensamentos inconscientes? A rigor, sim; na interpretação de um sonho realmente sonhado não poderíamos nos furtar a esse dever. E então o sonhado teria de nos proporcionar generosas informações. É compreensível que não possamos cumprir tal exigência no caso da criatura do autor; mas não esqueçamos que ainda não submetemos o conteúdo principal do sonho ao trabalho de interpretação ou tradução.

O sonho de Hanold é um sonho angustiado. Seu conteúdo é amedrontador, o sonhador sente medo* durante o

---

* Em alemão há uma só palavra para "angústia" e "medo", *Angst*.

sono, e ficam-lhe sensações penosas após o fim deste. Isso não convém à nossa tentativa de explicação; mais uma vez temos de recorrer bastante à teoria da interpretação dos sonhos. Esta nos adverte, então, para não cairmos no erro de derivar a angústia sentida num sonho do conteúdo do sonho, de não tratar o conteúdo do sonho como um conteúdo ideativo da vida desperta. Ela chama nossa atenção para a frequência com que sonhamos as coisas mais terríveis sem sentirmos qualquer traço de angústia. A verdadeira situação seria outra, nada fácil de descobrir, mas de segura demonstração. A angústia do sonho angustiado corresponderia a um afeto sexual, uma sensação libidinal, como toda angústia neurótica, e teria se originado da libido, mediante o processo da repressão.[7] Logo, na interpretação do sonho teríamos de substituir a angústia pela excitação sexual. A angústia assim originada exerceria — não invariavelmente, mas com frequência — uma influência seletiva sobre o conteúdo do sonho e nele introduziria elementos ideativos que, na concepção consciente e equivocada do sonho, parecem adequados ao afeto da angústia. Isso não ocorreria invariavelmente, como disse, pois há bastantes sonhos angustiados cujo conteúdo está longe de ser amedrontador, em que, portanto, não é possível explicar em termos de consciência a angústia sentida.

Sei que essa explicação da angústia no sonho parece estranha e não é facilmente aceita; mas tudo o que

---

[7] Cf. "Sobre os motivos para separar da neurastenia, como 'neurose de angústia', um determinado complexo de sintomas" (1895), e *A interpretação dos sonhos* (1900), final do cap. IV e cap. VII, seção D.

posso fazer é recomendar ao leitor que se familiarize com ela. Seria curioso se o sonho de Norbert Hanold fosse compatível com ela e pudesse ser explicado a partir dela. Diríamos, então, que durante a noite se agita no sonhador a ânsia amorosa, faz uma vigorosa investida para tornar-lhe consciente a lembrança da amada e assim arrancá-lo do delírio, mas experimenta nova rejeição e transformação em angústia, que, por sua vez, introduz no conteúdo do sonho as terríveis imagens das lembranças de seu tempo de escola. Dessa maneira, o verdadeiro conteúdo inconsciente do sonho, a apaixonada ânsia pela Zoé que ele conhecera um dia, é transformado no conteúdo manifesto da destruição de Pompeia e da perda da Gradiva.

Até esse ponto, creio, isso parece bastante plausível. Mas seria justificado insistir que, se desejos eróticos formam o conteúdo não deformado desse sonho, então se deveria também poder indicar ao menos algum resto reconhecível deles, escondido em algum lugar do sonho transformado. Bem, talvez consigamos isso também, com a ajuda de uma referência da última parte da narrativa. No primeiro encontro com a suposta Gradiva, Hanold recorda esse sonho e pede à aparição que se deite novamente como a viu fazer então.\* Mas a jovem se ergue, indignada, e abandona seu peculiar interlocutor,

---

\* *Gradiva*, p. 70: "Não, não a ouvi falar. Mas eu a chamei quando você se deitava para dormir, e fiquei em pé ao seu lado — seu rosto estava belo e tranquilo, como se fosse de mármore. Quero lhe pedir — deite-se novamente nos degraus, como fez então".

tendo notado o inconveniente desejo erótico em suas palavras governadas pelo delírio. Acho que podemos adotar a interpretação da Gradiva; mesmo de um sonho real não podemos exigir maior clareza na apresentação de um desejo erótico.

Assim, a aplicação de algumas regras da interpretação de sonhos ao primeiro sonho de Hanold teve o resultado de nos tornar compreensível este sonho em seus traços principais e de inseri-lo no contexto da narrativa. Então o autor teria observado essas regras ao criar o sonho? Podemos também perguntar por que o autor recorreu a um sonho para continuar desenvolvendo o delírio. A meu ver, a composição é engenhosa e se mantém fiel à realidade. Já vimos que, em casos reais de doença, frequentemente um delírio se liga a um sonho, mas, após nossos esclarecimentos sobre a natureza do sonho, não precisamos ver um novo enigma nesse fato. Sonho e delírio vêm da mesma fonte, daquilo que foi reprimido; o sonho é, por assim dizer, o delírio fisiológico da pessoa normal. Antes que o reprimido se torne forte o suficiente para irromper na consciência como delírio, pode facilmente alcançar um primeiro sucesso nas condições mais propícias do estado de sono, sob a forma de um sonho de efeito persistente. Ocorre que durante o sono, com a diminuição geral da atividade psíquica, há um relaxamento do vigor da resistência que as forças psíquicas dominantes opõem ao reprimido. É esse relaxamento que possibilita a formação do sonho, e por isso este nos proporciona o melhor acesso ao conhecimento da psique inconsciente. Mas habitualmente, ao se restabelecerem os investimentos psíquicos da vigília, o sonho torna a desaparecer, e o terreno obtido pelo inconsciente é novamente evacuado.

## III

Num trecho posterior da narrativa, há outro sonho que pode nos induzir, mais que o primeiro, a experimentar sua tradução e inserção no contexto do funcionamento psíquico de nosso herói. Mas não nos adiantaria muito interromper aqui a exposição do autor e passar imediatamente a este segundo sonho, pois quem deseja interpretar o sonho de outra pessoa não pode deixar de se ocupar minuciosamente de todas as suas vivências exteriores e interiores. Portanto, provavelmente será melhor acompanhar o fio da narrativa e fazer comentários à medida que prosseguimos.

A formação do novo delírio com a morte da Gradiva na destruição de Pompeia, no ano de 79 d.C., não foi o único efeito do primeiro sonho que analisamos. Imediatamente depois, Hanold decidiu fazer uma viagem à Itália, que finalmente o levou a Pompeia. Antes, porém, ainda outra coisa lhe aconteceu; debruçando-se na janela, acreditou enxergar uma figura com o porte e o andar de sua Gradiva, correu para a rua, apesar da vestimenta sumária, mas não a alcançou, e a zombaria dos passantes o fez retornar. De volta a seu quarto, o canto de um canário, na gaiola pendurada de uma janela da casa em frente, gerou nele a sensação de que também era um prisioneiro ansiando pela liberdade, e a viagem foi rapidamente decidida e realizada.

O autor descreve de modo particularmente vivo essa viagem de Hanold, e lhe permite ter alguma clareza sobre os seus processos internos. Naturalmente, Hanold dá a si mesmo um pretexto científico para a viagem, mas este não dura muito. Ele sabe que "o impulso para viajar se originava de um sentimento inefável". Um peculiar desassossego o leva a ficar insatisfeito com tudo o que depara e o impele de Roma a Nápoles, depois a Pompeia, mas tampouco nessa última melhora seu estado de espírito. Ele se irrita com a tolice dos casais em lua de mel e se aborrece com a ousadia das moscas domésticas que habitam as hospedarias de Pompeia. Enfim, porém, não se engana: "sua insatisfação não é causada somente pelo que se acha ao seu redor, mas tem origem, em parte, dentro dele próprio". Ele acha que está superexcitado, sente que se acha "de mau humor, pois lhe falta algo, mas não consegue entender o quê. E esse mau humor ele carrega para toda parte". Nesse estado de espírito, ele se indigna até mesmo com a sua mestra, a ciência. Quando, na ardência do meio-dia, vagueava em Pompeia pela primeira vez, "toda a sua ciência o havia não apenas abandonado, como também o deixara sem o menor desejo de novamente encontrá-la; ele se recordava dela apenas como de algo longínquo, e em seu sentimento ela fora uma tia velha, enfadonha e ressecada, a mais insípida e supérflua criatura deste mundo" (*G.*, p. 55).

Nesse ânimo desagradável e confuso, é solucionado um dos enigmas dessa viagem, no instante em que ele vê a Gradiva caminhando por Pompeia. "Vem-lhe à consciência, pela primeira vez: sem que ele próprio soubesse do impulso em seu interior, havia partido para a Itália e seguido até Pompeia, sem se deter em Roma e Nápoles, a fim de buscar ali o rastro da Gradiva. E isso no sentido literal, pois, com seu andar peculiar, ela devia ter deixado nas cinzas uma marca dos dedos diferente de todas as outras" (*G.*, p. 58).

Como o romancista se empenha em descrever cuidadosamente essa viagem, deve também valer a pena discutirmos a relação entre ela e o delírio de Hanold e seu lugar no conjunto dos eventos. A viagem é empreendida por razões que o indivíduo não percebe inicialmente e que somente depois admite, razões que o próprio autor designa como "inconscientes". Isso foi certamente extraído da vida real. Não é preciso ser tomado por um delírio para agir dessa forma; diariamente ocorre, mesmo em pessoas sãs, de nos enganarmos acerca dos motivos de nossos atos e somente a posteriori tomarmos consciência deles, bastando que um conflito de várias correntes de sentimento produza a condição para o estado confuso. Portanto, desde o início a viagem de Hanold foi calculada para servir ao delírio, e destinava-se a conduzi-lo até Pompeia, para que ele prosseguisse lá a sua busca da Gradiva. Lembremos que essa procura o ocupava antes e imediatamente depois do sonho, e que o próprio sonho era apenas uma resposta, sufocada pela sua consciência, à questão do paradeiro da Gradiva. Alguma força que não distinguimos, contudo, inibe inicialmente a tomada de consciência do propósito delirante, de modo que restam apenas, para a motivação consciente da viagem, pretextos insuficientes, que têm de ser renovados aqui e ali. O autor nos apresenta outro enigma ao fazer com que sucedam um ao outro, como casualidades que não têm relação entre si, o sonho, a descoberta da suposta Gradiva na rua e a decisão de viajar por influência do canário que canta.

Essa parte obscura da narrativa se torna inteligível para nós com a ajuda dos esclarecimentos que extraímos de falas posteriores de Zoé Bertgang. Foi realmente o original da Gradiva, a própria senhorita Zoé, que Hanold, de sua janela, viu andar na rua (G., p. 89) e quase alcançou. Assim a comunicação do sonho — de que ela vive nos dias de hoje, e na mesma cidade que ele — receberia, por um acaso feliz, uma confirmação irresistível, que poria fim à sua oposição interior. Mas o canário cujo canto impeliu Hanold a uma longa viagem pertencia a Zoé, sua gaiola ficava na janela desta, na casa do outro lado da rua (G., p. 135). Hanold, que a garota acusou de possuir o dom da "alucinação negativa", a arte de não ver e não reconhecer inclusive pessoas presentes, deve ter tido, desde o início, o conhecimento inconsciente disso que descobrimos apenas mais tarde. Os indícios da proximidade de Zoé, seu aparecimento na rua e o canto de seu pássaro, tão vizinho à janela dele, reforçam o efeito do sonho, e, nesta situação tão perigosa para a sua resistência ao erotismo, ele empreende a fuga. A viagem nasce de uma mobilização da resistência após o avanço dos anseios amorosos no sonho, de uma tentativa de fuga ante a presença física da moça que ama. Significa, na prática, uma vitória da repressão, que desta vez prevalece no delírio, assim como numa ação anterior de Hanold, as "pesquisas pedestres" em mulheres e garotas, foi vitorioso o erotismo. Mas em toda parte, nessas oscilações da luta, mantém-se a natureza de compromisso das decisões; a viagem a Pompeia, que deve afastá-lo da Zoé viva, leva-o pelo menos ao sucedâneo dela, à Gradiva. A viagem, empreendida a despeito dos pensamentos oníricos latentes, segue a indicação do conteúdo onírico manifesto, é para Pompeia. Assim o delírio triunfa de novo, a cada vez que tornam a lutar o erotismo e a resistência.

Essa concepção da viagem de Hanold como fuga ante o anseio amoroso, que nele despertava, pela amada tão próxima, é a única que se harmoniza com a descrição de seus estados emocionais durante sua estadia na Itália. A rejeição do erotismo, que nele predominava, expressava-se em sua antipatia pelos casais em lua de mel. Um breve sonho tido no *albergo* de Roma, provocado pela vizinhança de um casal alemão, "Augusto e Margarida", cuja conversa noturna ele teve de escutar através de uma fina parede divisória, lança como que uma luz retrospectiva sobre as tendências eróticas de seu primeiro sonho longo. No novo sonho, ele se acha novamente em Pompeia e o Vesúvio está novamente em erupção; o sonho se liga, portanto, àquele que prosseguiu tendo efeito durante a viagem. Mas dessa vez, entre as pessoas em perigo, não se acham — como antes — ele próprio e a Gradiva, mas o Apolo do Belvedere e a Vênus do Capitólio, provavelmente como irônica elevação do casal do quarto vizinho. Apolo ergue Vênus e a leva, pondo-a sobre um objeto no escuro, que parece ser uma carruagem ou carreta, pois dela se ouve um "rangido". Fora isso, a interpretação deste sonho não requer nenhuma arte especial. (*G.*, p. 31.)

Nosso autor, do qual sabemos, há algum tempo, que não introduz nenhum elemento que seja inútil e não intencional em sua narrativa, deu-nos outro testemunho da corrente assexual dominante em Hanold na sua viagem. Durante uma caminhada de horas em Pompeia, "não lhe vem uma só vez ao espírito, curiosamente, que pouco antes havia sonhado que se achava presente no sepultamento de Pompeia durante a erupção de 79 d.C." (*G.*, p. 47). Apenas ao ver a Gradiva se recorda subitamente deste sonho e, ao mesmo tempo, torna-se consciente do motivo delirante dessa misteriosa viagem. O que poderia significar esse esquecimento do sonho, essa barreira de repressão entre o sonho e o estado psíquico durante a viagem, senão que a viagem não ocorreu sob instigação direta do sonho, mas em revolta contra ele, emanando de um poder psíquico que nada quer saber do sentido secreto do sonho?

Por outro lado, no entanto, Hanold se alegra com essa vitória sobre seu erotismo. O impulso psíquico reprimido permanece forte o bastante para vingar-se do impulso repressor mediante mal-estar e inibição. Seus anseios transformaram-se em desassossego e insatisfação, o que faz a viagem parecer sem sentido; acha-se inibida a percepção da motivação da viagem, a serviço do delírio, e está perturbada sua relação com a ciência, que naquele lugar deveria suscitar todo o seu interesse. Desse modo, o romancista nos mostra seu herói, depois de sua fuga do amor, numa espécie de crise, num estado de plena confusão e aturdimento, numa perturbação tal como costuma sobrevir no auge dos estados patológicos, quando nenhum dos dois poderes conflitantes já não é tão mais forte que o outro, de modo que a diferença pudesse fundamentar um regime psíquico vigoroso. Nisso o autor intervém de forma a ajudar e mitigar, pois nesse ponto faz aparecer a Gradiva, que empreende a cura do delírio. Com o poder que tem de guiar benevolamente os destinos das personagens que cria, e apesar de todas as leis da necessidade que faz com que obedeçam, ele transporta justamente para Pompeia a garota da qual Hanold fugiu, indo para lá, e dessa forma corrige a tolice que o jovem cometeu graças ao delírio — a de deixar o local de moradia da moça viva que amava e ir buscar o sepulcro daquela que a substituía em sua imaginação.

Como o aparecimento de Zoé Bertgang como Gradiva, que assinala o apogeu da tensão narrativa, também ocorre uma mudança em nosso interesse. Se até então presenciamos o desenvolvimento de um delírio, vamos agora testemunhar sua cura, e é lícito perguntarmos se o autor simplesmente inventou o desenrolar dessa cura ou se o reconstruiu conforme possibilidades realmente existentes. Levando em conta as próprias palavras de Zoé na conversa com a amiga, sem dúvida podemos atribuir-lhe a intenção de cura (*G.*, p. 124). Mas de que modo ela se põe a fazê-lo? Depois de refrear a indignação nela gerada pela proposta de que se estendesse para dormir como fizera "outrora", ela volta ao mesmo lugar no dia seguinte, também ao meio-dia, e extrai de Hanold todo o conhecimento oculto que no dia anterior lhe faltava para compreender sua conduta. Passa a saber do sonho, da escultura da Gradiva e da peculiaridade que o seu próprio andar tem em comum com o dela. Aceita o papel do fantasma despertado para a vida por um breve momento, papel que a ilusão dele lhe atribuiu, como ela nota, e delicadamente, com palavras ambíguas, dá-lhe a entender que pode assumir uma nova posição, recebendo as flores funerárias que ele trouxe sem nenhum propósito consciente e lamentando que ele não lhe tenha dado rosas (G., p. 90).

Mas nosso interesse na conduta dessa garota extraordinariamente sensata, resolvida a ter como marido o seu amor da infância, após reconhecer o amor a ela como força motriz do delírio, provavelmente cederá lugar, neste ponto, à estranheza que esse delírio pode provocar em nós mesmos. A última forma por ele tomada, em que a Gradiva soterrada no ano de 79 d.C. é capaz, como fantasma do meio-dia, de conversar com ele por uma hora e depois sumir ou buscar seu túmulo na terra, essa fantasmagoria que não se deixa incomodar pela percepção dos sapatos modernos da garota nem pelo fato de ela ignorar os idiomas antigos e dominar o alemão, que não existia naquele tempo, bem parece justificar a designação dada pelo autor — "Uma fantasia pompeiana" — e também excluir toda comparação com a realidade clínica. No entanto, numa consideração mais detida a inverossimilhança desse delírio me parece reduzir-se em grande parte. Alguma responsabilidade cabe ao autor, ao adotar como premissa da história que Zoé seja a imagem fiel da escultura. Portanto, cuidemos de não deslocar a improbabilidade dessa premissa para a sua consequência — que Hanold tome a garota pela Gradiva rediviva. O valor da explicação delirante é realçado pelo fato de o autor não nos oferecer uma racional. Ele também nos traz, como circunstâncias atenuantes dos excessos do herói, o ardente sol da Campânia e a magia perturbadora do vinho que cresce nas encostas do Vesúvio. O mais importante dos elementos explicadores e escusatórios, porém, continua sendo a facilidade com que nosso intelecto resolve aceitar algo absurdo, quando impulsos fortemente emocionais nisso encontram satisfação. É algo espantoso, e normalmente negligenciado, a presteza e frequência com que, em tais constelações psicológicas, mesmo pessoas de inteligência viva reagem como se fossem, em alguma medida, débeis mentais; e quem não for muito presunçoso poderá observar isso à vontade em si mesmo. Sobretudo quando uma parte dos processos psíquicos em questão se acha vinculada a motivos inconscientes ou reprimidos! A esse respeito, é com prazer que cito estas palavras que me foram enviadas por um filósofo: "Também comecei a anotar exemplos pessoais de erros gritantes e atos irrefletidos, que buscamos justificar a posteriori (de maneira bastante irracional). É assustador, mas típico, quanta estupidez então se revela". Junte-se a isso que a crença em espíritos, fantasmas e almas que retornam — que acha tanto apoio nas religiões de que todos nós fomos partidários, ao menos na infância — está longe de haver desaparecido em todas as pessoas instruídas, que muitas normalmente sensatas acham possível conciliar o espiritismo e a razão. Até mesmo um indivíduo que se tornou incrédulo e neutro pode perceber, envergonhado, como facilmente volta a acreditar em espíritos por um instante, quando é tomado de emoção e perplexidade ao mesmo tempo. Sei de um médico que, tendo perdido uma paciente que sofria da doença de Basedow, não podia afastar a leve suspeita de haver contribuído para o desenlace infeliz com uma medicação imprudente. Um dia, vários anos depois, chegou a seu consultório uma moça que, apesar de sua relutância, ele teve de reconhecer como sendo a falecida. O seu único pensamento foi que então era verdade que os mortos retornam, e o seu temor só deu lugar à vergonha quando a visitante se apresentou como irmã da morta, tendo a mesma enfermidade que ela. A doença de Basedow confere aos que dela sofrem, como já se observou com frequência, uma grande semelhança de traços faciais, e nesse caso a semelhança típica era reforçada pela familiar. Mas o médico a quem isso ocorreu fui eu mesmo, e por causa disso não me inclino a contestar a possibilidade clínica do breve delírio de Norbert Hanold com a Gradiva que retornou à vida. Afinal, todo psiquiatra sabe que em casos sérios de delírio crônico (paranoia) chega-se a extremos em matéria de absurdos engenhosamente tecidos e bem sustentados.

Após o primeiro encontro com a Gradiva, Norbert Hanold tomara seu vinho primeiro num e depois no outro dos restaurantes que conhecia em Pompeia, enquanto os demais fregueses comiam a refeição principal. "Naturalmente, não lhe passou pela cabeça a hipótese disparatada" de que pretendia descobrir em qual hotel a Gradiva se hospedava e fazia as refeições, mas é difícil dizer que outro sentido este seu ato poderia ter. No dia após o segundo encontro na casa de Meleagro ele teve toda espécie de experiências curiosas e aparentemente não relacionadas entre si: achou uma estreita passagem no muro do pórtico, no lugar onde a Gradiva tinha desaparecido, encontrou um amalucado apanhador de lagartos que lhe dirigiu a palavra como se o conhecesse, descobriu uma terceira hospedaria num local mais afastado, o Albergo del Sole, cujo proprietário lhe vendeu uma presilha de metal, coberta de pátina verde, que teria sido achada junto aos restos de uma garota de Pompeia, e, por fim, atentou para um jovem casal recém-chegado a seu próprio hotel, que ele identificou como irmão e irmã e que despertou sua simpatia. Todas essas impressões se entrelaçaram então num sonho "notavelmente absurdo", com o seguinte teor:

"A Gradiva estava sentada em algum lugar, no sol, fazendo um laço com um talo de grama, para prender um lagarto, e dizia: 'Por favor, fique inteiramente imóvel — a colega tem razão, o método é realmente bom e ela o empregou com sucesso'."

Ainda enquanto dorme ele critica esse sonho, achando que é rematada loucura, e revira-se na cama para livrar-se dele. Consegue isso com a ajuda de um pássaro invisível, que solta um trinado breve, semelhante a uma risada, e leva embora o lagarto em seu bico.

Vamos tentar interpretar também esse sonho, isto é, substituí-lo pelos pensamentos latentes de cuja deformação ele deve ter surgido? Ele é disparatado como apenas um sonho pode ser, e tal natureza absurda dos sonhos é o principal esteio da concepção que nega ao sonho o caráter de um ato psíquico plenamente válido e o vê como resultante de uma desordenada excitação dos elementos psíquicos.

Podemos aplicar a esse sonho a técnica que cabe designar como o procedimento regular na interpretação de sonhos. Ela consiste em não fazer caso do contexto aparente no sonho manifesto, mas em atentar para cada fragmento do conteúdo e buscar sua origem nas impressões, recordações e pensamentos espontâneos do sonhador. Mas, como não podemos questionar Hanold, teremos de nos contentar com a referência a suas impressões, e apenas timidamente colocar nossas próprias associações no lugar das suas.

"A Gradiva estava sentada em algum lugar, no sol, apanhando lagartos e falando" — essa parte do sonho lembra qual impressão do dia anterior? Sem dúvida, o encontro com o senhor de meia-idade, o apanhador de lagartos, que, portanto, é substituído pela Gradiva no sonho. Ele estava sentado ou deitado num "declive banhado pelo sol" e também falou com Hanold. Também as falas da Gradiva no sonho são copiadas daquelas desse homem. Comparemos: "O método indicado pelo colega Eimer é realmente bom; já o utilizei várias vezes com sucesso. Por favor, não se mexa". De modo bem semelhante a Gradiva fala no sonho, apenas o colega Eimer é substituído por uma colega sem nome. Também as palavras "várias vezes" foram retiradas da fala do zoólogo, e a ordem das orações foi um pouco mudada. Portanto, parece que essa vivência do dia anterior foi transformada em sonho por meio de algumas mudanças e deformações. Por que justamente ela, e o que significam as deformações, a substituição daquele senhor pela Gradiva e a introdução da misteriosa "colega"?

Há uma regra na interpretação de sonhos que diz: Uma fala ouvida no sonho sempre se origina de uma escutada ou mesmo dita no estado de vigília. Ora, essa regra é seguida nesse ponto, a fala da Gradiva é apenas uma modificação da fala do velho zoólogo, escutada durante o dia. Outra regra da interpretação de sonhos nos dirá que a substituição de uma pessoa por outra ou a junção de duas pessoas (quando, por exemplo, uma delas é mostrada numa situação característica da outra) significa uma equiparação das duas, uma coincidência entre elas. Se ousarmos aplicar também essa regra a nosso sonho, teremos esta tradução: "A Gradiva apanha lagartos como aquele senhor, entende de apanhar lagartos como ele". Isso não é exatamente compreensível, mas temos ainda outro enigma diante de nós. A qual impressão do dia anterior devemos relacionar a "colega" que substitui, no sonho, o célebre zoólogo Eimer? Felizmente, aqui não temos muita escolha, apenas outra moça pode ser a colega, aquela simpática jovem, portanto, que Hanold achou que viajava em companhia do irmão. "Ela tinha uma rosa vermelha de Sorrento no vestido, e a visão dessa flor despertava algo na lembrança daquele que a olhava de seu canto da sala, sem que ele pudesse precisar o quê." Essa observação do autor talvez nos autorize a tomá-la pela "colega" do sonho. Aquilo de que Hanold não conseguia se lembrar era certamente o que lhe dissera a suposta Gradiva, que as moças mais felizes recebem flores na primavera, quando ela lhe pediu as brancas flores funerárias. Mas essa fala escondia um pedido. Que poderia ser essa captura de lagartos, em que essa colega mais feliz fora bem-sucedida?

No dia seguinte, Hanold surpreende o suposto casal de irmãos num abraço amoroso, e assim pode corrigir o erro do dia anterior. É, na verdade, um casal de noivos, e justamente na viagem de núpcias, como depois descobrimos, quando inadvertidamente atrapalham o terceiro encontro de Hanold com Zoé. Se supusermos que Hanold, que conscientemente os toma por irmãos, de imediato percebeu em seu inconsciente a verdadeira relação entre eles, que no outro dia se revela inequivocamente, a fala da Gradiva no sonho passa a ter um sentido correto. A rosa vermelha se torna, então, um símbolo da relação de amor; Hanold compreende que os dois são aquilo que ele e a Gradiva ainda se tornarão, a captura do lagarto adquire o significado de captura de marido, e a fala da Gradiva significa algo como: "Deixe-me fazer como entendo, sou capaz de conquistar um homem tão bem quanto essa outra garota".

Mas por que tal reconhecimento das intenções de Zoé tinha de aparecer no sonho sob a forma de uma fala do velho zoólogo? Por que a habilidade de Zoé em apanhar homens tinha de ser representada pela do velho senhor em apanhar lagartos? Ora, não é difícil para nós responder a essa questão; há muito já percebemos que o apanhador de lagartos não é outro senão o professor de zoologia Bertgang, o pai de Zoé, que também deve conhecer Hanold, de modo que se compreende que ele aborde Hanold como um conhecido. Suponhamos novamente que Hanold tenha reconhecido o professor de imediato no inconsciente, "Parecia-lhe obscuramente já ter visto o rosto do apanhador de lagartos, num dos dois hotéis, provavelmente" — assim se explica o peculiar disfarce do propósito atribuído a Zoé. Ela é a filha do apanhador de lagartos, é dele que tem essa habilidade.

A substituição do apanhador de lagartos pela Gradiva no conteúdo do sonho é, portanto, a representação do laço entre as duas pessoas, reconhecido no inconsciente; a introdução da "colega" no lugar do colega Eimer permite ao sonho exprimir a compreensão de que ela solicita um marido. Até agora o sonho fundiu — "condensou", como dizemos — duas vivências numa situação, a fim de dar expressão (irreconhecível, é verdade) a duas percepções que não podiam se tornar conscientes. Mas podemos prosseguir, podemos reduzir ainda mais a estranheza do sonho e demonstrar a influência das demais vivências do dia na configuração do sonho manifesto.

Podemos nos declarar insatisfeitos com a explicação até agora dada de por que justamente a cena da caça de lagartos se tornou o núcleo do sonho, e conjecturar que ainda outros elementos dos pensamentos oníricos contribuíram para a ênfase dada ao "lagarto" no sonho manifesto. Pode facilmente ter ocorrido assim. Recordemos que Hanold havia descoberto uma fenda no muro, no lugar onde a Gradiva parecia desaparecer, que "era larga o bastante para que ali passasse alguém excepcionalmente esguio". Tal observação o induziu a fazer, durante o dia, uma mudança no seu delírio: quando desapareceu de sua visão, a Gradiva não afundou no chão, e sim retornou a seu túmulo por aquela via. Em seu pensamento inconsciente ele pode ter dito a si próprio que então achava a explicação natural para o desaparecimento da moça. Mas a ideia de comprimir-se para penetrar por fendas estreitas e desaparecer não lembraria o comportamento dos lagartos? A Gradiva não se comporta, assim fazendo, como um ágil lagarto pequeno? Acreditamos, portanto, que a descoberta da fenda no muro teria influído na escolha do elemento "lagarto" para o conteúdo onírico manifesto; a cena do lagarto representaria, no sonho, tanto essa impressão do dia anterior como o encontro com o zoólogo, o pai de Zoé.

E se agora tentássemos, ousadamente, achar também uma representação no conteúdo onírico para uma vivência daquele dia que ainda não foi explorada, a descoberta do terceiro hotel, o Albergo del Sole? O autor tratou esse episódio de maneira tão minuciosa, e relacionou tantas coisas a ele, que nos surpreenderíamos se ele não contribuísse em nada para a formação do sonho. Hanold entra nesse hotel — que até então desconhece por sua localização afastada e distante da estação de trem — a fim de obter uma garrafa de água gasosa para a congestão provocada pelo calor. O hoteleiro aproveita a oportunidade para louvar as antiguidades que possui, e mostra-lhe uma presilha que teria pertencido àquela moça de Pompeia encontrada na vizinhança do fórum abraçada ao companheiro. Hanold, que não acredita nessa história já escutada várias vezes, agora é levado, por um poder que desconhece, a crer na veracidade desse caso comovente e na autenticidade do achado; ele compra a presilha e deixa o estabelecimento. Ao sair, vê assomar de uma das janelas, dentro de um vaso de água, um ramo de asfódelos coberto de flores brancas, e toma isso como uma confirmação da autenticidade de sua aquisição. É tomado da delirante certeza de que a presilha verde realmente pertenceu à Gradiva e de que esta é a garota que morreu nos braços do amado. Sente um ciúme torturante, que é atenuado quando resolve mostrar à Gradiva a presilha, no dia seguinte, para eliminar a suspeita. Isso é um novo elemento singular do delírio; não deixaria nenhum traço no sonho daquela noite?

Certamente valerá a pena buscar compreender como se produziu esse aumento do delírio, procurar o novo fragmento de percepção inconsciente que é substituída pelo novo fragmento de delírio. Este surge sob a influência do hoteleiro do "Hotel do Sol", perante o qual Hanold se comporta de maneira notavelmente crédula, como se tivesse recebido desse homem uma sugestão hipnótica. O hoteleiro lhe mostra, como sendo genuína e pertencente à moça que morreu nos braços do amado, uma presilha de roupas metálica, e Hanold, que poderia ser crítico o bastante para contestar a veracidade da história e a autenticidade do objeto, imediatamente acredita em tudo e adquire aquela antiguidade mais que duvidosa. Não se compreende por que ele se comportaria desse modo, e não há indicação de que a personalidade do hoteleiro poderia nos oferecer uma solução. Mas há outro enigma no incidente, e dois enigmas podem solucionar um ao outro. Ao deixar o *albergo*, ele vê um ramo de asfódelos num copo, numa janela, e nele enxerga a confirmação da autenticidade da presilha. Como pode isso ocorrer? Esse último elemento admite uma solução fácil, felizmente.

A flor branca deve ser a mesma que Hanold deu à Gradiva, ao meio-dia, e é correto que algo seja reforçado, quando ele a vê numa das janelas do hotel. Não, porém, a autenticidade da presilha, mas outra coisa, de que já se deu conta ao deparar com esse *albergo* até então ignorado. Já no dia anterior ele agiu como se buscasse, nos dois hotéis de Pompeia, onde se hospedava a pessoa que lhe aparecia como a Gradiva. Agora que encontra, inopinadamente, um terceiro hotel, ele deve dizer a si próprio no inconsciente: "Então é aqui que ela fica"; e, ao ir embora: "Correto, esses são os asfódelos que lhe dei; esta é sua janela". Esta seria, então, a nova percepção que é substituída pelo delírio que não pode se tornar consciente, pois o seu pressuposto, de que a Gradiva é uma mulher viva, uma pessoa que ele conhece, não pode se tornar consciente.

Mas como deve ter se dado a substituição da nova percepção pelo delírio? Acho que o sentimento de convicção que se ligava a essa percepção pôde se afirmar e se conservou, enquanto no lugar da percepção mesma, incapaz de chegar à consciência, apareceu um conteúdo ideativo diferente, mas vinculado a ela por associação de pensamentos. Assim, a sensação de certeza estabeleceu ligação com um conteúdo que lhe era alheio, e este alcançou, em forma de delírio, um reconhecimento que não lhe era devido. Hanold transfere sua convicção de que a Gradiva mora naquela casa para outras impressões que recebeu na casa, tornando-se, dessa maneira, crédulo em relação ao que fala o hoteleiro, à autenticidade da presilha de metal e à veracidade da história do casal descoberto abraçado, mas apenas por relacionar o que ouviu na casa à Gradiva. O ciúme nele latente se apodera desse material, e disso resulta, mesmo contradizendo seu primeiro sonho, o delírio de que a Gradiva era a garota que morrera nos braços do amante e de que pertencera a ela a presilha por ele adquirida.

Notamos que a conversa com a Gradiva e a discreta corte que ela lhe faz "ao solicitar a flor do esquecimento" já suscitaram importantes mudanças em Hanold. Foram despertados nele traços de desejo masculino, componentes da libido, que, no entanto, ainda não podem dispensar o disfarce de pretextos conscientes. Mas o problema da "natureza física" da Gradiva, que o persegue durante todo esse dia, não pode negar sua procedência da curiosidade erótica do jovem pelo corpo da mulher, ainda quando seja levado para o terreno científico pela ênfase consciente na peculiar oscilação da Gradiva entre a morte e a vida. O ciúme é outro indício da nascente atividade amorosa de Hanold; ele manifesta esse ciúme no início da conversa, no dia seguinte, e chega, mediante um pretexto, a tocar no corpo da garota e a bater nela, como na infância.

Mas agora cabe nos perguntarmos se o modo de formação do delírio, que inferimos do relato do autor, é conhecido de outras fontes ou é possível simplesmente. Nosso conhecimento médico nos permite dar apenas a resposta de que é certamente o modo correto, talvez o único, pelo qual o delírio alcança a inabalável aceitação que é uma de suas características clínicas. Se o doente crê tão firmemente em seu delírio, isso não ocorre por um transtorno de sua faculdade de julgamento, e não vem do que é errado no delírio. Sucede, isto sim, que em todo delírio há um grão de verdade, existe algo que realmente merece fé, e tal é a fonte da convicção do paciente, que até esse ponto se justifica, então. Mas esse elemento verdadeiro esteve reprimido por longo tempo; quando finalmente consegue, em forma desfigurada, penetrar na consciência, o sentimento de convicção que o acompanha é muito forte, como por compensação, e agora se apega ao substituto deformado do elemento verdadeiro reprimido, protegendo-o de toda contestação crítica. A convicção como que se desloca da verdade inconsciente para o erro consciente a ela vinculado, e justamente graças a esse deslocamento permanece ali fixada. O caso de formação de delírio que se deu a partir do primeiro sonho de Hanold não é mais que um exemplo similar, senão idêntico, de tal deslocamento. O modo como surgiu a convicção no delírio, que aqui descrevemos, não é fundamentalmente diverso da forma como a convicção se forma em casos normais, em que não entra a repressão. Todos nós ligamos nossa convicção a conteúdos de pensamento em que o verdadeiro se acha unido ao falso, e fazemos com que ela se estenda daquele para esse. Ela como que se difunde do verdadeiro para o falso que lhe está associado, protegendo este da crítica merecida, embora não tão obstinadamente como no delírio. Também na psicologia normal as relações — o gozar de uma proteção, por assim dizer — podem substituir o próprio valor.

Agora vou retornar ao sonho e destacar um traço pequeno, mas não desprovido de interesse, que estabelece uma ligação entre duas coisas que o ensejaram. A Gradiva mencionou os asfódelos brancos, fazendo um certo contraste com a rosa vermelha. A visão dos asfódelos na janela do Albergo del Sole torna-se uma importante prova para a percepção inconsciente de Hanold, que se manifesta no novo delírio, e a isso junta-se o fato de a rosa vermelha no vestido da jovem simpática contribuir para que Hanold, no inconsciente, chegue a um entendimento correto da relação entre ela e o acompanhante, de maneira que ela pode surgir no sonho como "colega".

Mas onde se encontra, no conteúdo manifesto do sonho, o rastro e representação daquela descoberta de Hanold que vimos substituída pelo novo delírio, a de que a Gradiva e seu pai estão hospedados no terceiro hotel de Pompeia, o oculto Albergo del Sole? Ora, ela se acha inteiramente no sonho, e nem está muito deformada; hesito em apontá-la apenas porque sei que inclusive os leitores que tiveram a paciência de acompanhar-me até aqui se oporão à minha tentativa de interpretação. A descoberta de Hanold é informada cabalmente no sonho, repito, mas está escondida de forma tão hábil que passa despercebida. Acha-se oculta num jogo de palavras, numa ambiguidade. "A Gradiva estava sentada em algum lugar, no sol": isso relacionamos, corretamente, ao local onde Hanold encontrou o zoólogo, o pai da moça. Mas não poderia também significar que "no Sol", isto é, no Albergo del Sole, está hospedada a Gradiva? E a expressão "em algum lugar", que não tem qualquer relação com o pai, não parece mendazmente imprecisa, pois antecede justamente a informação precisa sobre o paradeiro da Gradiva? Pela minha experiência na interpretação de sonhos reais, estou seguro desse entendimento da ambiguidade, mas não me atreveria realmente a apresentar aos leitores essa pequena interpretação se o autor não me dispensasse aqui o seu poderoso auxílio. No dia seguinte, ele põe na boca da garota, quando ela vê a presilha de metal, o mesmo jogo de palavras que supomos para interpretar esse trecho do sonho. "Você a encontrou no Sol, ela perguntou se havia encontrado o objeto sob o sol, aqui ele produz coisas desse tipo." E, como Hanold não entende essas palavras, ela explica que se refere ao hotel "Sol", que ali chamam *Sole*, onde ela também vira a suposta antiguidade.

Agora vamos tentar substituir o sonho "notavelmente disparatado" de Hanold pelos pensamentos inconscientes que se acham ocultos por trás dele e que são muito diferentes dele. Seriam estes: "Ela está hospedada no *Sol* com o pai, por que está brincando assim comigo? Quer zombar de mim? Ou será possível que me ama e me quer ter como marido?" — A resposta negativa a essa última possibilidade é dada, provavelmente, ainda durante o sono: "é pura loucura", afirmação que aparentemente se dirige a todo o sonho manifesto.

Os leitores críticos têm agora o direito de perguntar sobre a origem da interpolação, até o momento não justificada, que fala em ser zombado pela Gradiva. A resposta é dada pela *Interpretação dos sonhos*: quando há zombaria, menosprezo ou amargo antagonismo nos pensamentos oníricos, isso é expresso pela forma disparatada do sonho manifesto, pelo absurdo no sonho. Portanto, esse absurdo não significa uma paralisação da atividade psíquica, sendo, isto sim, um dos meios de representação utilizados pelo trabalho do sonho. Como sempre ocorre em trechos particularmente difíceis, também aqui o autor vem em nosso auxílio. O sonho disparatado tem ainda um breve epílogo em que um pássaro solta um grito semelhante a um riso e leva embora o lagarto no bico. Mas Hanold ouviu um grito assim após o desaparecimento da Gradiva. Partiu de Zoé, na verdade, que com esse riso se livrava da sombria seriedade do seu papel no mundo subterrâneo. A Gradiva realmente riu dele. Mas a imagem onírica do pássaro carregando o lagarto pode recordar outra, num sonho anterior, em que o Apolo do Belvedere carregava a Vênus capitolina.

Talvez alguns leitores ainda considerem que a tradução da cena da caça aos lagartos pela ideia da solicitação amorosa não está suficientemente estabelecida.

Pode servir para reforçá-la o fato de Zoé, ao encontrar a colega, admitir o mesmo que Hanold supõe sobre ela em pensamentos, ao dizer que estava certa de que em Pompeia haveria algo interessante a "desenterrar". Nisso ela recorre ao círculo de ideias da arqueologia, tal como ele, no símile da caça aos lagartos, recorreu à zoologia, como se um se empenhasse na direção do outro e quisesse assumir a peculiaridade do outro.

Assim teríamos completado também a interpretação desse segundo sonho. Os dois se tornaram inteligíveis para nós com o pressuposto de que o sonhador, no seu pensamento inconsciente, sabe tudo aquilo que esqueceu no pensamento consciente, julga corretamente tudo o que neste compreende mal, em delírio. Nisso tivemos de fazer, é verdade, algumas afirmações que, por serem novas, parecem estranhas para o leitor, e provavelmente despertamos a suspeita frequente de oferecermos como significado do autor o que é apenas o nosso significado. Procuraremos fazer tudo para dispersar tal suspeita, e por isso vamos abordar mais detidamente um dos pontos mais delicados — refiro-me ao emprego de palavras e expressões de duplo sentido, como "A Gradiva estava sentada em algum lugar, *no Sol*".

Todo leitor da *Gradiva* deve ter notado com que frequência o autor põe expressões de duplo sentido na boca de seus dois personagens principais. Para Hanold, essas expressões são inequívocas, apenas a Gradiva é tocada por seu outro sentido. Desse modo, quando, após a primeira resposta que ouve dela, ele exclama: "Eu sabia que sua voz soava assim", e Zoé, ainda insciente, tem de perguntar como isso é possível, já que ele ainda não a ouviu falar. Na segunda conversa, a garota se confunde um instante com o seu delírio, pois ele assegura que a reconheceu de imediato. Ela só pode entender essas palavras no sentido que é o correto para o inconsciente dele, como reconhecimento da amizade que remontava à infância, enquanto ele, naturalmente, não sabe desse alcance que têm suas palavras, e as explica apenas com referência ao delírio que o governa. Já as palavras da garota, cuja evidente clareza de espírito contrasta com o delírio, são intencionalmente ambíguas. Um dos sentidos de suas palavras se ajusta ao delírio de Hanold, a fim de penetrar em sua compreensão consciente, o outro se ergue acima do delírio e nos dá, em geral, a tradução dele na verdade inconsciente por ele representado. É um triunfo da engenhosidade* poder expressar o delírio e a verdade ao mesmo tempo.

Permeada dessas ambiguidades é a fala em que Zoé esclarece a situação para a amiga e, simultaneamente, livra-se daquela companhia importuna; na verdade, parece destacar-se do livro, dirigindo-se mais ao leitor do que à colega feliz. Nas conversas com Hanold, o duplo sentido é geralmente alcançado quando Zoé utiliza o simbolismo que encontramos no primeiro sonho de Hanold, a equiparação de soterramento e repressão, Pompeia e infância. Assim ela pode, com suas falas, permanecer no papel que o delírio de Hanold lhe atribui e, por outro lado, permanecer em contato com as

---

* *Witz*, que também pode ser traduzido por "chiste, piada".

condições reais e despertar no inconsciente de Hanold a compreensão para elas.

"Há muito já me habituei a estar morta" (*G.*, p. 90). "O certo, para mim, é você me dar a flor do esquecimento" (*G.*, p. 90). Nessas frases é insinuada a repreensão que irromperá claramente no sermão que ela lhe prega por último, quando o compara a um arqueópterix. "Que alguém precise antes morrer para se tornar vivo. Mas para os arqueólogos isso deve ser necessário" (*G.*, p. 141), ela diz a posteriori, após a solução do delírio, como que para dar a chave de suas frases ambíguas. O mais belo emprego do seu simbolismo, porém, ela faz na seguinte pergunta (*G.*, p. 118): "É como se há dois mil anos nós já tivéssemos comido esse pão juntos. Você não se lembra?", em que são evidentes a substituição da infância pelo tempo pré-histórico e o esforço em despertar no outro a recordação.

Por que essa nítida preferência por falas ambíguas na *Gradiva*? Isso não nos parece um acaso, mas consequência necessária dos pressupostos da história. Não é outra coisa senão a contrapartida para a dupla determinação dos sintomas, na medida em que as falas mesmas são sintomas e, como esses, resultam de compromissos entre consciente e inconsciente. Ocorre apenas que essa dupla origem é mais facilmente notada nas palavras do que nas ações, e quando se consegue, na mesma construção verbal, dar uma boa expressão às duas intenções por trás das palavras — o que muitas vezes é possível, pela natureza flexível do material da fala —, temos então o que é denominado "ambiguidade".

Durante o tratamento psicoterapêutico de um delírio ou um transtorno semelhante, frequentemente produzimos falas ambíguas desse tipo no paciente,[*] como novos sintomas de existência passageira, e podemos nós mesmos nos achar na situação de utilizá-las; nisso não é raro estimularmos,[**] com o significado dirigido à consciência do doente, a compreensão para o significado válido no inconsciente. Sei, por experiência própria, que esse papel da ambiguidade costuma provocar enorme estranheza e sérios mal-entendidos entre os não iniciados, mas, de todo modo, o autor fez bem em apresentar na sua obra esse traço característico do que sucede na formação do sonho e do delírio.

---

[*] A oração diz, no texto original: "[...] *entwickelt man häufig solche zweideutige Reden beim Kranken,* [...]". O pronome *man* — que corresponde ao *on* francês — refere-se ao psicoterapeuta, como se vê também pela continuação da frase: "[...] *und kann auch selbst in die Lage kommen,* [...]": "e podemos nós mesmos" etc. As traduções consultadas preferiram entender o *man* diferentemente ou não entendê-lo, pois não reconhecem que é também o sujeito da continuação. Eis o que elas apresentam: *produce el enfermo con gran frecuencia tales frases de doble sentido* [...] *y puede a veces servirse el médico; suelen desarrollarse tales dichos de doble sentido en el enfermo* [...] *y hasta puede ocurrir que uno mismo; si sviluppano spesso nel malato simili discorsi a doppio senso* [...] *e ci si può anche trovare in situazion; ambiguous speeches of this kind are often produced by the pacient* [...] *and it can happen that the doctor finds himself.*
[**] No original, *anregen*, que significa também, segundo o *Diccionario de las lenguas española y alemana*, de Slabý, Grossmann e Illig (Wiesbaden: Brandstetter, 1989, 4ª ed.), *animar, alentar, inducir, excitar, incitar, sugerir, insinuar, dar impulso, proponer, sugestionar* etc.

## IV

O fato de Zoé agir como um médico, já dissemos, despertou em nós um novo interesse. Ficamos ansiosos de saber se uma cura da espécie que ela realiza em Hanold é compreensível ou mesmo possível, se o autor discerniu as condições para o desaparecimento de um delírio de forma tão correta como as do surgimento.

Sem dúvida, aqui depararemos com um ponto de vista que nega tal interesse geral ao caso descrito pelo autor e não reconhece que há um problema requerendo explicação. Para Hanold, segundo essa concepção, não restaria senão abandonar o delírio, depois que o próprio objeto deste, a suposta "Gradiva", mostra-lhe o desacerto de suas concepções e lhe dá explicações bastante naturais para tudo o que parece enigmático — por exemplo, como sabe ela seu nome. Com isso o assunto estaria logicamente resolvido; mas, como nisso a garota lhe confessa seu amor, o autor faria terminar a narrativa — que, de resto, não é privada de interesse — com o habitual final feliz, o casamento. Mais coerente, e igualmente possível, seria outro final, em que o jovem cientista, após o esclarecimento de seu erro, diria adeus à jovem com um gentil agradecimento, e justificaria a rejeição de seu amor alegando que, embora pudesse ter grande interesse por mulheres antigas de mármore ou bronze e pelos modelos originais, se lhe fossem acessíveis ao contato, não saberia o que fazer com uma moça contemporânea feita de carne e osso. Arbitrariamente, o romancista juntou uma história de amor à fantasia arqueológica.

Rejeitando como impossível essa concepção, notamos, primeiramente, que a mudança sobrevinda em Hanold não se mostra apenas na renúncia ao delírio. Simultaneamente, até mesmo antes do desaparecimento deste, nele cresce inconfundivelmente a necessidade de amar, que então resulta, de forma natural, na corte à garota que o livrou do delírio. Já assinalamos os pretextos e disfarces sob os quais se manifestam, em meio ao delírio, a curiosidade em relação à natureza física dela, o ciúme e o brutal instinto masculino de apoderamento, depois que o anseio amoroso reprimido lhe inspirou o primeiro sonho. Como outra evidência disso, tomemos o fato de que, na noite após a sua primeira conversa com a Gradiva, pela primeira vez lhe parece simpática uma mulher viva, embora, ainda fazendo uma concessão a seu antigo horror a casais em lua de mel, ele não a reconheça como uma recém-casada. Na amanhã seguinte, porém, o acaso faz com que presencie uma troca de carinhos entre essa garota e seu suposto irmão, e ele se afasta envergonhado, como se perturbasse uma cerimônia sagrada. A troça que fazia dos "August e Grete" é esquecida, volta-lhe o respeito pela vida amorosa.

Assim, o autor fez uma íntima conexão entre o fim do delírio e a irrupção da necessidade amorosa, e preparou, como algo inevitável, o desfecho da solicitação amorosa. Ele conhece a natureza do delírio mais do que seus críticos, sabe que um componente de anseio apaixonado e um componente de oposição a ele juntaram-se para a formação do delírio, e faz com que a moça, que empreende a cura, sinta o componente que lhe é agradável no delírio de Hanold. Apenas essa percepção pode levá-la a dedicar-se ao tratamento, apenas a certeza de saber-se amada por ele pode induzi-la a confessar-lhe seu amor. O tratamento consiste em dar-lhe de volta, a partir de fora, as lembranças reprimidas que ele não consegue libertar a partir de dentro; mas isso não teria efeito se a terapeuta não levasse em conta os sentimentos dele, e se a tradução do delírio não fosse esta, por fim: "Veja, isso tudo significa apenas que você me ama".

O procedimento que o romancista faz Zoé adotar, na cura do seu amigo de infância, mostra uma enorme semelhança — não, uma total coincidência de natureza — com um método terapêutico que o dr. Josef Breuer e o presente autor* introduziram na medicina em 1895, e que desde então esse último se dedicou a aperfeiçoar. Esse modo de tratamento, primeiramente denominado "catártico" por Breuer, e que este autor prefere designar como "psicanalítico", consiste, aplicado a pacientes que sofrem de transtornos análogos ao delírio de Hanold, em trazer-lhes à consciência, quase que forçosamente, o inconsciente cuja repressão os levou a adoecer, exatamente como faz a Gradiva com as lembranças reprimidas das relações infantis entre os dois. É verdade que a Gradiva tem mais facilidade para realizar essa tarefa do que o médico, acha-se numa posição que pode ser considerada ideal em vários sentidos. O médico não conhece de

---

* Observe-se que até então Freud usou a primeira pessoa, no singular ou no plural, mas neste ponto se refere a si próprio como "o presente autor".

antemão seu paciente e não traz em si, como lembrança consciente, aquilo que nele trabalha inconscientemente; precisa, então, recorrer a uma técnica complicada para compensar essa desvantagem. Tem de aprender a inferir com grande segurança, a partir das associações conscientes e comunicações do paciente, o que nele se acha reprimido, a adivinhar* o inconsciente ali onde este se revela por trás das manifestações e ações conscientes do paciente. Então realiza algo como o que o próprio Norbert Hanold percebe no final da história, quando traduz de volta o nome "Gradiva" em "Bertgang". O transtorno desaparece ao ser reconduzido à sua origem; a análise também traz simultaneamente a cura.

Mas a semelhança entre o procedimento da Gradiva e o método analítico da psicoterapia não se restringe a esses dois pontos, o tornar consciente o reprimido e a coincidência de esclarecimento e cura. Também se estende ao que resulta ser o essencial em toda a mudança, ao despertar dos sentimentos. Todo distúrbio análogo ao delírio de Hanold, que nos habituamos a designar como psiconeurose na ciência, tem como premissa a repressão de uma parte da vida instintual — do instinto sexual, digamos tranquilamente — e, a cada tentativa de introduzir na consciência a causa inconsciente e reprimida da doença, o componente instintual envolvido é necessariamente incitado a nova luta com os poderes

---

* No original: *erraten*, que também pode ser vertido por "supor, imaginar, acertar" etc.; nas versões consultadas: *adivinar, colegir, indovinare, discover*.

que o reprimem, para então acertar-se com eles no resultado final, muitas vezes sob violentas manifestações reativas. O processo de cura se efetua numa recidiva do amor, se reunimos todos os vários componentes do instinto sexual sob o nome de "amor", e tal recidiva é indispensável, pois os sintomas devido aos quais o tratamento foi empreendido não são outra coisa senão precipitados de lutas anteriores ligadas à repressão ou ao retorno [do reprimido], e podem ser resolvidos e afastados apenas por uma nova maré das mesmas paixões. Cada tratamento psicanalítico é uma tentativa de liberar o amor reprimido que achou uma pobre saída no compromisso de um sintoma. E a coincidência com o processo de cura descrito pelo romancista na *Gradiva* chega ao auge quando acrescentamos que também na psicoterapia analítica a paixão redespertada, seja ela amor ou ódio, sempre elege a pessoa do médico como seu objeto.

Então surgem as diferenças que tornam o caso da Gradiva um caso ideal, que a técnica médica não pode alcançar. A Gradiva pode responder ao amor que abre caminho do inconsciente à consciência, o médico não pode; a Gradiva foi ela própria o objeto do amor anterior reprimido, sua pessoa oferece, de imediato, uma meta desejável ao impulso amoroso liberado. O médico era um desconhecido, e deve procurar ser novamente um desconhecido após a cura; muitas vezes ele não sabe aconselhar aos pacientes curados como utilizar na vida a capacidade de amor que readquiriram. Mas nos levaria muito longe de nossa presente tarefa indicar os expedientes e sucedâneos a que o médico então recorre para se aproximar, com maior ou menor sucesso, do modelo de cura pelo amor que nos foi apresentado pelo romancista.

Agora a última questão, que já evitamos responder algumas vezes. Nossas concepções sobre a repressão, a gênese do delírio e transtornos afins, a formação e resolução dos sonhos, o papel da vida amorosa e o modo de cura de tais transtornos não são absolutamente patrimônio comum da ciência, e menos ainda coisas tranquilamente partilhadas pelos indivíduos cultos. Se a percepção que capacitou o romancista a criar sua "fantasia" de modo que podemos dissecá-la como um caso clínico real for da natureza de um conhecimento, então estaremos curiosos de conhecer as fontes desse conhecimento. Um senhor daquele grupo mencionado no início, que se interessava pelos sonhos da *Gradiva* e a possível interpretação deles, dirigiu-se ao romancista e perguntou-lhe diretamente se sabia algo das teorias científicas tão semelhantes às suas. Como era de esperar, ele respondeu negativamente, e inclusive com alguma aspereza. Disse que sua fantasia lhe havia inspirado a *Gradiva*, e que esta o havia deleitado; quem não gostasse dela, que a deixasse de lado. Ele não suspeitava do quanto ela havia agradado aos leitores.

É bem possível que a rejeição do autor não pare aí. Talvez ele negue o conhecimento das regras que demonstramos haver seguido, e conteste as intenções que reconhecemos em sua obra. Não considero isso improvável; nesse caso, duas explicações são possíveis. Ou nós fornecemos uma verdadeira caricatura de interpretação, introduzindo numa inocente obra de arte tendências de que seu autor não fazia ideia, e assim mostramos, mais uma vez, como é fácil achar o que se procura, aquilo de que se está persuadido — uma possibilidade da qual se encontram os mais curiosos exemplos na história da literatura. Cada leitor deve julgar por si mesmo se concorda com essa explicação; nós, naturalmente, nos atemos à concepção alternativa. Achamos que o autor não precisa saber de tais regras e intenções, de maneira que pode rejeitá-las de boa-fé, e que nós, porém, não encontramos em sua obra nada que não esteja contido nela. Provavelmente bebemos da mesma fonte, trabalhamos o mesmo objeto, cada um com outro método, e a coincidência do resultado parece garantir que ambos trabalharam corretamente. Nosso procedimento consiste na observação consciente dos processos psíquicos anormais de outras pessoas, a fim de poder descobrir* e enunciar suas leis. O romancista faz de outro modo; dirige a atenção para o inconsciente em sua própria psique, espreita os possíveis desenvolvimentos dele e lhes proporciona uma expressão artística, em vez de suprimi-los com a crítica consciente. Assim, chega a saber a partir de si o que aprendemos em outros: as leis que a atividade desse inconsciente tem de seguir. Mas ele não precisa enunciar essas leis, nem mesmo discerni-las claramente; devido à tolerância de sua inteligência, elas se acham contidas, incorporadas

---

* No original: *erraten* — nas versões consultadas: *adivinar, colegir, individuare, elicit*; cf. nota à p. 114.

em suas criações. Nós desenvolvemos essas leis através da análise de suas obras, tal como as extraímos dos casos de adoecimento real, mas parece inevitável concluir que ou ambos, o romancista e o médico, compreendemos igualmente mal o inconsciente, ou ambos o entendemos corretamente. Tal conclusão é de grande valor para nós; por ela valeu a pena investigar, com os métodos da psicanálise médica, como a formação e a cura do delírio e também os sonhos foram apresentados na *Gradiva* de Jensen.

Chegamos ao fim. Mas um leitor atento poderia nos advertir que afirmamos, no começo, que os sonhos são desejos apresentados como satisfeitos, e ainda ficamos devendo a prova disso. Ora, replicamos, o que aqui expusemos poderia mostrar como é injustificado pretender que os esclarecimentos que temos de dar sobre os sonhos correspondam apenas à fórmula segundo a qual o sonho é a realização de um desejo. Mas a afirmação se mantém, e pode ser facilmente demonstrada também para os sonhos da *Gradiva*. Os pensamentos oníricos latentes — agora sabemos o que se entende por eles — podem ser da espécie mais variada; na *Gradiva* são "resíduos diurnos", pensamentos que sobraram da atividade psíquica da vigília, não escutados e não resolvidos. Para que deem origem a um sonho, porém, é necessária a cooperação de um desejo — inconsciente, em geral; este contribui com a força motriz para a formação do sonho, os resíduos diurnos fornecem o material. No primeiro sonho de Norbert Hanold, dois desejos concorreram entre si para criar o sonho: o primeiro, suscetível de tornar-se consciente; o outro, pertencente ao inconsciente e atuando a partir da repressão. O primeiro seria o desejo, compreensível em qualquer arqueólogo, de haver sido uma testemunha ocular da catástrofe do ano de 79 d.C. Nenhum sacrifício seria muito grande para um estudioso da Antiguidade, se tal desejo pudesse se concretizar de outra maneira que não pela via do sonho! O outro desejo formador do sonho é de natureza erótica; sua formulação grosseira, ou mesmo incompleta, poderia ser: estar presente quando a amada se deita pra dormir. É sua rejeição que faz o sonho tornar-se angustiado. São talvez menos evidentes os desejos impulsores do segundo sonho; mas, se recordamos a sua tradução, não hesitaremos em designá-los como eróticos também. O desejo de ser aprisionado pela amada, de render-se e sujeitar-se a ela, tal como pode ser construído na situação da captura do lagarto, tem caráter propriamente passivo, masoquista. No dia seguinte o sonhador bate na amada, como que sob o governo da corrente erótica oposta. Mas precisamos nos deter aqui, de outro modo esqueceremos talvez que Hanold e a Gradiva são apenas criaturas de um romancista.

# POSFÁCIO À SEGUNDA EDIÇÃO (1912)

Nos cinco anos transcorridos desde a redação desse estudo, a pesquisa psicanalítica ousou abordar as criações literárias também com outra intenção. Já não busca nelas apenas confirmações dos achados que fez em indivíduos não poéticos, neuróticos, mas quer saber igualmente a partir de que material de impressões e lembranças o escritor deu forma à sua obra, e por quais caminhos, mediante quais processos esse material foi transportado para a obra literária.

Verificou-se que essas questões podem ser respondidas mais facilmente no caso dos escritores que, como o nosso Wilhelm Jensen (falecido em 1911), costumam abandonar-se ao impulso da própria fantasia, no singelo prazer de criar. Após a publicação de meu estudo analítico sobre a *Gradiva*, procurei fazer com que o idoso romancista se interessasse por essas novas tarefas da investigação psicanalítica; mas ele recusou sua cooperação.

Algum tempo depois, um amigo chamou-me a atenção para duas outras novelas do autor que poderiam ter uma relação genética com a *Gradiva*, como estudos preliminares ou como tentativas anteriores de elucidar de maneira poeticamente satisfatória o mesmo problema da vida amorosa. A primeira dessas novelas, intitulada "O guarda-chuva vermelho" ["Der rote Schirm"], lembra a *Gradiva* na recorrência de numerosos elementos como a flor branca dos mortos, o objeto esquecido (o caderno de esboços da Gradiva), o pequeno animal significativo (a borboleta e o lagarto na *Gradiva*), mas sobretudo na repetição da situação principal: o aparecimento, no sol do meio-dia, da garota falecida ou considerada morta. Em "O guarda-chuva vermelho", o cenário da aparição é um castelo em ruínas, tal como, na *Gradiva*, os restos de Pompeia desenterrada.

A outra novela, "Na casa gótica" ["Im gotischen Hause"], não mostra tais semelhanças com a *Gradiva* e com "O guarda-chuva vermelho" em seu conteúdo manifesto, mas o fato de haver sido publicada num só volume com a outra história, sob um título comum,* aponta inequivocamente para a afinidade do seu sentido latente. É fácil notar que as três histórias lidam com o mesmo tema, o desenvolvimento de um amor (em "O guarda-chuva vermelho", da inibição de um amor) como efeito tardio de uma camaradagem íntima, fraternal, da época da infância. Numa resenha assinada por Eva, condessa de Baudissin (no diário vienense *Die Zeit* [O Tempo], em 11 de fevereiro de 1912), leio também que o último romance de Jensen (*Fremdlinge unter den Menschen* [Estranhos entre os homens]), que contém muito material da própria infância do autor, retrata o destino de um homem que "reconhece na mulher amada uma irmã".

Quanto ao elemento principal da *Gradiva*, o andar peculiarmente bonito, com o pé quase perpendicular, dele não há traço nas duas novelas anteriores.

O baixo-relevo com a moça que anda dessa maneira, que Jensen descreve como sendo romano e a que dá o nome de "Gradiva", pertence, na verdade, à época de maior florescimento da arte grega. Encontra-se no Museu Chiaromonti, no Vaticano, sob o número 644, e foi restaurado e comentado por F. Hauser ("Disiecta membra neuattischer Reliefs", em *Jahreshefte des*

---

* *Übermächte* [Poderes superiores]. Duas novelas de Wilhelm Jensen. Berlim: Emil Feber, 1892.

*Österreichischen Archäologischen Institutes*, v. 6, n. 79 [1903]). Juntando a "Gradiva" com outros fragmentos existentes em Munique e Florença, foram obtidos dois baixos-relevos com três figuras cada, em que puderam ser identificadas as Horas, as deusas da vegetação, e as divindades do orvalho fecundante, a elas aparentadas.*

---

* Segundo informa James Strachey, com base no estudo citado por Freud, esses baixos-relevos seriam cópias romanas de originais gregos da segunda metade do séc. IV a.C.

# ANÁLISE DA FOBIA DE UM GAROTO DE CINCO ANOS ("O PEQUENO HANS", 1909)

TÍTULO ORIGINAL: *ANALYSE DER PHOBIE EINES FÜNFJÄHRIGEN KNABEN*. PUBLICADO PRIMEIRAMENTE EM *JAHRBUCH DER PSYCHOANALYTISCHEN UND PSYCHOPATHOLOGISCHEN FORSCHUNG* [ANUÁRIO DA PESQUISA PSICANALÍTICA E PSICOPATOLÓGICA], V. 1, N. 1, PP. 1-109. TRADUZIDO DE *GESAMMELTE WERKE* VII, PP. 241-377; TAMBÉM SE ACHA EM *STUDIENAUSGABE* VIII, PP. 9-122.

## I. INTRODUÇÃO

Nas páginas que se seguem é apresentada a história da doença e cura de um paciente muito jovem, uma história que, a rigor, não provém de minha observação. É certo que estabeleci as linhas gerais do tratamento e cheguei a intervir pessoalmente numa ocasião, quando conversei com o garoto. Mas o tratamento mesmo foi realizado por seu pai, e a ele sou profundamente grato por confiar-me suas notas para publicação. O mérito desse pai vai ainda mais longe, porém. Acho que nenhuma outra pessoa conseguiria levar o menino a fazer tais confidências. O conhecimento que permitiu ao pai interpretar as palavras do filho pequeno não podia ser dispensado, e as dificuldades técnicas de uma psicanálise em idade tão tenra teriam sido insuperáveis. Apenas a união da autoridade paterna e da autoridade médica numa só pessoa, a combinação de carinho e de interesse científico, tornou possível, nesse caso, fazer do método uma utilização para a qual ele normalmente não se prestaria.

Mas o valor especial desta observação está no seguinte: tratando psicanaliticamente um neurótico adulto, o médico chega enfim, mediante o trabalho de revelar camadas sucessivas de formações psíquicas, a determinadas hipóteses sobre a sexualidade infantil, em cujos componentes ele acredita achar as forças instintuais de todos os sintomas neuróticos da vida posterior. Apresentei essas hipóteses em meus *Três ensaios sobre a teoria da sexualidade*, em 1905; sei que parecem estra-

I. INTRODUÇÃO

nhas para alguém de fora, assim como parecem irrefutáveis para um psicanalista. Mas também o psicanalista pode confessar o desejo de uma prova mais direta, obtida por via mais curta, dessas teses fundamentais. Seria impossível observar diretamente na criança, em pleno frescor, os impulsos e desejos sexuais* que nos adultos desencavamos com tanto esforço de seu soterramento, e sobre os quais afirmamos, além disso, serem patrimônio constitucional de todos os homens e apenas surgirem reforçados ou distorcidos nos neuróticos?

Com esse propósito é que há anos venho instando meus discípulos e amigos para que reúnam observações sobre a vida sexual das crianças, que em geral é habilmente ignorada ou intencionalmente negada. Em meio ao material que recebi por causa desta solicitação, os relatos contínuos acerca do pequeno Hans** adquiriram posição de destaque. Seus pais, que estavam entre os

---

* "Impulsos e desejos sexuais": no original, *sexuelle Regungen und Wunschbildungen*. O segundo termo foi composto por Freud, juntando *Wunsch* [desejo] e *Bildungen* [formações]; nas versões estrangeiras consultadas (a espanhola da Biblioteca Nueva, a argentina da Amorrortu, a italiana da Boringhieri e a *Standard* inglesa), duas o traduziram literalmente e tomaram o adjetivo *sexuell* apenas em relação ao primeiro termo: *impulsos y deseos sexuales*, *mociones sexuales y formaciones de deseo*, *moti sessuale e formazioni di desiderio*, *sexual impulses and wishes*.

** "O pequeno Hans": tradução de *der kleine Hans*. Em português se usa normalmente o diminutivo: Joãozinho ou, em algumas regiões do Brasil, Joãozito (como o romancista João Guimarães Rosa, por exemplo, era chamado na infância). Na versão tradicional espanhola se encontra *Juanito*. Mantivemos a versão literal, já conhecida dos leitores brasileiros de Freud.

meus mais próximos seguidores, tinham resolvido não educar seu primeiro filho com mais coerção do que o que fosse absolutamente necessário para a boa conduta, e, como o bebê tornou-se um menino alegre, vivaz e de boa índole, prosseguiu bem a experiência de deixá-lo crescer e manifestar-se sem intimidação. Reproduzirei as anotações do pai sobre o pequeno Hans tal como me foram transmitidas, e sem dúvida me furtarei a qualquer tentativa de prejudicar a ingenuidade e franqueza infantil com alterações convencionais.

As primeiras comunicações sobre ele datam de quando ainda não tinha três anos de idade. Expressou então, em diversos comentários e perguntas, um interesse bastante vivo pela parte do seu corpo que chamava "faz-pipi" [*Wiwimacher*]. Assim, uma vez dirigiu à sua mãe esta pergunta:

Hans: "Mamãe, você também tem um faz-pipi?".

Mãe: "Claro que tenho. Por quê?".

Hans: "Nada, só estava pensando".

Na mesma época ele entrou num estábulo e viu uma vaca sendo ordenhada. "Olha, sai leite do faz-pipi."

Essas primeiras observações já levam a esperar que muita coisa, se não a maior parte do que ele diz, se mostrará típica do desenvolvimento sexual das crianças. Uma vez afirmei[1] que não precisamos nos horrorizar se encontramos, numa mulher, a ideia de chupar o membro masculino. Esse impulso chocante tem uma origem bastante

---

1 *Fragmento da análise de um caso de histeria* ["O caso Dora"], 1905.

## I. INTRODUÇÃO

inofensiva, pois vem do ato de mamar* o seio materno, e nisso a teta de uma vaca — que por sua natureza é uma mama e, por sua forma e posição, um pênis — representa um intermediário adequado. A descoberta do pequeno Hans confirma a última parte da minha colocação.

Seu interesse pelo faz-pipi não era somente teórico, no entanto; como é de imaginar, também o levou a tocar o membro. Aos três anos e meio, sua mãe o viu pegando no pênis. Ela o ameaçou: "Se você fizer isso, chamarei o dr. A. e ele cortará seu faz-pipi. Com o que você vai fazer pipi então?".

Hans: "Com o bumbum".

Ele responde sem consciência de culpa, mas adquire, nessa ocasião, o "complexo da castração", cuja existência somos obrigados a deduzir frequentemente na análise de neuróticos, enquanto eles se recusam veementemente a admiti-la. Haveria muita coisa importante a dizer sobre o significado desse elemento na vida da criança. O "complexo da castração"** deixou marcas notáveis na

---

\* Convém lembrar que em alemão há um só verbo — *saugen* — para "chupar" e "mamar"; o substantivo equivalente a "mamífero" é *Säugetier*, isto é, "animal que mama (ou chupa)".

\*\* *Kastrationskomplex*, no original. Cabe observar que o termo "complexo", em Freud, designa o conjunto de ideias e sentimentos ligados a um evento ou processo, não tendo propriamente relação com o uso coloquial brasileiro que diz "fulano é cheio de complexos" ou "é um complexado". Nas palavras compostas alemãs o último termo é qualificado pelo anterior, de modo que geralmente se recorre à preposição "de" nas versões para línguas latinas; mas esta nem sempre é a preposição mais adequada: existem casos em que seria melhor usar "relativo a, ligado a", por exemplo.

mitologia (e não apenas na grega); numa passagem da *Interpretação dos sonhos* (p. 385 da segunda edição; p. 456 da sétima [algumas páginas antes do final do livro]) e em outros lugares eu fiz referência ao seu papel.[2]

Mais ou menos nessa idade (três anos e meio) ele gritou, agitado e alegre, em frente à jaula dos leões do zoológico de Schönbrunn [em Viena]: "Eu vi o faz-pipi do leão!".

Boa parte da importância que os animais têm nos mitos e fábulas é devida à naturalidade com que mostram seus genitais e suas funções sexuais à criança humana sequiosa de saber. Não há dúvida quanto à curiosidade sexual do nosso Hans, e ela faz dele também um

---

2 [Nota acrescentada em 1923:] Depois disso a teoria do complexo da castração foi ampliada pelas contribuições de Lou Andreas, A. Stärcke, F. Alexander e outros. Eles ressaltaram que já o lactante deve sentir cada afastamento do seio materno como castração, isto é, como perda de uma parte significativa do próprio corpo, que não pode considerar de outro modo a deposição regular de fezes, e até mesmo que o ato de nascimento, enquanto separação da mãe, com a qual formava um só ser, é o protótipo de toda castração. Embora reconhecendo todas essas raízes do complexo, sustentei que o nome "complexo da castração" deve se limitar aos estímulos e efeitos vinculados à perda do pênis. Quem, analisando pacientes adultos, convenceu-se da inevitabilidade do complexo de castração, naturalmente achará difícil fazê-lo remontar a uma ameaça fortuita e que não sucede com muita frequência, e se verá obrigado a supor que as crianças constroem esse perigo a partir das mais leves alusões, as quais nunca faltam. Esse é também o motivo que levou a buscar as raízes mais profundas e universais do complexo. Tanto mais valioso, no caso do pequeno Hans, é a ameaça de castração ser relatada pelos pais, e numa época em que sua fobia não se apresentava ainda.

## I. INTRODUÇÃO

pesquisador, permite-lhe alcançar verdadeiros conhecimentos conceituais.

Na mesma idade ele viu na estação ferroviária uma locomotiva despejando água. "Olha, a locomotiva está fazendo pipi. Onde fica o faz-pipi dela?"

Após um momento ele continuou, em tom pensativo: "Um cachorro e um cavalo têm faz-pipi; uma mesa e uma cadeira, não". Assim ele chegou a um traço essencial na distinção entre seres vivos e coisas inanimadas.

Ânsia de saber e curiosidade sexual são inseparáveis, ao que parece. A curiosidade de Hans se dirige sobretudo aos pais.

Hans, aos três anos e nove meses: "Papai, você também tem um faz-pipi?".

O pai: "Sim, naturalmente".

Hans: "Mas eu nunca vi ele quando você tirou a roupa".

Numa outra vez, ele olhou ansioso enquanto a mãe se despia antes de ir para a cama. Ela então perguntou: "Por que você olha assim?".

Hans: "Só estou vendo se você também tem um faz-pipi".

A mãe: "Claro que tenho. Você não sabia disso?".

Hans: "Não, eu achei que você, que é tão grande, tinha um faz-pipi como o de um cavalo".

Tomemos nota dessa expectativa do pequeno Hans; mais adiante ela terá maior significação.

Mas o grande acontecimento da vida de Hans foi o nascimento de sua irmãzinha Hanna (em outubro de 1906), quando ele tinha exatamente três anos e meio (nasceu em abril de 1903). Nessa ocasião, sua conduta foi descrita imediatamente pelo pai:

"Às cinco da manhã, quando começaram as dores do parto, a cama de Hans foi levada para o quarto vizinho; ali ele acordou, às sete horas, e, ouvindo os gemidos da mãe, perguntou: 'Por que mamãe está tossindo?'. — E, depois de uma pausa: 'Hoje a cegonha vem, com certeza'.

"Nos últimos dias lhe dissemos algumas vezes que a cegonha iria trazer um menino ou uma menina, e ele relacionou corretamente o gemido inabitual e a chegada da cegonha.

"Mais tarde foi levado para a cozinha; no hall de entrada viu a maleta do médico e perguntou: 'O que é isso?', ao que lhe respondemos: 'Uma maleta'. E ele, então, convencido: 'Hoje a cegonha vem'. Findo o trabalho de parto, apareceu na cozinha a parteira e Hans ouviu-a solicitar que preparassem um chá; ao que ele disse: 'Ah! Mamãe vai tomar chá porque está tossindo'. Então foi chamado até o quarto, mas não olhou para a mãe, e sim para o vasilhame com água tinta de sangue, que ainda estava no quarto, e comentou, surpreso, indicando a bacia vermelha de sangue: 'Mas do meu faz-pipi não sai sangue'.

"Todas as suas palavras mostram que ele relaciona o extraordinário da situação à chegada da cegonha. Faz uma expressão desconfiada e tensa para tudo que vê, e *certamente já se insinua nele a desconfiança a respeito da cegonha.*

"Hans está muito ciumento da recém-chegada, e,

## I. INTRODUÇÃO

quando alguém a elogia, diz que é bonita etc., ele imediatamente fala, zombando: 'Mas ela não tem dentes ainda'.[3] Quando a viu pela primeira vez, ficou muito surpreso por ela não falar, e achou que era porque não tinha dentes. Nos dias seguintes ele ficou bastante retraído, naturalmente, e de repente adoeceu da garganta. Durante a febre disse: 'Eu não quero uma irmãzinha!'.

"Após cerca de um ano o ciúme foi superado e ele se tornou um irmão afetuoso e cônscio da própria superioridade.[4]

"Uma semana após o nascimento da irmã, Hans viu quando lhe davam banho. Ele observou: 'Mas o faz-pipi dela é muito pequeno', e acrescentou, como que consolando: 'Quando ela crescer ele vai aumentar'.[5]

---

[3] Novamente uma conduta típica. Outro menino, apenas dois anos mais velho que o irmão, exclamava aborrecido, em circunstâncias iguais: "Muito pequeno, muito pequeno!".

[4] Outra criança, um pouco mais velha do que Hans, recebeu o novo irmãozinho dizendo: "A cegonha tem que levar ele de volta". Veja-se, quanto a isso, o que observei sobre sonhos em que há morte de parentes próximos, na *Interpretação dos sonhos* (pp. 173 ss, 8ª ed. [cap. v, seção D (ß)].

[5] Soube que esse julgamento, com idênticas palavras e a mesma expectativa, foi ouvido de dois outros meninos, quando puderam olhar pela primeira vez, com toda a curiosidade, o corpo de sua irmãzinha. Seria de espantar esse prematuro estrago do intelecto infantil. Por que esses jovens investigadores não constatam o que realmente veem, ou seja, que não há faz-pipi na garota? Quanto ao nosso pequeno Hans, podemos explicar inteiramente sua falha de percepção. Sabemos que, através de cuidadosa indução, ele chegou ao princípio geral de que todo ser vivo, diferentemente de um ser

"Com a mesma idade, três anos e nove meses, Hans contou pela primeira vez um sonho. 'Hoje, dormindo, pensei que estava em Gmunden com a Mariedl.'*

"Mariedl é a filha de treze anos do senhorio, que várias vezes brincou com ele."

Quando o pai contou à mãe o sonho, na sua presença, Hans o corrigiu: "Com a Mariedl não, *sozinho* com a Mariedl".

---

inanimado, possui um faz-pipi. A mãe reforçou-lhe esta convicção, ao lhe confirmar dados sobre aquelas pessoas que ele próprio não podia observar. E ele é totalmente incapaz de renunciar a esse conhecimento com base apenas na observação da irmãzinha. Julga então que o faz-pipi também se acha nela, só que ainda pequeno; mas ele crescerá, até ficar grande como o de um cavalo.

Podemos ir um pouco adiante para justificar o nosso pequeno. De fato, ele não se comporta de maneira pior do que um pensador da escola de Wundt. Para este, a consciência é a característica inevitável da psique, e para Hans o faz-pipi é a marca indispensável de todo ser vivo. Mas, se o filósofo depara com processos psíquicos que nos vemos obrigados a inferir, embora neles não se perceba traço nenhum de consciência — nada se sabe deles e, no entanto, não se pode deixar de inferir sua existência —, ele não diz que seriam processos psíquicos inconscientes, chamando-os, isto sim, de *obscuramente conscientes* [*dunkelbewusst*]. O faz-pipi ainda é muito pequeno! E nessa comparação a vantagem ainda é do nosso pequeno Hans. Pois, como sucede com frequência nas pesquisas sexuais das crianças, também aí se acha, por trás do erro, um quê de genuíno conhecimento. A garotinha também possui um pequeno faz-pipi a que chamamos clitóris, embora ele não cresça, permanecendo atrofiado. (Cf. meu trabalho "Sobre as teorias sexuais infantis", 1908).

* Mariedl: diminutivo de Maria no sul da Alemanha e Áustria; do mesmo modo, Fritzl e Franzl, nomes que logo aparecerão, são formas diminutivas de Fritz e Franz.

# I. INTRODUÇÃO

Com relação a isso, devemos notar o seguinte:

"No verão de 1906 Hans esteve em Gmunden, e o dia inteiro andou com os filhos do dono da casa. Quando partimos, acreditamos que a despedida e o retorno à cidade não seriam fáceis para ele. Surpreendentemente, não foi o que aconteceu. Ele se alegrou com a mudança e por várias semanas falou muito pouco sobre Gmunden. Apenas decorridas algumas semanas começaram a lhe surgir lembranças — com frequência vivamente coloridas — do tempo que passou em Gmunden. Há cerca de quatro semanas elabora essas lembranças, transforma-as em fantasias. Imagina que está brincando com as crianças, Berta, Olga e Fritzl, fala com elas como se estivessem presentes, e é capaz de entreter-se assim durante horas. Agora que tem uma irmã e que evidentemente se ocupa do problema da origem das crianças, chama Berta e Olga apenas de 'minhas filhas', e uma vez acrescentou: 'A cegonha também trouxe minhas filhas, Berta e Olga'. Acontecendo agora, seis meses após ele estar em Gmunden, o sonho deve ser entendido como manifestação do seu anseio de voltar lá."

Isso relata o pai. Eu observo, antecipando, que nessa última frase sobre os filhos que a cegonha lhe trouxe Hans contradisse em voz alta uma dúvida que abrigava.

Seu pai tomou nota, felizmente, de algo que depois teria valor insuspeitado.

"Eu desenhei uma girafa para Hans, que ultimamente foi várias vezes a Schönbrunn. Ele me disse: 'Mas desenhe o faz-pipi também'. Eu respondi: 'Desenhe você mesmo'. E ele acrescentou ao desenho da girafa o traço seguinte (ver o desenho ao lado), que primeiro fez curto e depois aumentou um tanto, dizendo: 'O faz-pipi é mais comprido'.

"Faz-pipi"

Fig. 1

"Passei com Hans por um cavalo que urinava. Ele disse: 'O cavalo tem o faz-pipi embaixo, como eu'.

"Ele observou o banho de sua irmã de três meses e disse, em tom de lamento: 'Ela tem um faz-pipi muito pequeno, pequenininho'.

"Ele recebeu uma boneca para brincar e tirou-lhe a roupa. Olhou-a detidamente e falou: 'Mas ela tem um faz-pipi pequenininho'."

Já sabemos que com esta formulação ele pôde manter a validade de sua descoberta (cf. p. 129, sobre a diferença entre seres vivos e inanimados).

Todo pesquisador corre o risco de eventualmente cair em erro. Há algum consolo se não está sozinho no erro, podendo justificar-se pelo uso da linguagem, como faz nosso Hans neste próximo exemplo. Ele viu um macaco em seu livro de figuras e, mostrando o rabo* curvado para cima, disse: "Olha, papai, o faz-pipi".

---

* "Rabo": *Schwanz*, que é também uma designação vulgar para "pênis".

## I. INTRODUÇÃO

Com seu interesse pelo faz-pipi ele imaginou uma brincadeira muito peculiar.

"No vestíbulo de entrada há o toalete e um cômodo escuro onde se guarda madeira. Há algum tempo Hans entra nesse cômodo, dizendo: 'Vou ao meu banheiro'. Uma vez olhei dentro do cômodo, para ver o que ele fazia. Ele exibiu seu membro e disse: 'Estou fazendo pipi'. Ou seja, ele 'brinca' de banheiro. O caráter de brincadeira se mostra não apenas por ele só fingir, não urinar realmente, mas também pelo fato de não ir ao toalete, o que seria mais simples, e preferir o cômodo da madeira, que chama de 'seu banheiro'."

Seríamos injustos para com Hans se acompanhássemos apenas os traços autoeróticos de sua vida sexual. Seu pai nos transmitiu observações detalhadas de suas relações amorosas com outras crianças, em que se verifica uma "escolha objetal" como nos adultos. E também, é verdade, uma notável inconstância e predisposição para a poligamia.

"No inverno (aos três anos e nove meses) levei Hans para o rinque de patinação e o apresentei às duas filhas de meu colega N., de aproximadamente dez anos de idade. Hans sentou-se junto a elas, que olharam para ele com algum desprezo, sentindo-se maduras ao seu lado. Ele olhou para elas com admiração, o que não as impressionou. No entanto, Hans referiu-se a elas apenas como 'minhas garotinhas': 'Onde estão minhas garotinhas? Quando vêm minhas garotinhas?', e por algumas semanas insistiu em perguntar-me: 'Quando vou novamente à patinação ver minhas garotinhas?'.

"Um primo de cinco anos de idade veio visitar Hans, então com quatro anos. Este o abraçou continuamente, e uma vez disse, num desses abraços afetuosos: 'Gosto muito de você'."

Este seria talvez o primeiro, mas não o último traço de homossexualidade que encontramos em Hans. O nosso pequeno parece realmente ser um prodígio de perversões!

"Mudamos para um novo apartamento. (Hans tinha quatro anos de idade.) Depois da porta da cozinha há uma varanda, da qual se avista um apartamento do outro lado do pátio interno do edifício. Hans descobriu ali uma garota de sete ou oito anos. Ele se senta, para admirá-la, no degrau que conduz à varanda, e aí permanece durante horas. Sobretudo às quatro da tarde, quando a menina volta da escola, é impossível mantê-lo no quarto, e nada o impede de assumir seu posto de observação. Certa vez, quando ela não apareceu à janela na hora habitual, ele se inquietou e molestou as pessoas da casa com perguntas: 'Quando a garotinha chega? Onde está a garotinha?' etc. Quando ela aparece ele fica bastante feliz e não desvia mais o olhar do apartamento em frente. A veemência com que surge esse 'amor à distância'[6]

---

6 Wilhelm Busch: *Und die Liebe per Distanz, / Kurzgesagt, mißfällt mir ganz*. [E o amor à distância, por suposto, / É totalmente contrário a meu gosto].

# I. INTRODUÇÃO

se explica pelo fato de Hans não ter coleguinhas para brincar. O desenvolvimento normal de uma criança requer amplo convívio com outras crianças.

"Hans tem esse convívio quando pouco depois (ele tem quatro anos e meio) vamos para Gmunden passar o verão. Em casa seus companheiros de brincadeira são os filhos do senhorio: Franzl (cerca de doze anos), Fritzl (oito anos), Olga (sete anos) e Berta (cinco anos), e, além deles, os filhos dos vizinhos: Anna (dez anos) e duas outras meninas com idades de nove e sete anos, de cujos nomes já não me lembro. Seu favorito é Fritzl, que ele frequentemente abraça e a quem protesta seu amor. Uma vez perguntamos: 'De qual das meninas você gosta mais?'. Ele respondeu: 'Do Fritzl'. Ao mesmo tempo era muito agressivo com as meninas, masculino, dominador, abraçando-as e beijando-as, o que agradava Berta, em especial. Uma noite, quando ela saía do quarto, ele a abraçou pelo pescoço e disse, em tom carinhoso: 'Berta, você é um amor', o que não o impediu de beijar também as outras e lhes garantir seu amor. Gostava também de Mariedl, que tinha cerca de quatorze anos, igualmente uma filha do senhorio que brinca com ele, e numa noite em que o levavam para a cama disse: 'A Mariedl vai dormir comigo'. Quando lhe responderam que não era possível, ele falou: 'Então ela vai dormir com a mamãe ou o papai'. Ao que lhe disseram: 'Também não pode, a Mariedl vai dormir com os pais dela'; e houve o seguinte diálogo:

HANS: Então eu vou descer e dormir com a Mariedl.

A MÃE: Você vai mesmo deixar a mamãe e dormir lá embaixo?

HANS: Ah, de manhã cedo eu venho para tomar café e ir ao banheiro.

A MÃE: Se você quer mesmo deixar papai e mamãe, pegue seu casaco e — até!

"Ele realmente pegou a roupa e dirigiu-se para a escada, para ir dormir com Mariedl, e naturalmente o apanhamos de volta."

"(Por trás do desejo: 'A Mariedl vai dormir conosco' há este outro: A Mariedl, com quem ele tanto gosta de estar, deve entrar para a nossa família. Mas o fato de que o pai e a mãe de Hans o deixavam dormir na cama deles, embora não muito frequentemente, sem dúvida despertou nele sentimentos eróticos, e o desejo de dormir com a Mariedl tem também seu sentido erótico. Deitar com o pai e a mãe na mesma cama é, para Hans e para qualquer criança, uma fonte de impulsos eróticos)."*

Nosso pequeno comportou-se como um verdadeiro homem perante o desafio da mãe, apesar de suas veleidades homossexuais.

---

* Numa nota à *Standard Edition*, James Strachey observa que esse parágrafo estava entre colchetes nas edições anteriores a 1924, o que — além da referência aos pais de Hans na terceira pessoa — fez os tradutores (ele e sua esposa, Alix) acreditarem, em 1923, que todo o parágrafo era um comentário de Freud. Ao ser consultado, no entanto, Freud lhes asseverou que ele foi escrito pelo pai do menino, e a partir de 1924 os colchetes foram substituídos por parênteses.

# I. INTRODUÇÃO

"Também num outro caso Hans disse à mãe: 'Olha, eu quero muito dormir com essa garotinha'. Esse caso nos divertiu bastante, pois ele comportou-se realmente como um adulto apaixonado. Há alguns dias, uma bonita garota de oito anos vinha ao restaurante onde almoçávamos, e Hans, naturalmente, logo se apaixonou por ela. Ele se mexia constantemente na cadeira, a fim de olhar para ela, aproximava-se dela após comer, para flertar, mas enrubescia quando as pessoas o observavam nisso. Quando a garota retribuía seu olhar, ele logo olhava para o outro lado, envergonhado. Seu comportamento foi, claro, uma alegria para todos os que comiam no restaurante. Todo dia, indo para lá, ele perguntava: 'Você acha que a garotinha vai estar lá hoje?'. Quando ela finalmente chegava, ele enrubescia como um adulto em casos assim. Uma vez ele chegou até mim, com ar feliz, e me sussurrou no ouvido: 'Já sei onde a garotinha mora. Vi ela subindo a escada no lugar tal'. Enquanto se comportava agressivamente com as garotas em casa, ali era um admirador platônico enlanguescido. Talvez isso se deva ao fato de as meninas em casa serem crianças do interior, e essa, uma dama cultivada. Já foi mencionado que certa vez ele disse que gostaria de dormir com ela.

"Como não quero que Hans prossiga no estado de tensão em que o deixou seu amor pela menina, facilitei o encontro dos dois e convidei-a para visitá-lo no jardim à tarde, quando ele acorda do sono vespertino. Hans ficou tão agitado com a expectativa dessa visita que pela primeira vez não dormiu à tarde, rolando para lá e para cá na cama. A mãe lhe perguntou: 'Por que você não dorme? Está pensando na menina?', e ele respondeu, alegre: 'Estou'. E, ao voltar do restaurante, contou para todos em casa: 'Hoje a minha garotinha vem me ver', e Mariedl, a de quatorze anos, disse que ele perguntou várias vezes: 'Você acha que ela vai ser boazinha comigo? Você acha que ela vai me beijar quando eu der um beijo nela?', e assim por diante.

"Mas choveu à tarde, e a visita não aconteceu; então Hans teve de consolar-se com Berta e Olga."

Outras observações, feitas também nas férias de verão, indicavam que coisas novas estavam surgindo dentro do pequeno.

"Hans está com quatro anos e três meses. Hoje de manhã cedo a mãe lhe deu banho, como faz todo dia, e depois o enxugou e lhe pôs talco. Quando ela punha talco junto ao seu pênis, com cuidado, para não tocá-lo, Hans perguntou: 'Por que você não pega nele?'.

A MÃE: Porque é uma coisa porca fazer isso.

HANS: O que é isso, uma coisa porca? Por quê?

A MÃE: Porque não é decente.

HANS (rindo): Mas é gostoso!"[7]

---

[7] Uma outra mãe, ela mesma uma pessoa neurótica, e que não queria crer na masturbação infantil, relatou-me uma semelhante tentativa de sedução por parte de sua filha de três anos e meio. Ela havia encomendado calcinhas para a pequena, e via se não lhe ficavam apertadas ao andar, colocando a mão no lado interno das coxas, voltadas para cima. De repente a menina fechou as pernas, pressionando a mão, e pediu: "Deixe a mão aí, mamãe. É tão bom".

## I. INTRODUÇÃO

Mais ou menos na mesma época Hans teve um sonho que contrastou inteiramente com a ousadia que evidenciou com a mãe. Foi o primeiro sonho dele que a deformação tornou incompreensível. Mas a perspicácia do pai teve sucesso em esclarecê-lo.

"Hans está com quatro anos e três meses. *Um sonho*. Hoje cedo ele despertou e contou o seguinte: 'Olha, essa noite eu pensei: *Alguém diz: Quem quer vir até mim? Então outra pessoa diz: Eu. Então ele tem que fazer ele fazer pipi*'.

"Perguntas seguintes deixaram claro que nesse sonho faltavam elementos visuais, que era do *type auditif* [tipo auditivo] puro. Há alguns dias Hans brinca com os filhos do senhorio, entre eles suas amigas Olga (de sete anos) e Berta (cinco anos); brinca de vários jogos, entre eles o de prendas. (A.: 'De quem é a prenda em minha mão?'. B.: 'É minha'. Então se decide o que B tem de fazer). O sonho se baseia nesse jogo de prendas, mas Hans deseja que aquele que tirou a prenda não seja obrigado a dar os beijos ou levar as bofetadas de costume, e sim a fazer pipi, ou melhor, alguém deve fazê-lo fazer pipi.

"Eu faço com que me relate o sonho mais uma vez. Ele o relata com as mesmas palavras, apenas fala, em vez de 'então outra pessoa diz', 'então ela diz'. Esse 'ela' é, claramente, Berta ou Olga, com quem ele brincou. O sonho significa então, traduzido: Eu brinco de prendas com as meninas. Eu pergunto: Quem quer vir até mim? Ela (Berta ou Olga) responde: Eu. Então ela tem que me fazer fazer pipi.

(Ajudá-lo a urinar, o que para Hans é agradável, evidentemente.)

"Está claro que ser ajudado no pipi — ter sua calça aberta e o pênis colocado para fora — constitui para Hans um prazer. Nos passeios é geralmente o pai que ajuda o garoto nisso, o que dá ensejo à fixação de pendores homossexuais sobre o pai.

"Dois dias antes, como disse, ele havia perguntado à mãe, quando esta lavou e pôs talco em sua região genital: 'Por que você não pega nele?'. Ontem, quando ia fazê-lo urinar, ele me disse, pela primeira vez, que eu devia levá-lo para trás da casa, a fim de que ninguém olhasse, e acrescentou: 'No ano passado, Berta e Olga olhavam quando eu fazia pipi'. Isso quer dizer, acho, que no ano passado essa presença das meninas lhe era agradável, e agora, não mais. O prazer da exibição cede agora à repressão. O fato de o desejo de que Berta e Olga o vejam fazendo pipi (ou o ajudem a fazer pipi) ser agora reprimido na vida é a explicação para o seu surgimento no sonho, no qual encontrou o belo disfarce do jogo de prendas. — Desde então tenho observado que ele não quer ser visto ao fazer pipi."

Apenas acrescentarei que também esse sonho está conforme a regra que expus na *Interpretação dos sonhos* [cap. VI, seção F]: as falas que ocorrem no sonho derivam de falas ouvidas ou realmente enunciadas nos dias anteriores.

Logo depois do retorno a Viena o pai registrou esta observação:

"Hans (com quatro anos e meio) olhou novamente sua irmãzinha tomar banho e se pôs a rir. Perguntamos a ele: 'Por que você ri?'.
HANS: Estou rindo do faz-pipi da Hanna. — Por quê? — Porque o faz-pipi é muito bonito.
"A resposta, naturalmente, é falsa. O faz-pipi lhe pareceu engraçado, na verdade. Aliás, é a primeira vez que ele reconhece desse modo a diferença entre genitais masculinos e femininos, em vez de negá-la."

## II. CASO CLÍNICO E ANÁLISE

"Caro senhor Professor! Envio-lhe algo mais sobre Hans; desta vez, infelizmente, material para um caso clínico. Como verá, nos últimos dias desenvolveu-se nele um distúrbio nervoso que nos aflige, a mim e à minha esposa, pois não pudemos achar meio de solucioná-lo. Solicito a permissão para visitá-lo amanhã... mas... já lhe remeto as anotações do material disponível.

"Talvez uma superexcitação sexual por carinhos da mãe tenha preparado o terreno para isso, mas não saberia dizer qual foi a causa excitadora do distúrbio. *O medo de que um cavalo o morda na rua* parece estar ligado, de algum modo, ao fato de ele assustar-se com um pênis grande — ele notou bem cedo o grande pênis do cavalo, como o senhor sabe de um relato anterior, e na época achou que a mãe, sendo grande, deve ter um faz-pipi como o de um cavalo.

"Não sei o que fazer com esses dados. Ele terá encontrado um exibicionista em algum lugar? Ou tudo se relaciona apenas à mãe? Não é agradável que ele já comece a nos parecer um enigma. Fora o medo de sair à rua e o abatimento à noite, ele é o mesmo de sempre, alegre e divertido."

Não acompanharemos o pai de Hans em seu compreensível desgosto nem nas suas primeiras tentativas de explicação; antes de tudo, devemos examinar o material que enviou. Não é nossa tarefa "entender" logo um caso clínico, isso talvez aconteça mais tarde, quando tivermos recebido impressões suficientes dele. Provisoriamente deixamos nosso juízo em suspenso e acolhemos com igual atenção tudo o que se oferece à observação.

Eis aqui as primeiras informações, datadas dos primeiros dias desse ano de 1908:

"Hans (aos três anos e nove meses) acordou chorando de manhã e, a mãe tendo lhe perguntado por que chorava, respondeu: 'Quando eu dormia, pensei que você foi embora e que não tenho mais mamãe para fazer carinho'.

"Um sonho angustiado, portanto.

"Eu já havia notado algo semelhante em Gmunden, no verão. À noite, na cama, ele geralmente ficava triste, e uma vez falou algo como: 'se eu não tivesse mamãe', 'se você for embora'; não lembro as palavras exatas. Quando ele estava nesse ânimo elegíaco era sempre levado para a cama pela mãe.

"Por volta do dia 5 de janeiro ele chegou cedo à cama de sua mãe e disse: 'Você sabe o que tia M. falou?

Ele tem um pipizinho bonito!'.[8] (A tia M. fora nossa hóspede quatro semanas antes; em certa ocasião viu quando minha mulher dava banho no menino e realmente falou isso à minha mulher em voz baixa. Hans ouviu e procurava aproveitar isso.)

"No dia 7 de janeiro ele foi ao parque da cidade com a babá, como de hábito; começou a chorar na rua e pediu que o levassem para casa, ele queria 'fazer carinho' com a mamãe. Em casa, ao lhe perguntarmos por que não quis mais passear e chorou, nada disse. Até o início da noite estava tranquilo, como de costume; à noite, ficou visivelmente angustiado, chorou e não quis se afastar da mãe; queria novamente carinhos. Então ficou novamente tranquilo e dormiu bem.

"No dia 8 minha mulher decidiu levá-lo para passear, a fim de ver ela mesma o que havia com ele; foram para Schönbrunn, onde ele gosta muito de ir. Ele começou a chorar, não queria ir, tinha medo. Enfim foi, mas na rua ficou claramente angustiado. Na volta de Schönbrunn disse à mãe, depois de relutar bastante: *Eu tive medo de um cavalo me morder.* (De fato, ele se inquietou ao ver um cavalo em Schönbrunn.) À noite ele teve novamente um acesso como no dia anterior, ansiando por carinhos. Foi

---

8 *Pischlt* ["pipizinho"] = *Genitale* [genitais]. Demonstrações de carinho para com os genitais, em palavras e mesmo em atos, feitas por parentes afetuosos e mesmo pelos pais, estão entre os fatos mais comuns, que aparecem muito nas psicanálises.

tranquilizado. Falou, chorando: 'Eu sei que amanhã vou ter que ir passear de novo'; e, depois: 'O cavalo vai entrar no quarto'.

"No mesmo dia a mãe lhe perguntou: 'Você pega no faz-pipi?'. Ao que ele respondeu: 'Sim, toda noite, quando estou na cama'. No dia seguinte, 9 de janeiro, foi advertido, antes de dormir à tarde, para que não tocasse no faz-pipi. Quando acordou, admitiu que sim, havia pegado nele rapidamente."

Este seria então o começo da angústia e da fobia. Reparamos que temos bom motivo para distinguir entre os dois. De resto, o material nos parece inteiramente suficiente para a nossa orientação, e nenhum outro momento é tão propício para o entendimento de um caso como esse estágio inicial, que em geral, infelizmente, é negligenciado ou silenciado. O distúrbio teve início com pensamentos angustiados e carinhosos ao mesmo tempo, e com um sonho angustiado. Eis o conteúdo deste: perder a mãe, de modo a não mais poder trocar carinhos com ela. A afeição pela mãe deve ter crescido enormemente, então. Este o fenômeno básico do seu estado. Lembremos, para confirmação disso, as duas tentativas de sedução dirigidas à mãe, das quais a primeira ocorreu ainda no verão, e a segunda, pouco antes da irrupção do medo de sair à rua, foi simplesmente um elogio de seu membro. Esse carinho intensificado em relação à mãe é que se transformou em angústia,[*] que,

---

[*] Cabe lembrar que em alemão há uma só palavra, *Angst*, para "medo" e "angústia".

## II. CASO CLÍNICO E ANÁLISE

como afirmamos, sucumbe à repressão. Ainda não sabemos de onde vem o ímpeto à repressão; talvez ela se dê apenas devido à intensidade da emoção, que estaria além do controle do menino; talvez outras forças, que ainda não reconhecemos, também ajam aí. Isso saberemos à medida que avançarmos. Essa angústia, correspondendo ao anseio erótico reprimido, é inicialmente sem objeto, como toda angústia infantil, é ainda angústia, e não temor.* A criança não pode saber o que teme, e quando Hans, no primeiro passeio com a babá, não quer dizer o que teme, é porque realmente não sabe o que é. Ele diz o que sabe, que na rua sente falta da mãe, com quem pode fazer carinho, e que não quer se afastar da mãe. Nisso revela, com toda a franqueza, o primeiro sentido de sua aversão à rua.

Além disso, seu estado de ânimo em duas noites consecutivas antes de adormecer, estado de angústia e também claramente matizado de ternura, mostra que no começo da doença não havia absolutamente uma fobia da rua, de passeios ou dos cavalos. O estado de ânimo à noite seria inexplicável; quem pensa em rua e passeio antes de dormir? Mas torna-se bem nítido por que à noite ele fica tão angustiado, se na hora de dormir o acomete, reforçada, a libido cujo objeto é a mãe e cuja meta poderia ser dormir junto à mãe. Ele aprendeu que

---

* Sobre a distinção, feita por Freud, entre "medo ou temor (*Furcht*) e angústia (*Angst*), ver o capítulo sobre esse termo em Paulo César de Souza, *As palavras de Freud: O vocabulário freudiano e suas versões*. São Paulo: Companhia das Letras, 2ª ed. revista, 2010.

esse estado de ânimo, em Gmunden, podia fazer a mãe acolhê-lo em sua cama, e gostaria de obter o mesmo aqui em Viena. Não esqueçamos, tampouco, que em Gmunden ele ficou algum tempo sozinho com a mãe, pois o pai não podia permanecer lá durante as férias inteiras; e, além disso, que lá sua ternura se distribuiu por uma série de camaradas de brinquedo, amigos e amigas, que aqui lhe faltavam, de modo que a libido pôde retornar indivisa para a mãe.

Portanto, a angústia corresponde ao anseio reprimido, mas não é a mesma coisa que o anseio; a repressão também é responsável por algo. O anseio pode ser totalmente transformado em satisfação se lhe conduzem o objeto ansiado; na angústia essa terapia já não adianta, ela permanece também se o anseio puder ser atendido, já não pode ser completamente retransformada em libido; esta é mantida na repressão por alguma coisa.[9] Isso mostrou-se em Hans no passeio seguinte, que fez com a mãe. Embora estivesse com ela, teve angústia, isto é, anseio por ela que não foi saciado. É verdade que a angústia é menor, ele chega a passear, enquanto havia feito a babá retornar. E também a rua não é o lugar adequado para "fazer carinho", ou o que mais quisesse o pequeno enamorado. Mas a angústia passou pela prova e deve, em seguida, encontrar um objeto. Nesse passeio ele manifestou inicialmen-

---

9 Na verdade, chamamos de medo [*Angst*] patológico uma sensação de angústia e anseio [*ängstlich-sehnsüchtig*] a partir do momento em que ela já não pode ser eliminada com a obtenção do objeto ansiado.

## II. CASO CLÍNICO E ANÁLISE

te o medo de que um cavalo o mordesse. De onde vem o material dessa fobia? Provavelmente dos complexos ainda desconhecidos que favoreceram a repressão e mantêm a libido dirigida à mãe em estado reprimido. Esse é ainda um enigma do caso, e temos de seguir o desenvolvimento deste para encontrar a solução. O pai de Hans já nos deu algumas pistas provavelmente confiáveis: que o menino sempre observou com interesse os cavalos, devido ao seu grande faz-pipi, que ele supôs que a mãe teria um faz-pipi como o dos cavalos etc. Pode-se então imaginar que o cavalo é apenas um substituto para a mãe. Mas que significaria o fato de Hans expressar, à noite, o medo de que o cavalo entre no quarto? Um tolo medo infantil, dir-se-á. Mas a neurose, como os sonhos, nada diz de tolo. Sempre xingamos quando não compreendemos algo. Isso significa tornar a tarefa mais fácil.

Há outro ponto em que devemos evitar ceder a essa tentação. Hans admitiu que toda noite, antes de dormir, diverte-se pegando no pênis. Ora, dirá o médico da família, tudo está claro. O garoto se masturba, daí a angústia. Calma! O fato de ele produzir sensações de prazer com a masturbação não explica sua angústia absolutamente, torna-se mais problemática, isto sim. Estados de angústia não são provocados pela masturbação, menos ainda pela satisfação. Além do mais, podemos supor que Hans, então com quatro anos e nove meses, já se permitia esse prazer diariamente há um ano (cf. p. 127), e descobriremos que naquele momento ele se esforçava por deixar o hábito, o que se harmoniza melhor com a repressão e a formação da angústia.

Também precisamos dizer algo em favor da mãe, muito boa e certamente preocupada. O pai a acusa, aparentemente com alguma razão, de ter ajudado na irrupção da neurose pela excessiva ternura e frequente solicitude em acolher o filho na cama. Poderíamos igualmente recriminá-la por haver acelerado o surgimento da repressão, devido à sua enérgica rejeição das propostas dele ("Isso é uma coisa porca"). Mas o seu papel é o de uma figura do destino, e sua posição é difícil.

Combinei com o pai que ele diria ao menino que o problema com os cavalos não passa de uma tolice. A verdade, diria ele, é que Hans gosta muito da mãe e quer que ela o aceite na cama. Ele tem medo dos cavalos porque o faz-pipi dos cavalos o interessou bastante. Ele notou que não é certo ocupar-se tanto do faz-pipi, também com o seu próprio, e essa, diria o pai, é uma percepção muito correta. Além disso, sugeri-lhe que tomasse a via do esclarecimento sexual. Como, pela história prévia do menino, era lícito supor que sua libido se apegava ao desejo de ver o faz-pipi da mãe, o pai deveria lhe privar desse objetivo, informando-o que a mãe, como todas as criaturas do sexo feminino — ele devia sabê-lo por Hanna — não tem um faz-pipi. Esse último esclarecimento lhe seria dado em ocasião oportuna, em relação com alguma pergunta ou manifestação por parte de Hans.

As notícias seguintes sobre Hans compreendem o período de 1º a 17 de março. O intervalo de mais de um mês logo será explicado.

## II. CASO CLÍNICO E ANÁLISE

"Após o esclarecimento[10] há um período mais sossegado, em que é possível levar Hans ao parque da cidade sem maior problema. Seu medo de cavalos transforma-se cada vez mais em compulsão de olhar para cavalos. Ele diz: 'Eu tenho que olhar os cavalos e então ficar com medo'.

"Depois de uma gripe que o prendeu à cama por duas semanas, a fobia volta a se intensificar de tal modo que é impossível levá-lo para sair; no máximo ele vai até a varanda. Aos domingos ele vai comigo até Lainz,[11] pois nesse dia há poucas carruagens na rua e até a estação de trens o caminho é curto. Em Lainz ele se recusa a sair para passear além do jardim, porque há uma carruagem parada em frente. Após outra semana em casa, porque teve as amígdalas retiradas, a fobia se intensifica novamente. Ele chega a ir até a varanda, mas não sai, isto é, volta bruscamente ao alcançar o portão da casa.

"No domingo, 1º de março, há a seguinte conversa no caminho para a estação. Eu procuro novamente lhe explicar que os cavalos não mordem. Ele diz: 'Mas cavalos brancos mordem; em Gmunden tem um cavalo branco que morde. Quando a gente mostra o dedo ele morde'. (Percebo que ele diz 'o dedo', em vez de 'a mão'). E conta a história seguinte, que reproduzo abreviada: 'Quando a Lizzi foi embora,

---

10 Quanto à significação de sua angústia; nada ainda sobre o faz--pipi das mulheres.
11 Subúrbio de Viena onde moram os avós.

151

tinha uma carruagem com um cavalo branco na frente da casa dela, para levar a bagagem até a estação. (Lizzi é, ele me conta, uma garota que morava numa casa vizinha.) O pai dela ficou de pé junto do cavalo e o cavalo virou a cabeça (para tocar nele), e ele falou para Lizzi: *Não aponte o dedo para o cavalo branco, que ele pode morder.*' Eu digo então: 'Olhe, acho que você não se refere a um cavalo, mas a um faz-pipi que não se deve pegar'.

ELE: Mas um faz-pipi não morde.

EU: Talvez morda; ao que ele tenta vivamente me provar que era mesmo um cavalo branco.[12]

"No dia 2 de março eu lhe digo, quando ele novamente tem medo: 'Sabe de uma coisa? A bobagem' — é assim que ele chama a sua fobia — 'vai diminuir se você passear com mais frequência. Agora ela está forte porque você não saiu de casa, porque estava doente'.

ELE: Não, ela está forte porque eu estou pegando no faz-pipi toda noite."

O médico e o paciente, o pai e o filho estão de acordo, portanto, em atribuir ao hábito da masturbação o papel principal na patogênese do estado atual. Mas não faltam indícios da importância de outros fatores.

"No dia 3 de março entrou para nosso serviço uma

---

12 O pai não tem motivo para duvidar que Hans estava contando um fato real. — Mencionemos que o comichão na glande que faz os meninos tocarem o membro é geralmente descrito assim: *Es beißt mich* ["Está me *picando*" ou "me *mordendo*"].

## II. CASO CLÍNICO E ANÁLISE

garota que lhe agrada bastante. Como ela deixa que ele fique montado em suas costas enquanto limpa o chão, ele a chama somente de 'meu cavalo' e a segura pelo vestido, gritando 'Ôoo'. No dia 10, mais ou menos, ele diz a essa nova babá: 'Se você fizer isso ou isso, tem que tirar a roupa toda, até a blusa'. (Como castigo, ele quer dizer, mas facilmente se nota o desejo por trás disso.)

ELA: E daí? Só vou pensar que não tenho dinheiro nem para comprar roupa.

ELE: Mas isso é uma vergonha, todo mundo vê o faz-pipi."

A velha curiosidade aplicada a um novo objeto e, como convém num período de repressão, encoberta por uma tendência moralizadora!

"No dia 13 de março, já de manhã cedo, eu digo a Hans: 'Sabe que se você não pegar mais no faz-pipi, a bobagem vai diminuir'.

HANS: Mas eu não pego mais no faz-pipi.

EU: Mas você quer pegar nele.

HANS: Sim, mas 'querer' não é 'fazer', e 'fazer' não é 'querer' (!!).

EU: Para você não querer, hoje vamos lhe dar um saco para dormir.

"Depois disso fomos para a frente da casa. Ele tem medo, é verdade, mas diz, claramente animado pela perspectiva de ter a luta facilitada: 'Ah, se eu dormir com o saco, amanhã a bobagem vai sumir'. E, de fato, ele tem *muito* menos medo de cavalos e se mantém calmo quando as carruagens passam.

"No domingo seguinte, 15 de março, Hans tinha ficado de ir comigo a Lainz. Primeiro se recusa, enfim vai. Na rua sente-se visivelmente bem, pois há poucas carruagens trafegando, e diz: 'Que bom que Deus mandou embora os cavalos'. No caminho lhe explico que sua irmã não tem um faz-pipi como ele. Meninas e mulheres não têm faz-pipi. Mamãe não tem, Anna também não etc.

HANS: Você tem?

EU: Naturalmente; o que você pensou?

HANS (depois de uma pausa): Mas como as meninas fazem pipi, se não têm faz-pipi?

EU: Elas não têm um faz-pipi como você. Não viu quando a Hanna tomou banho?

"Durante todo o dia ele está alegre, anda de trenó etc. Apenas ao anoitecer fica novamente triste e parece temer cavalos.

"À noite o acesso nervoso e a necessidade de carinhos são menores do que em dias anteriores. No dia seguinte vai com a mãe à cidade e sente bastante medo na rua. No outro fica em casa e está bastante alegre. Na manhã depois desse dia acorda às seis horas, bastante angustiado. Perguntado sobre o que tem, responde: 'Peguei só um pouco no faz-pipi. Aí vi a mamãe nua, de camisa, e ela deixou ver o faz-pipi. Mostrei à Grete,[13] à minha Grete, o que a mamãe estava fazendo, e mostrei a ela meu faz-pipi. Aí tirei rápido a mão do

---

13 Grete é uma das garotinhas de Gmunden com quem Hans está fantasiando; ele fala e brinca com ela.

## II. CASO CLÍNICO E ANÁLISE

faz-pipi'. Quando objetei que só podia ser 'de camisa' ou 'nua', ele disse: 'Ela estava de camisa, mas a camisa era tão curta que eu podia ver o faz-pipi'."

Isso não foi um sonho, mas uma fantasia masturbatória, aliás equivalente a um sonho. O que a mãe faz ali, evidentemente, serve para justificar ele próprio: "Se a mamãe mostra o faz-pipi, eu também posso mostrar".

Podemos ver duas coisas nessa fantasia: primeiro, que a repreensão da mãe produziu um forte efeito nele na época; segundo, que o esclarecimento de que as mulheres não têm faz-pipi não foi aceito inicialmente por ele. Ele lamentou que assim fosse e apegou-se a ele na imaginação. Talvez tivesse também seus motivos para recusar-se a crer no pai primeiramente.

*Relato semanal do pai*:

"Caro senhor Professor: Vai anexa a continuação da história do nosso Hans, um trecho muito interessante. Talvez o sr. me permita procurá-lo em seu consultório na segunda-feira, possivelmente com Hans — supondo que ele vá.

"Hoje perguntei a ele: 'Quer ir comigo até o professor que pode lhe tirar a bobagem?'.

ELE: Não.

EU: Mas ele tem uma filha bonita. — Ao escutar isso, ele concordou de bom grado em ir.

"Domingo, 22 de março. A fim de estender nosso programa de domingo, propus a Hans irmos primeiro a Schönbrunn e de lá, ao meio-dia, até Lainz. Assim, ele não só fez a pé o caminho do apartamento até a estação de trens urbanos da Alfândega, como também da estação de Hietzing até Schönbrunn e de lá até a estação de bondes a vapor de Hietzing; e conseguiu andar tudo isso desviando rapidamente os olhos quando apareciam cavalos, pois evidentemente estava angustiado. Ao desviar os olhos ele seguia um conselho da mãe.

"Em Schönbrunn ele demonstrou medo de animais que normalmente olhava sem temor. Assim, não quis absolutamente entrar no local onde fica a *girafa*, tampouco quis ver o elefante, que normalmente o divertia. Tem receio de todos os animais grandes, enquanto se distrai muito com os pequenos. Entre os pássaros também teme o pelicano, algo que antes nunca sucedeu, certamente devido ao tamanho deste.

"Digo-lhe então: 'Sabe por que você tem medo dos bichos grandes? Os bichos grandes têm um faz-pipi grande, e na verdade você tem medo do faz-pipi grande'.

HANS: Mas eu nunca vi o faz-pipi dos bichos grandes.[14]

EU: Viu o do cavalo, sim, e o cavalo é um bicho grande também.

HANS: Ah, o do cavalo vi muitas vezes. Uma vez em Gmunden, quando a carruagem estava na frente da casa, uma vez na Alfândega.

---

14 O que não é verdadeiro. Ver sua exclamação diante da jaula dos leões, p. 128. Provavelmente o início do esquecimento, em consequência da repressão.

eu: Quando você era menor provavelmente entrou num estábulo, em Gmunden...

hans (me interrompendo): É, todo dia, quando os cavalos voltavam para casa, eu ia ao estábulo.

eu: ... e provavelmente teve medo quando viu o grande faz-pipi do cavalo, mas você não precisa temer isso. Bichos grandes têm faz-pipi grande, bichos pequenos têm faz-pipi pequeno.

hans: E todo mundo tem um faz-pipi, e ele vai crescer junto comigo, quando eu crescer; ele está pegado em mim.

"Assim terminou a conversa. Nos dias seguintes o medo pareceu maior novamente; ele mal consegue ir até o portão do prédio, aonde o levam depois da refeição."

Os últimos dizeres de Hans, palavras de consolo para si mesmo, lançam alguma luz sobre a situação e nos permitem corrigir um pouco as afirmações do pai. É verdade que ele sente angústia diante dos animais grandes porque tem de pensar no grande faz-pipi desses animais, mas não se pode realmente dizer que ele próprio tem medo do faz-pipi grande. A ideia deste era antes decididamente prazerosa para ele, que buscava sofregamente avistá-lo. Desde então esse prazer lhe foi estragado pela reversão geral de prazer em desprazer, que — de maneira ainda não explicada — atingiu toda a sua pesquisa sexual, e, o que para nós é mais claro, por certas experiências e reflexões que levaram a conclusões penosas. A partir de suas palavras de consolo — "O faz-pipi vai crescer junto comigo, quando eu crescer" — podemos inferir que em suas observações ele comparava constantemente e estava insatisfeito com o tamanho de seu próprio faz-pipi. Os animais grandes lhe recordam esse defeito, e por isso lhe são desagradáveis. Mas, como provavelmente essa cadeia de pensamentos não pode lhe chegar à consciência, também esta sensação penosa transforma-se em angústia, de modo que sua presente angústia baseia-se tanto no prazer anterior como no desprazer atual. Quando o estado angustiado se estabelece, a angústia consome todas as demais sensações; progredindo a repressão, à medida que recuam no inconsciente as ideias carregadas de afetos e antes conscientes, todos os afetos podem se transformar em angústia.

A curiosa observação de Hans — "está pegado em mim" — permite imaginar, relacionada ao consolo, muitas coisas que ele não pode expressar que também nessa análise não expressou. Acrescentarei algo tomado de minha experiência com a análise de adultos, esperando que essa interpolação não seja considerada forçada e caprichosa. "Ele está pegado em mim": se tomamos isso como desafio e consolo, recorda a antiga ameaça da mãe, de mandar cortar o faz-pipi se ele continuasse a pegar nele. Na época, quando ele tinha três anos e meio, a ameaça ficou sem efeito. O menino respondeu, indiferente, que então faria pipi com o bumbum. Seria um comportamento absolutamente típico a ameaça de castração ter efeito *a posteriori*, e agora, um ano e três meses depois, ele sentir o medo de perder essa preciosa parte de seu Eu. Pode-se observar tais efeitos poste-

## II. CASO CLÍNICO E ANÁLISE

riores de ordens e ameaças da infância em outros casos de doença, nos quais o intervalo pode abranger várias décadas. Sei de casos, inclusive, em que a "obediência *a posteriori*" da repressão constitui o essencial na determinação dos sintomas da enfermidade.

A explicação que Hans recebeu pouco antes, de que as mulheres realmente não possuem faz-pipi, só pode ter tido o efeito de abalar sua autoconfiança e despertar seu complexo de castração. Por isso ele se opôs a ela, e por isso tal comunicação não teve consequência terapêutica. É possível mesmo existirem seres vivos que não têm faz-pipi? Então já não é inacreditável que lhe tirem seu faz-pipi, que praticamente façam dele uma mulher![15]

"Na noite do dia 27 para o dia 28, Hans nos surpreende ao levantar da cama no escuro e vir até nossa cama. Seu quarto é separado do nosso por um ga-

---

[15] Não posso interromper a análise o bastante para expor o quanto é típico o curso inconsciente de pensamento que estou atribuindo ao pequeno Hans. O complexo da castração é a mais profunda raiz inconsciente do antissemitismo, pois já bem cedo o menino ouve que cortam algo — um bom pedaço, ele crê — do pênis de um judeu, e isso lhe dá o direito de desprezar os judeus. Otto Weininger, o jovem filósofo muito inteligente e sexualmente problemático, que cometeu suicídio após escrever seu livro singular, *Sexo e caráter* [1903], tratou judeus e mulheres com a mesma hostilidade e reservou-lhes os mesmos impropérios, num capítulo bastante comentado. Weininger se achava, como doente neurótico, inteiramente à mercê de complexos infantis; nesse caso, o que há em comum entre os judeus e as mulheres é a relação com o complexo da castração.

binete. Perguntamos por quê; se ele tinha medo. Ele diz: 'Amanhã eu falo', adormece em nossa cama e é depois carregado para a dele.

"No dia seguinte o interrogo, para saber por que veio para nossa cama, e após alguma hesitação há o seguinte diálogo, que eu imediatamente registro em estenografia:

ELE: *Tinha uma girafa grande e uma girafa amassada no meu quarto, e a grande gritou porque eu tirei dela a amassada. Então ela parou de gritar e eu sentei na girafa amassada.*

EU, espantado: Como? Uma girafa amassada? Como era isso?

ELE: É. (Pega rapidamente um papel, amassa-o e diz:) Estava amassada assim.

EU: 'E você então se sentou na girafa amassada? Como assim?'.

"Ele me mostra novamente como fez, sentando-se no chão.

EU: É por isso que você veio para meu quarto?

ELE: Eu mesmo não sei.

EU: Você sentiu medo?

ELE: Não, com certeza não.

EU: Então você sonhou com as girafas?

ELE: Não, não sonhei; isso eu pensei — tudo eu pensei — já tinha acordado antes.

EU: O que será isso: uma girafa amassada? Você sabe que não se pode amarrotar uma girafa como um pedaço de papel.

ELE: Eu sei. Eu só pensei isso. Claro que não tem isso

no mundo.[16] A girafa amassada estava no chão e eu apanhei ela com as mãos.

EU: O quê, apanhar uma girafa grande com as mãos?

ELE: Apanhei com a mão a girafa amassada.

EU: Onde estava a grande enquanto isso?

ELE: A grande estava mais longe.

EU: O que você fez com a amassada?

ELE: Eu segurei ela um pouco na mão, até que a grande parou de gritar, e quando a grande parou de gritar eu me sentei nela.

EU: Por que a grande gritou?

ELE: Porque eu tirei dela a amassada. (Notando que eu tomo nota de tudo, ele pergunta: 'Por que você escreve tudo?'.)

EU: Porque vou mandar tudo para um professor que pode lhe tirar a 'bobagem'.

ELE: Ah! Então você também escreveu que a mamãe tirou a camisa e mandou isso para o professor.

EU: Sim, mas ele não vai entender como você acha que se pode amassar uma girafa.

ELE: Diga a ele que eu também não sei, e então ele não vai perguntar; mas, se ele perguntar o que é a girafa amassada, pode escrever para nós e nós respondemos, ou escrevemos logo que eu também não sei.

EU: Mas por que você veio ao meu quarto de noite?

ELE: Não sei.

EU: Diga-me rapidamente em que está pensando agora.

---

16 Hans diz resolutamente, em sua linguagem, que era uma fantasia.

ELE (brincando): Em suco de framboesa.  
EU: Em que mais? } Seus desejos  
ELE: Uma arma de matar.[17]  
EU: Tem certeza de que não sonhou isso?  
ELE: Certeza, não. Não, sei que não sonhei.

"Ele continua o relato: 'A mamãe me pediu muito para dizer por que fui de noite para o quarto de vocês. Mas eu não quis dizer, porque primeiro senti vergonha da mamãe'.

EU: Por quê?  
ELE: Não sei.

"De fato, minha mulher interrogou-o a tarde inteira, até que ele contou a história das girafas."

No mesmo dia o pai encontrou a solução para a fantasia das girafas.

"A girafa grande sou eu, isto é, o pênis grande (o pescoço comprido), a girafa enrugada, minha mulher, isto é, seu membro; o que é, portanto, resultado do esclarecimento.

"Girafa: ver passeio a Schönbrunn. Aliás, ele pendurou imagens de uma girafa e de um elefante sobre a sua cama.

"O conjunto é a reprodução de uma cena que se repetiu quase toda manhã nos últimos dias. Hans chega até nós bem cedo, e minha mulher não pode deixar de recebê-lo na cama por alguns minutos. Então começo

---

17 O pai tenta aqui, em sua perplexidade, usar a clássica técnica da psicanálise. Ela não ajuda muito, mas o que produz pode se tornar significativo à luz de informações posteriores.

a adverti-la para que não o deixe ficar ('a girafa grande gritou porque eu tirei dela a amassada'), e ela responde de vez em quando, talvez irritada, que isso é um absurdo, um minuto não tem importância etc. Hans fica, então, um pouco de tempo com ela. ('Então a girafa grande parou de gritar e eu me sentei na girafa amassada'.)
"A solução para esta cena conjugal transposta para o mundo das girafas é, portanto: ele ansiou pela mãe durante a noite, por seus carinhos, seu membro, e por isso veio ao quarto. O conjunto é prosseguimento do medo de cavalos."

À perspicaz interpretação do pai acrescento apenas uma coisa: "*sentar* em cima" [*das Drauf*setzen] é, provavelmente, a representação que faz Hans do "tomar *posse*" [*Besitz ergreifen*].* Mas tudo é uma fantasia desafiadora, ligada à satisfação pelo triunfo sobre a resistência paterna. "Grite o quanto quiser, a mamãe me recebe na cama, a mamãe me pertence." Pode-se então, justificadamente, imaginar por trás dela aquilo que o pai supõe: a angústia de que a mãe não goste dele porque seu faz-pipi não pode se comparar ao do pai.

Na manhã seguinte, o pai vê sua interpretação confirmada.

---

* Ao enfatizar parte dos dois termos alemães, Freud lembra o que pode ter levado o menino a associá-los: o verbo usado por este (*draufsetzen*, literalmente "sentar em cima") tem relação etimológica com o equivalente alemão de "possuir" (*besitzen*), que é diretamente aparentado a *sitzen* ("estar sentado"). O tradutor italiano não teve necessidade de reproduzir os termos originais, utilizando naturalmente os verbos *sedere* e *possedere*.

"Domingo, 19 de março, fui para Lainz com Hans. Na porta me despedi de minha esposa brincando: 'Até mais, grande girafa'. Hans perguntou: 'Por que girafa?'. Ao que respondi: 'A mamãe é a girafa grande'; e ele: 'Não é? E a Hanna é a girafa amassada?'.

"Na estação expliquei-lhe a fantasia com as girafas, e ele disse: 'Sim, está certo'; e quando lhe disse que eu sou a girafa grande, que o pescoço comprido lhe recordou um faz-pipi, disse ele: 'A mamãe também tem um pescoço como o da girafa, eu vi quando ela lavou o pescoço branco'.[18]

"Na segunda, 30 de março, de manhã cedo, Hans veio até mim e disse: 'Olhe, hoje pensei duas coisas. A primeira? Estava em Schönbrunn com você, junto com os carneiros, e passamos por baixo das cordas, e contamos isso ao guarda, na entrada do jardim, e ele prendeu a gente'. A segunda coisa ele esqueceu.

"Devo comentar, em relação a isso, que quando quisemos visitar os carneiros, no domingo, o espaço deles estava fechado com uma corda, de modo que não pudemos ir até lá. Hans ficou espantado de que fechassem uma área somente com uma corda, por baixo da qual se podia passar facilmente. Eu lhe falei que pessoas decentes não passam por baixo da corda. Ele achou que seria fácil, eu respondi que

---

18 Hans confirma apenas a interpretação das duas girafas como sendo o pai e a mãe, não o simbolismo sexual que vê na girafa mesma a representação do pênis. Provavelmente esse simbolismo está certo, mas de Hans não se pode realmente exigir mais.

## II. CASO CLÍNICO E ANÁLISE

podia chegar um guarda e nos levar. Na entrada de Schönbrunn há um soldado da guarda [imperial], e uma vez eu dissera a Hans que ele prende meninos malcriados.

"Depois de retornar da visita ao senhor, que ocorreu no mesmo dia, Hans confessou outra pequena vontade de fazer algo proibido. 'Olhe, hoje cedo eu pensei de novo uma coisa'. 'O quê?' 'Eu ia com você no trem e nós quebramos uma janela e o guarda nos levou'."

A exata continuação da fantasia com as girafas. Ele intui que é proibido tomar posse da mãe; topou com a barreira do incesto. Mas vê isso como proibido em si. Em todas as travessuras proibidas que ele executa na fantasia o pai está presente e é preso juntamente com ele. Ele acha que o pai também faz com a mãe aquela coisa misteriosa e proibida, que ele substitui por algo violento como quebrar uma janela, ao penetrar num espaço fechado.

Naquela tarde, o pai e o filho me fizeram uma visita em meu consultório. Eu já conhecia o engraçado rapazinho e sempre tivera prazer em vê-lo, tão cativante era em sua clara autoestima. Se ele se lembrava de mim, não sei; mas comportou-se impecavelmente, como um sensato membro da sociedade humana. A consulta foi breve. O pai afirmou que, apesar de todos os esclarecimentos, não diminuíra o medo dos cavalos. Tivemos que admitir que não eram muitas as relações entre os cavalos que o angustiavam e os sentimentos de ternura para com a mãe que se haviam mostrado.

Alguns detalhes de que soube então — que o incomodava especialmente aquilo que os cavalos têm diante dos olhos, e a cor preta na região da boca — certamente não eram explicados pelo que conhecíamos. Mas, quando vi os dois sentados à minha frente e ouvi a descrição do medo do menino aos cavalos, mais uma parte da solução me veio à mente, a qual bem pude compreender que escapasse justamente ao pai. Perguntei a Hans, com humor, se os seus cavalos usavam óculos, algo que ele negou; se o seu pai usava óculos, o que ele também negou, contrariando toda a evidência; se o preto na "boca" se referia ao bigode, e então lhe revelei que ele temia seu pai, justamente porque amava tanto a mãe. Ele certamente acreditava que o pai estava aborrecido com ele por causa disso, mas não era verdade, o pai gostava dele, ele podia tranquilamente confessar-lhe tudo. Muito antes dele nascer eu já sabia que haveria um pequeno Hans que iria amar tanto a sua mãe que teria medo do pai por causa disso, e eu havia contado isso a seu pai. "Por que você acha então que estou aborrecido com você", interrompeu-me nesse ponto o pai, "já lhe bati ou xinguei alguma vez?". "Ah, sim, você já me bateu", corrigiu Hans. "Isso não é verdade. Quando foi?" "Hoje de manhã", disse o pequeno, e o pai se lembrou de que Hans lhe havia esbarrado inesperadamente com a cabeça no estômago, ao que ele lhe dera um golpe com a mão, como que num reflexo. É digno de nota que ele não tivesse incluído esse detalhe no contexto da neurose; mas agora o via como expressão da hostil disposição do filho para com ele, talvez

## II. CASO CLÍNICO E ANÁLISE

também como manifestação da necessidade de receber em troca um castigo.[19]

No caminho de volta à casa, Hans perguntou ao pai: "Então o professor fala com Deus, para saber tudo antes?". Eu ficaria bastante orgulhoso desse reconhecimento vindo de uma criança, se o não tivesse provocado eu mesmo com minha divertida jactância. A partir dessa consulta me chegaram informes quase diários sobre as mudanças no estado de nosso pequeno paciente. Não era de esperar que de uma só vez ele se livrasse da angústia, com aquilo que lhe falei; mas revelou-se que então lhe foi dada a possibilidade de trazer à baila suas produções inconscientes e desenovelar sua fobia. A partir daquele instante, ele seguiu um desenvolvimento que eu pude comunicar de antemão a seu pai.

"No dia 2 de abril pude constatar a primeira melhora significativa. Antes não era possível levá-lo para a frente do prédio por muito tempo, e sempre que apareciam cavalos ele corria de volta, com sinais de pavor; mas dessa vez ele ficou uma hora na frente, mesmo quando passavam carruagens, o que ali sucede frequentemente. De vez em quando ele corria para dentro, ao ver uma carruagem vindo ao longe, porém logo retornava, como se tivesse pensado melhor. De todo modo, há apenas um resto de angústia e é evidente o progresso desde aquele esclarecimento.

---

19 O garoto veio a repetir essa reação ao pai de modo mais nítido e mais completo, ao bater na mão do pai e, em seguida, beijá-la afetuosamente.

"À noite ele diz: 'Se já podemos ir até à frente do prédio, vamos poder ir também ao parque da cidade'.

"No dia 3 de abril ele veio cedo à minha cama, enquanto nos dias anteriores não tinha vindo e parecera até orgulhoso dessa atitude. Eu lhe perguntei: 'Por que você veio hoje?'.

HANS: Quando eu não tiver medo, não vou mais vir.

EU: Então você vem até mim porque tem medo?

HANS: Quando não estou com você, tenho medo; quando não estou com você na cama, aí tenho medo. Até eu não ter mais medo, não venho mais.

EU: Então você gosta de mim e tem receio quando está em sua cama de manhã cedo, por isso vem até mim?

HANS: Sim. Por que você disse que eu gosto da *mamãe*, e por isso tenho medo, se eu gosto de *você*?"

O pequeno mostra aí uma clareza extraordinária. Dá a entender que nele o amor ao pai luta com a hostilidade a este, devido ao seu papel de rival junto à mãe, e recrimina ao pai que não lhe tenha chamado a atenção para esse jogo de forças, que tinha de resultar em angústia. O pai ainda não o compreende inteiramente, pois apenas durante essa conversa adquire a convicção da hostilidade do menino em relação a ele, que eu havia apontado em nossa consulta. O que vem a seguir, que comunico sem alteração, é mais importante no que toca ao esclarecimento do pai, na verdade, do que no tocante ao menino.

"Infelizmente não percebi logo o significado dessa objeção. Porque Hans gosta da mãe, ele claramente me quer fora do caminho, então estará no lugar do

## II. CASO CLÍNICO E ANÁLISE

pai. Esse desejo hostil suprimido* torna-se angústia no tocante ao pai, e ele me procura bem cedo, para ver se não fui embora. Não compreendi isso naquele instante, infelizmente, e lhe disse:
"Quando você está sozinho, tem receio quanto a mim e vem me procurar".
HANS: Quando você não está, tenho medo de que não volte para casa.
EU: Mas algum dia eu ameacei não voltar para casa?
HANS: Você não, mas a mamãe sim. Ela me disse que não voltava mais. (Provavelmente ele foi malcriado, e ela ameaçou ir embora.)
EU: Ela falou isso porque você foi malcriado.
HANS: Sim.
EU: Então você tem medo de que eu vá embora porque você foi malcriado, e por isso me procura.
"No café da manhã eu me levantei da mesa, e Hans falou: 'Papai, não saia *correndo*!'. Notei que ele usou o verbo *rennen* ["correr", falando de animais], em vez de *laufen* ["correr", para pessoas], e respondi: 'Ah, você tem medo de que o cavalo se afaste correndo de você'. Ele então riu."
Sabemos que essa parte da angústia de Hans é duplamente constituída: medo *do* pai e medo *pelo* pai. Aquele se origina da hostilidade para com o pai; este,

---

* "Suprimido": *unterdrückt*, particípio do verbo *unterdrücken*, que significa "oprimir, reprimir, suprimir, subjugar" ou, figuradamente, "abafar". Nas versões estrangeiras consultadas encontramos: *retenido, sofocado, represso, suppressed*; cf. as notas sobre o termo *Unterdrückung* e sua versão, no v. 12 destas *Obras completas*, pp. 83 e 223.

do conflito entre o afeto, aí exagerado por via da reação, e a hostilidade.

O pai continua:

"Isso é, sem dúvida, o começo de uma fase importante. Seu motivo para se aventurar até a frente do prédio, no máximo, mas não sair, para voltar no meio do caminho, no primeiro acesso de angústia, é o temor de não encontrar os pais em casa, por terem ido embora. Ele se apega à casa por amor à mãe, ele teme que eu vá embora pelos desejos hostis em relação a mim, pois então seria ele o pai.

"No verão fiz várias viagens de Gmunden a Viena, por exigência do trabalho, e então ele era o pai. Recordo que o medo de cavalos está ligado à vivência em Gmunden, quando um cavalo ia carregar a bagagem de Lizzi até a estação. O desejo reprimido de que eu fosse para a estação, pois ele ficaria só com a mãe ('o cavalo deve ir embora'), tornou-se então medo de os cavalos partirem, e, realmente, nada lhe dava mais medo do que a partida de uma carruagem, a movimentação de cavalos no pátio da Alfândega, em frente a nosso apartamento.

"Essa nova fase (ânimo hostil em relação ao pai) pôde aparecer somente depois que ele soube que eu não fico aborrecido porque ele gosta tanto da mãe.

"À tarde passei novamente com ele diante do portão; ele ficou na frente do prédio mesmo quando passavam carruagens, apenas com algumas ele tinha medo e corria para dentro, para o corredor. Ele explicou-me: 'Nem todos os cavalos brancos

## II. CASO CLÍNICO E ANÁLISE

mordem'; ou seja: através da análise alguns cavalos brancos já foram reconhecidos como 'papai', não mordem mais, mas ainda há outros que mordem.

"Diante do portão de nosso prédio vê-se o seguinte: em frente está o depósito da Secretaria de Impostos sobre Bens Alimentícios, com uma plataforma onde todo o dia param carruagens, a fim de retirar caixas etc. Esse pátio é separado da rua por uma grade. O portão de entrada desse pátio dá de frente para nosso apartamento (fig. 2). Há alguns dias noto que Hans tem medo principalmente quando carruagens entram ou saem dali, pois têm de virar de maneira brusca. Perguntei por que ele tinha medo, e ele disse: '*Eu tenho medo dos cavalos caírem quando a carroça vira* (A)'. Ele igualmente tem medo quando carruagens que estão paradas na plataforma se põem subitamente em movimento para partir (B). Também tem mais medo (C) de grandes cavalos de carga do que de cavalos pequenos, mais de cavalos bávaros do que de cavalos elegantes (como os de fiacres). E também receia mais quando uma carruagem passa

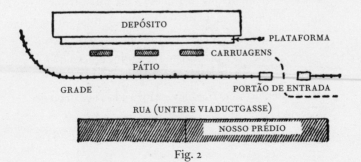

Fig. 2

rapidamente (D) do que quando os cavalos vêm trotando lentamente. Essas distinções surgiram nitidamente apenas nos últimos dias."

Eu diria que, em consequência da análise, não apenas o paciente, mas também sua fobia adquiriu mais coragem e ousa se mostrar.

"No dia 5 de abril Hans veio novamente ao nosso quarto e foi mandado de volta para sua cama. Eu lhe disse: 'Enquanto você vier para nosso quarto de manhã cedo, o medo de cavalos não vai melhorar'. Mas ele se mostrou rebelde e falou: 'Mas eu vou, mesmo com medo'. Ele não admite que o impeçam de visitar a mãe.

"Após o café da manhã íamos descer para a rua. Hans alegrou-se bastante com isso e planejou, em vez de ficar na frente do portão, como de hábito, atravessar a rua e entrar no pátio, onde ele frequentemente via meninos da rua brincarem. Eu lhe disse que ficaria contente se ele fosse para lá, e aproveitei a oportunidade para perguntar por que ele tinha tanto medo quando as carruagens carregadas se punham em movimento na plataforma de descarga (B).

HANS: Eu tenho medo de estar junto de uma carroça e ela sair rápido, e eu estar em cima e querer passar para a prancha (a plataforma) e eu ir embora com a carruagem.

EU: E quando a carruagem está parada você não tem medo? Por quê?

HANS: Quando a carruagem está parada eu subo rápido nela e passo para a prancha (fig. 3).

## II. CASO CLÍNICO E ANÁLISE

Fig. 3

"(Hans planejava, portanto, chegar à plataforma subindo por uma carruagem, e tinha medo de que esta partisse com ele em cima.)

EU: Você tem medo de não voltar mais para casa, se partir com a carruagem?

HANS: Não; eu sempre posso voltar para mamãe, com a carruagem ou com um fiacre. Eu sei dizer o número do prédio.

EU: Então por que você tem medo realmente?

HANS: Isso eu não sei, o professor deve saber. Você acha que ele sabe?

EU: Por que você quer ir à plataforma?

HANS: Porque nunca fui lá, queria muito ir, e você sabe por quê? Porque eu queria carregar e descarregar as caixas e subir nelas. Queria muito subir nelas. Sabe onde eu aprendi isso? Uns meninos subiram nas caixas e eu vi, e queria fazer isso também.

"O seu desejo não se realizou, pois, quando novamente arriscou sair à frente do prédio, os poucos passos em direção ao pátio, atravessando a rua, despertaram nele grandes resistências, pois continuamente passavam carruagens no pátio."

Também o professor sabe apenas que a pretendida brincadeira de Hans com o carregamento das carruagens devia ter uma relação simbólica, substitutiva, com um outro desejo do qual até então nada falou. Mas esse desejo já poderia ser reconstruído agora, se isso não parecesse muito ousado.

"À tarde passamos novamente pela frente do prédio, e na volta perguntei a Hans:

"De quais cavalos você tem mais medo?

HANS: De todos.

EU: Isso não é verdade.

HANS: Tenho mais medo dos cavalos que têm essa coisa na boca.

EU: Como assim? O ferro que eles têm na boca?

HANS: Não, eles têm uma coisa preta na boca (cobre a boca com a mão).

EU: O quê, um bigode talvez?

HANS (rindo): Não.

EU: Todos têm isso?

HANS: Não, só alguns.

EU: O que é isso que eles têm na boca?

HANS: Uma coisa preta (fig. 4). — (Creio que é, na realidade, a grossa correia que os cavalos de carga têm sobre o nariz). Também tenho muito medo de carruagens de mudança.

EU: Por quê?

HANS: Eu acho que os cavalos delas caem quando puxam uma carruagem pesada.

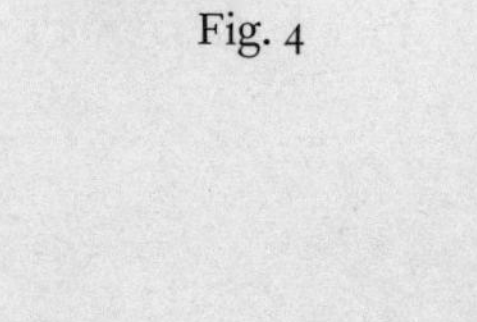

Fig. 4

eu: Então de uma carruagem pequena você não tem medo?

hans: Não, de uma carruagem pequena ou do correio eu não tenho medo. Também tenho muito medo de carruagem-ônibus.

eu: Por que, por que é grande?

hans: Não, porque uma vez um cavalo dessa carruagem caiu.

eu: Quando?

hans: Quando eu saí uma vez com a mamãe, apesar da 'bobagem', quando compramos o colete. (Isso foi confirmado depois pela mãe.)

eu: O que você pensou quando o cavalo caiu?

hans: Que isso vai sempre acontecer. Todos os cavalos das carruagens-ônibus vão cair.

eu: De todas elas?

hans: Sim! E também das carruagens de mudança. Mas nessas menos.

eu: Na época você já tinha a bobagem?

hans: Não, foi aí que eu fiquei com ela. Quando o cavalo da carruagem-ônibus caiu eu me assustei muito, de verdade! Quando eu ia embora, fiquei com ela.

eu: Mas a bobagem era você pensar que um cavalo ia mordê-lo, e agora você diz que teve medo de um cavalo cair.

hans: Cair e morder.[20]

---

20 Hans estava certo, embora pareça improvável essa união das duas coisas. O nexo é, como se verá, que o cavalo (o pai) o morderia por causa de seu desejo de que ele (o pai) caísse.

eu: Por que você se apavorou?

hans: Porque o cavalo fez assim com os pés (deita-se no chão e agita os membros). Eu me assustei *porque ele fez muito barulho com os pés*.

eu: Onde estavam você e sua mãe?

hans: Primeiro no rinque de patinação, depois no café, depois compramos o colete, depois fomos para a confeitaria, e voltamos para casa de noite; aí passamos pelo parque da cidade.

"(Tudo isso foi confirmado depois por minha mulher, também que logo em seguida apareceu o medo.)

eu: O cavalo morreu depois que caiu?

hans: Morreu!

eu: Como você sabe?

hans: Porque eu vi (dá uma risada). Não, não morreu.

eu: Talvez você tenha pensado que ele estava morto.

hans: Não, com certeza não. Eu só falei isso de brincadeira. (Mas sua expressão era séria.)

"Como ele estava cansado, não lhe perguntei mais nada. Ele apenas me disse também que no início teve medo de cavalos de carruagens-ônibus, depois de todos os outros e, por fim, apenas de cavalos de carruagens com móveis.

"No caminho de volta para Lainz fiz mais algumas perguntas:

eu: Qual era a cor do cavalo que caiu? Branco, ruivo, castanho, cinzento?

hans: Preto, os dois cavalos da carroça eram pretos.

eu: Era pequeno ou grande?

hans: Grande.

## II. CASO CLÍNICO E ANÁLISE

> EU: Gordo ou magro?
> HANS: Gordo, bem grande e gordo.
> EU: E quando esse cavalo caiu você pensou no papai?
> HANS: Talvez. Pode ser."

O pai pode não ter tido sucesso em vários momentos de sua pesquisa; mas em nada prejudica conhecermos assim de perto uma tal fobia, que bem gostaríamos de denominar conforme seu novo objeto. Assim vemos como é realmente difusa. Liga-se a cavalos e a carruagens, ao fato de cavalos caírem e morderem, a cavalos de característica especial, a carruagens que levam cargas pesadas. Revelemos desde já que todas essas peculiaridades vêm de que originalmente o medo não dizia respeito aos cavalos, mas foi secundariamente transposto para eles e fixou-se então nos elementos do complexo de cavalos que se mostraram adequados a certas transferências. Devemos especialmente reconhecer um resultado essencial da inquirição feita pelo pai. Ficamos sabendo da ocasião exata em que irrompeu a fobia. Foi quando o garoto viu cair um cavalo grande e pesado, e pelo menos uma das interpretações dessa impressão seria aquela enfatizada pelo pai, de que Hans sentiu então o desejo de que o pai também caísse daquele modo — e morresse. A expressão séria do menino, durante o relato, diria respeito a esse sentido inconsciente. Haveria ainda um outro sentido oculto? E que significaria o barulho feito com as pernas?

"Há algum tempo Hans brinca de cavalo no quarto; corre, cai, bate com os pés, rincha. Uma vez amarrou uma sacola na cabeça, como um saco de forragem. Várias vezes correu até mim e me mordeu."

Desse modo ele aceita as últimas interpretações mais decididamente do que pode fazê-lo com palavras, mas com troca de papéis, naturalmente, pois a brincadeira se acha a serviço de uma fantasia que envolve um desejo.* Portanto, ele é o cavalo, ele morde o pai, nisso identifica-se com o pai.

"Há dois dias noto que Hans me desafia resolutamente, não de modo insolente, mas divertido. Será porque não mais tem medo de mim, o cavalo?

"Dia 6 de abril. À tarde vou para a frente do prédio com Hans. Pergunto-lhe se vê o 'preto na boca' em todo cavalo que passa; ele o nega em todos eles. Pergunto-lhe como é realmente essa coisa preta; ele diz que é um ferro preto. Não se confirma então minha primeira hipótese, de que seriam as grossas tiras de couro dos arreios usados nos cavalos de carga. Pergunto se o 'preto' lembra um bigode; ele diz que somente pela cor. Até agora não sei, então, o que é realmente.

"O medo está menor; ele agora já se arrisca até a casa vizinha, mas volta rapidamente quando ouve ruído de cascos ao longe. Quando uma carruagem para em frente ao nosso prédio ele se amedronta e corre para dentro de casa, pois o cavalo pateia.

---

* *Wunschphantasie*, no original. As versões estrangeiras consultadas usam: *fantasía optativa* [sic], *fantasía de deseo*, *fantasia di desiderio*, *wishful phantasy*.

Pergunto-lhe por que ele tem medo, se ficou angustiado porque o cavalo fez assim (bato com o pé). Ele diz: 'Não faça esse barulho com o pé!'. Veja-se, quanto a isso, o que ele falou sobre o cavalo que caiu, da carruagem-ônibus.

"Apavora-o, em especial, uma carruagem com móveis passando. Corre então para o interior do prédio. Eu lhe pergunto, despreocupadamente: 'Uma carruagem de mudança não é parecida com uma carruagem-ônibus?'. Ele nada diz. Eu repito a pergunta. Ele diz, então: 'Claro, senão eu não tinha medo assim de uma carruagem de mudança'.

"7 de abril. Hoje perguntei novamente como é o 'preto na boca'. Hans disse: 'Como uma focinheira'. O curioso é que há três dias não passa nenhum cavalo em que notei essa 'focinheira'; eu próprio não vi um cavalo assim em nenhum passeio, embora Hans afirme que eles existem. Suponho que realmente uma peça dos arreios — como a grossa correia em volta da boca — tenha lembrado um bigode, e que depois de minha alusão esse medo também desapareceu.

"A melhora de Hans é constante; aumentou o raio de suas atividades, tendo o portão do prédio como centro. Ele até realiza o feito, até agora impossível, de atravessar para a calçada oposta. Todo o medo restante se acha ligado à cena da carruagem-ônibus, cujo sentido ainda não é claro para mim.

"9 de abril. Hoje cedo Hans apareceu quando eu me lavava, nu da cintura para cima.

HANS: Papai, você é bonito, tão branco!

eu: Não é, como um cavalo branco.
hans: Só o bigode é preto (continuando). Ou é a focinheira preta?

"Então lhe contei que na noite anterior estive com o Professor, e disse: 'Ele quer saber uma coisa'; ao que Hans replicou: 'Estou curioso'.

"Eu lhe disse que sei as ocasiões em que faz barulho com os pés. Ele me interrompeu: 'Ah, é; quando eu tenho raiva ou quando tenho que fazer *Lumpf* e queria brincar. (Com raiva ele tem mesmo o hábito de fazer barulho com os pés, isto é, de batê-los no chão. — Fazer *Lumpf* significa evacuar. Quando Hans era bem pequeno falou certo dia, ao se levantar do penico: 'Olhe o *Lumpf*!' [Ele queria dizer *Strumpf* ("meia"), devido à forma e à cor]. Esse nome permaneceu até hoje. — Nos primeiros tempos, quando o púnhamos para evacuar e ele não queria parar de brincar, batia furiosamente os pés, esperneava e às vezes se lançava ao chão.)

"Você também bate os pés quando tem de fazer pipi e não quer, porque prefere continuar brincando.
ele: Oh, eu tenho que fazer pipi — e sai, confirmando."

Em sua visita, o pai havia me perguntado o que poderia ter recordado em Hans o esperneio do cavalo caído, e eu havia proposto que isso poderia ser sua própria reação ao reter a urina. Isso Hans confirmou pelo ressurgimento da vontade de urinar durante a conversa, e acrescentou ainda outras interpretações do barulho com os pés.

## II. CASO CLÍNICO E ANÁLISE

"Então fomos para a frente do prédio. Ele me disse, ao passar uma carruagem de carvão: 'Olhe, também sinto muito medo de uma carruagem de carvão'. Eu: 'Talvez porque é grande como uma carruagem de mudança'. Hans: 'Sim, e porque é tão carregada e os cavalos têm muita coisa para puxar e podem cair. Quando uma carruagem está vazia, eu não tenho medo'. De fato, como já vimos antes, apenas veículos pesados o amedrontam."

No entanto, a situação permanece obscura. A análise faz poucos progressos; sua exposição começa a entediar o leitor, receio. Mas em toda análise há esses perídos opacos. Hans está a ponto de entrar num terreno para nós inesperado.

"Eu vim para casa e conversei com minha mulher, que havia feito diversas compras e me quis mostrá-las. Entre elas havia uma calcinha amarela. Hans fez 'Uah!' algumas vezes, jogou-se no chão e cuspiu. Minha mulher disse que ele fizera isso já algumas vezes, quando viu a calcinha."

"Eu pergunto: 'Por que você faz Uah?'".

HANS: Por causa da calcinha.

EU: Por que, por causa da cor, porque é amarela e lembra pipi ou *Lumpf*?

HANS: *Lumpf* não é amarelo, é branco ou preto. — Logo depois: É fácil fazer *Lumpf* quando a gente come queijo? (Isso eu havia dito uma vez, quando ele me perguntou para que eu comia queijo.)

EU: É.

HANS: Por isso você sempre vai fazer *Lumpf* cedo? Eu queria muito comer queijo com pão e manteiga.

"Já ontem ele me perguntava, ao andar pulando na rua: 'Não é verdade que quando a gente pula muito é fácil fazer *Lumpf*?'. — Desde o início ele teve dificuldades para evacuar, com frequência utilizamos laxantes e enemas. Certa vez, sua constipação habitual chegou a tal ponto que minha mulher pediu ajuda ao doutor L. Ele achou que Hans se alimentava em demasia, o que era fato, e aconselhou moderação, o que de imediato resolveu o problema. Nos últimos tempos a constipação ressurgiu.

"Depois da refeição eu disse: 'Vamos escrever novamente ao Professor', e ele ditou para mim: 'Quando eu vi a calcinha amarela, falei 'Uah', cuspi, e me joguei no chão, fechei os olhos e não olhei'.

EU: Por quê?

HANS: Porque vi a calcinha amarela, e com a calça preta[21] foi assim também. A calça preta é também uma calça, só que preta. (Faz um intervalo.) Olhe, estou contente; quando posso escrever ao Professor fico sempre contente.

EU: Por que você fez 'Uah'? Teve nojo?

HANS: Sim, porque vi aquilo. Achei que tinha que fazer *Lumpf*.

EU: Por quê?

HANS: Não sei.

---

21 "Há algumas semanas minha esposa tem um par de calças pretas para andar de bicicleta".

## II. CASO CLÍNICO E ANÁLISE

EU: Quando é que você viu a calça preta?

HANS: Uma vez, quando a Ana (nossa criada) já estava aqui há muito tempo — com a mamãe — ela trouxe a calça para casa logo que comprou. (Isso é confirmado por minha mulher.)

EU: Você também teve nojo?

HANS: Tive.

EU: Você viu a mamãe com essa calça?

HANS: Não.

EU: Quando ela estava vestindo a calça?

HANS: A calcinha amarela eu já tinha visto quando ela comprou. (Contradição! Ele a viu pela primeira vez quando minha mulher a comprou.) A calça preta ela usou hoje também (correto!), porque eu vi quando ela tirou de manhã.

EU: Como? De manhã cedo ela tirou a calça preta?

HANS: De manhã cedo, quando ia sair, ela tirou a calça preta, e depois de voltar vestiu de novo a calça preta.

"Perguntei a minha mulher sobre isso, pois me pareceu absurdo. Ela disse que não era verdade, que naturalmente não trocou a calça ao sair.

"Imediatamente perguntei a Hans: 'Você contou que a mamãe vestiu uma calça preta e tirou-a antes de sair, e depois de voltar a vestiu de novo. Mas a mamãe disse que isso não é verdade.

HANS: Acho que esqueci que ela não tirou a calça. (De má vontade.) Ah, me deixe em paz."

Comentando essa história das calças, observo que Hans evidentemente finge quando se mostra contente de poder falar sobre isso. Por fim ele abandona a máscara e é grosseiro com o pai. Trata-se de coisas que antes lhe deram *muito prazer*, mas de que agora, estabelecida a repressão, ele se envergonha, pretende ter nojo. Ele mente, a fim de mudar as circunstâncias em que viu a mãe trocar de calças. Na realidade, pôr e tirar as calças pertence ao contexto do *Lumpf*. O pai sabe exatamente o que é, e aquilo que Hans quer esconder.

"Perguntei a minha mulher se Hans frequentemente a acompanhava quando ela ia ao banheiro. Ela respondeu: 'Sim, com frequência; ele insiste tanto que acabo deixando. Todas as crianças agem assim'."

Mas tomemos nota do desejo, agora já reprimido, de ver a mãe fazendo *Lumpf*.

"Fomos para a frente do prédio. Ele estava alegre, e andava saltitando como um cavalo; isso me fez perguntar: 'Quem é mesmo um cavalo de ônibus? Eu, você ou a mamãe?'.

HANS (imediatamente): Eu, eu sou um cavalinho.

"Quando ele via cavalos dando pulos, no período de mais forte angústia, eu lhe disse, a fim de tranquilizá-lo: 'Sabe, estes são cavalos novos, eles pulam como os meninos. Você também pula e é um menino'. É verdade, são cavalos novos!'.

"Na escada, subindo, eu perguntei, quase sem pensar: 'Você brincou de cavalo com as crianças em Gmunden?'.

ELE: Sim! (Pensativamente.) Acho que lá é que fiquei com a bobagem.

EU: Quem era o cavalo?

## II. CASO CLÍNICO E ANÁLISE

ELE: Eu, e Berta era o cocheiro.

EU: Será que você caiu, quando era o cavalo?

HANS: Não! Quando Berta dizia 'Eia!' eu andava rápido, até corria.[22]

EU: Nunca brincaram de carruagem de ônibus?

HANS: Não, de carruagem comum e de cavalo sem carruagem. Quando o cavalo tem uma carruagem pode também andar sem carruagem, ela pode ficar em casa.

EU: Vocês brincavam de cavalo com frequência?

HANS: Bastante. O Fritzl (outro filho do senhorio, como já sabemos) também foi cavalo uma vez, e o Franzl, cocheiro; e o Fritzl correu muito, e uma vez bateu numa pedra e sangrou.

EU: Ele caiu?

HANS: Não. Ele pôs o pé na água e depois enrolou com um pano.[23]

EU: Você foi cavalo com frequência?

HANS: Ah, fui.

EU: E então você ficou com a bobagem.

HANS: Porque eles sempre disseram 'por causa do cavalo', 'por causa do cavalo' (ele enfatiza o *por causa*), e então eu posso ter ficado com a bobagem porque eles falavam 'por causa do cavalo'."[24]

---

[22] "Ele tinha também um arreio de brinquedo com sininho" [Frase do pai].

[23] Ver mais sobre isso adiante. O pai supôs, corretamente, que Fritzl caiu nessa ocasião.

[24] Esclareço: Hans não quis dizer que *naquele momento* ele adquiriu a bobagem, mas *em conexão* com aquilo. Deve ter ocorrido assim, e a teoria requer que o que hoje é o objeto da fobia tenha sido

Por um momento o pai investiga outras vias, sem sucesso.

EU: Eles contaram alguma coisa sobre os cavalos?
HANS: Sim!
EU: O quê?
HANS: Esqueci.
EU: Eles falaram alguma coisa sobre o faz-pipi?
HANS: Ah, não.
EU: Você já tinha medo de cavalo?
HANS: Não, eu não tinha medo nenhum de cavalo.
EU: Será que Berta não falou que um cavalo...
HANS (interrompendo): Faz pipi? Não!

"No dia 10 de abril eu volto à conversa do dia anterior e quero saber o que significava 'por causa do cavalo'. Hans não consegue se lembrar, sabe apenas que várias crianças, de manhã, estavam na porta da frente e diziam 'por causa do cavalo, por causa do cavalo'. Ele estava lá. Quando insisto, ele afirma que não disseram 'por causa do cavalo' absolutamente, que não se lembrou direito.

EU: Vocês ficavam muito no estábulo, certamente falavam sobre cavalos. — Não falamos. — De que falaram? — De nada. — Tantas crianças juntas e não fa-

---

objeto de um grande prazer. E eu acrescento algo que a criança não é capaz de dizer: que a palavra *wegen* ["por causa"] abriu o caminho para estender a fobia do cavalo para as carroças (*Wagen*, ou, como Hans a ouvia pronunciada, *Wägen* [pronúncia semelhante a *wegen*]). Não se deve esquecer que as crianças tratam as palavras de modo mais concreto que os adultos, que as homofonias são muito significativas para elas, portanto.

## II. CASO CLÍNICO E ANÁLISE

laram de nada? — Falamos alguma coisa, mas não de cavalo. — De que, então? — Agora não lembro mais. "Deixo isso de lado, porque as resistências são claramente muito grandes,[25] e pergunto: 'Você gostava de brincar com Berta?'.

ELE: Gostava muito, mas com a Olga não. Sabe o que a Olga fez? A Grete me deu lá uma bola de papel e a Olga rasgou ela toda. A Berta nunca ia rasgar minha bola. Com ela eu gostava de brincar.

EU: Você viu como era o faz-pipi da Berta?

ELE: Não, mas do cavalo sim; como eu estava sempre no estábulo, vi o faz-pipi do cavalo.

EU: E então você ficou curioso de saber como é o faz-pipi da Berta e da mamãe?

ELE: Fiquei!

"Recordo-lhe, então, que uma vez ele se queixou de que as meninas sempre queriam olhar quando ele fazia pipi.

ELE: Berta sempre olhou (não diz isso aborrecido, mas bem satisfeito), muitas vezes. Onde tem o jardinzinho, onde tem os rabanetes, eu fazia pipi e ela ficava no portão e olhava.

EU: E quando ela fazia pipi, você olhava?

ELE: Ela ia ao banheiro.

EU: E você ficava curioso?

ELE: Eu ficava dentro do banheiro quando ela ia.

---

[25] Não havia outra coisa a obter senão a relação entre as palavras, que escapou ao pai. Um bom exemplo de condições em que o empenho analítico fracassa.

"(Isso era fato; os empregados da família nos disseram, e lembro que nós o proibimos a Hans.)

EU: Você dizia a ela que queria entrar?

ELE: Eu ia sozinho, e porque a Berta deixava. Não é uma sem-vergonhice.

EU: E você queria ver o faz-pipi dela.

ELE: Sim, mas eu não vi.

"Eu lhe lembro o sonho de Gmunden com o jogo de prendas, e pergunto: 'Você desejou, em Gmunden, que Berta o ajudasse a fazer pipi?'.

ELE: Mas nunca falei isso a ela.

EU: Por que você nunca falou isso a ela?

ELE: Porque não pensei nisso. (Interrompendo a si mesmo). Se eu escrever ao Professor contando tudo, a bobagem vai passar logo, não é?

EU: Por que você desejou que Berta o ajudasse a fazer pipi?

ELE: Não sei. Porque ela olhou quando eu fazia.

EU: Você achou que ela botaria a mão no seu faz-pipi?

ELE: Sim. (Mudando de assunto.) Em Gmunden foi muito divertido. No jardinzinho, onde estão os rabanetes, tem um monte de areia, e ali eu brinquei com a pá.

"(Este é o jardim onde ele sempre fez pipi.)

EU: Quando você estava na cama, em Gmunden, você pegava no faz-pipi com a mão?

ELE: Não, ainda não. Em Gmunden eu dormi tão bem que não pensei nisso. Só na rua...[26] e agora eu fiz isso.

---

26 No endereço anterior, antes da mudança.

EU: Mas Berta nunca pegou no seu faz-pipi?

ELE: Não, ela nunca pegou, porque eu não disse a ela para pegar.

EU: Quando você desejou isso?

ELE: Um dia, em Gmunden.

EU: Só uma vez?

ELE: Não, mais vezes.

EU: Sempre que você fazia pipi ela olhava; talvez tivesse curiosidade de ver como você faz.

ELE: Talvez ela tivesse curiosidade de ver como é meu faz-pipi.

EU: Mas você também tinha curiosidade; somente com a Berta?

ELE: Com a Berta, com a Olga.

EU: Quem mais?

ELE: Ninguém mais.

EU: Isso não é verdade. Com a mamãe também.

ELE: Com a mamãe também.

EU: Agora você não tem mais curiosidade. Você sabe como é o faz-pipi da Hanna, não sabe?

ELE: Mas ele vai crescer, não é?[27]

EU: Sim, claro, mas quando ele crescer não será como o seu.

ELE: Eu sei. Ele vai ser assim (ou seja, como é agora), só que maior.

EU: Em Gmunden você tinha curiosidade quando a mamãe se despia?

ELE: Tinha; também vi o faz-pipi da Hanna no banho.

---

27 Ele quer ter a certeza de que seu próprio faz-pipi vai crescer.

EU: Da mamãe também?
ELE: Não!
EU: Você teve nojo quando viu a calça da mamãe.
ELE: Só quando vi a calça preta, quando ela comprou, aí eu cuspi; mas quando veste ou tira a calça eu não cuspo. *Eu cuspo porque a calça preta é preta como um Lumpf e a amarela é como um pipi, e aí eu acho que tenho que fazer pipi.* Quando a mamãe usa a calcinha eu não vejo, aí ela tem a roupa em cima.
EU: E quando ela tira a roupa?
ELE: Aí eu não cuspo. Mas quando ela está nova, aí parece um *Lumpf*. Quando é velha, a cor sai e ela fica suja. Quando a gente compra, ela é limpa; em casa ela já está suja. Quando é comprada, está nova, e quando não é comprada, está velha.
EU: Então você não tem nojo da velha?
ELE: Quando está velha, é bem mais preta do que um *Lumpf*, não é verdade? Ela é um pouco mais preta.[28]
EU: Você esteve frequentemente com a mamãe no banheiro, não?
ELE: Sim, muitas vezes.
EU: Você teve nojo?
ELE: Sim... Não!
EU: Você gosta de estar presente quando a mamãe faz pipi ou *Lumpf*?

---

28 Nosso Hans peleja com um tema que não é capaz de expor, e temos dificuldade de compreendê-lo. Talvez queira dizer que as calças só despertam a lembrança do nojo quando as vê sozinhas; assim que estão no corpo da mãe, não as relaciona mais com *Lumpf* ou pipi, e elas lhe interessam de outra maneira.

## II. CASO CLÍNICO E ANÁLISE

ELE: Gosto muito.

EU: Por que gosta muito?

ELE: Não sei.

EU: Porque acha que vai ver o faz-pipi.

ELE: Sim, acho isso também.

EU: Mas por que você nunca quer ir ao banheiro em Lainz?

"(Ele sempre pede, em Lainz, que eu não o leve ao banheiro; numa ocasião teve medo do ruído da água da descarga.)

ELE: Talvez porque faça barulho quando a gente dá descarga.

EU: Aí você se apavora.

ELE: É!

EU: E aqui em nosso banheiro?

ELE: Aqui não. Em Lainz eu tinha medo quando puxava a descarga. Quando estou dentro e a água desce, eu tenho medo também.

"Para mostrar que em nosso banheiro não se apavora, ele me pede que o acompanhe ao banheiro e acione a descarga. Então me explica:

'Primeiro tem um barulho forte, depois um mais fraco (quando a água cai). Quando faz o barulho forte, prefiro ficar dentro; quando faz o fraco, prefiro sair.'

EU: Por que tem medo?

ELE: Porque eu sempre gosto de ver (corrige-se), de ouvir um barulho forte, então fico dentro, para ouvir bem.

EU: O que lhe lembra um barulho forte?

ELE: Que eu tenho que fazer *Lumpf* no banheiro. (O mesmo que a calça preta, portanto.)
EU: Por quê?
ELE: Não sei. Sei que um barulho forte parece com a gente fazendo *Lumpf*. Um barulho grande lembra *Lumpf*, um barulho baixo lembra pipi (cf. a calça preta e a amarela).
EU: E o cavalo da carruagem-ônibus não tinha a mesma cor de um *Lumpf*? (Era preta, segundo havia dito.)
ELE (impressionado): Sim!"

Devo acrescentar aqui algumas palavras. O pai de Hans faz demasiadas perguntas e investiga de acordo com seus propósitos, em vez de deixar o garoto se manifestar. Assim a análise torna-se opaca e incerta. Hans toma seu próprio caminho e nada produz, quando se tenta tirá-lo deste. Seu interesse agora, evidentemente, está em *Lumpf* e pipi, não sabemos por quê. A história do barulho se acha tão pouco esclarecida como a da calça preta e da amarela. Suponho que seu ouvido agudo registrou muito bem a diferença entre os barulhos de um homem e de uma mulher urinando. Mas a análise forçou o material um tanto artificialmente na oposição das duas necessidades. Ao leitor, que nunca realizou uma análise, posso recomendar apenas que não queira entender tudo logo, mas dê uma certa atenção imparcial a tudo o que vem, esperando pelo resto.

"11 de abril. Hoje cedo Hans veio novamente ao quarto e, como nos outros dias, foi mandado de volta.

"Mais tarde ele diz: 'Olhe o que eu pensei: *Estava na banheira*,[29] *aí veio o encanador e desprendeu ela*.[30] *Então ele pegou uma furadeira grande e encostou na minha barriga*'."

O pai traduz essa fantasia da forma seguinte: "Eu estava na cama com a mamãe. Aí veio o papai e me expulsou. Com seu grande pênis ele me afastou da mamãe."

Quanto a nosso julgamento, vamos adiá-lo por enquanto.

"Além disso, ele falou algo mais de que se lembrou: 'Nós íamos de trem para Gmunden. Na estação começamos a vestir as roupas, mas não terminamos e o trem partiu sem nós'.

"Mais tarde perguntei: 'Você já viu alguma vez o *Lumpf* de um cavalo?'.

HANS: Sim, várias vezes.

EU: Ele faz um barulho forte quando faz *Lumpf*?

HANS: Faz!

EU: O barulho lhe recorda o quê?

HANS: É como o *Lumpf* caindo no vaso.

"O cavalo da carruagem-ônibus que cai e faz barulho com os pés é talvez — um *Lumpf* caindo e fazendo barulho. O medo da defecação, o medo de uma carruagem com muita carga é igual ao medo de um estômago com muita carga."

Através desse rodeio, o pai começa a vislumbrar o verdadeiro estado de coisas.

---

29 "A mãe dá banho em Hans."
30 "A fim de levá-la para o conserto."

"11 de abril. Hans diz no almoço: 'Se a gente tivesse uma banheira em Gmunden, para eu não precisar ir ao banheiro público'. É que em Gmunden, para lhe dar banho quente, tínhamos que levá-lo a um banheiro público que ficava próximo, e ele chorava fortemente, em protesto contra isso. Em Viena ele também costuma chorar quando é deitado ou sentado na banheira grande. Tem de tomar banho ajoelhado ou em pé."

Essa frase de Hans, que agora começa a alimentar a análise com manifestações próprias, estabelece a ligação entre suas duas últimas fantasias (a do encanador que desprende a banheira e a da viagem malsucedida a Gmunden). O pai deduzira corretamente, a partir da segunda fantasia, uma aversão a Gmunden. Isso, aliás, é uma boa advertência de que não devemos compreender o que emerge do inconsciente com ajuda do que veio antes, mas do que vem depois.

"Eu lhe perguntei se tinha medo e de quê.

HANS: Porque eu caio dentro.

EU: Mas por que você nunca tinha medo quando a mamãe lhe dava banho na banheira pequena?

HANS: Eu ficava sentado, não podia me deitar, era muito pequena.

EU: Quando você andou de canoa em Gmunden, não teve medo de cair na água?

HANS: Não, porque eu me segurei, não podia cair. Eu só tenho medo de cair na banheira grande.

EU: Mas nela a mamãe lhe dá banho. Tem medo de que a mamãe deixe você cair na água?

II. CASO CLÍNICO E ANÁLISE

HANS: De ela tirar as mãos e eu cair de cabeça na água.
EU: Você sabe que ela gosta de você, que nunca vai tirar as mãos.
HANS: Eu só achei.
EU: Por quê?
HANS: Não sei bem por quê.
EU: Talvez porque você foi malcriado e achou que ela não gostava mais de você?
HANS: É!
EU: Quando você viu a mamãe dar banho em Hanna, você desejou talvez que ela tirasse as mãos, para que Hanna caísse?
HANS: Sim."
Nós achamos que o pai acertou plenamente.

"12 de abril. Na viagem de volta de Lainz, na segunda classe, Hans falou, ao ver as poltronas de couro pretas: 'Uah! Isso me faz cuspir, calça preta e cavalos pretos me fazem cuspir também, porque tenho que fazer *Lumpf*'.
EU: Você viu na mamãe alguma coisa preta que o apavorou?
HANS: Vi!
EU: O quê?
HANS: Não sei. Uma blusa preta ou meias pretas.
EU: Talvez cabelos pretos ao fazer pipi, se você estava curioso e olhou.
HANS (se desculpando): Mas o faz-pipi eu não vi.
"Quando ele novamente sentiu medo, vendo uma

carruagem saindo do portão do pátio em frente, perguntei: 'Esse portão não parece um traseiro?'.
ELE: E os cavalos são os *Lumpfe*!
"Desde então ele sempre diz, ao ver uma carruagem sair: 'Olhe, vem aí um *Lumpfi*'. A forma '*Lumpfi*' é uma novidade com ele; soa como um termo afetuoso. Minha cunhada chama seu filho de '*Wumpfi*'.
"No dia 13 de abril ele vê na sopa um pedaço de fígado e diz: 'Uah, um *Lumpf*'. Também croquetes de carne ele come de má vontade, por causa da forma e da cor, que lhe lembram um *Lumpf*.
"À noite, minha mulher conta que Hans estava na varanda e disse: 'Eu pensei que Hanna estava na varanda e caiu'. Eu já lhe disse várias vezes que ele deve prestar atenção quando Hanna estiver na varanda, para que ela não se aproxime demais das grades, que foi construída de maneira pouco prática por um serralheiro secessionista[*] — com aberturas grandes que eu tive de cobrir com uma tela de arame. O desejo reprimido de Hans é bem transparente. A mãe lhe pergunta se ele preferia não ter uma irmãzinha, o que ele responde afirmativamente.
"14 de abril. O assunto Hanna está em primeiro plano. Como recordamos de anotações anteriores, ele tinha aversão ao novo bebê que lhe roubara uma parte do amor dos pais, aversão que ainda não de-

---

[*] Pertencente ou relativo à Secessão, movimento de vanguarda artístico vienense do começo do século XX.

saparecera e que apenas em parte era supercompensada por uma ternura exagerada.[31] Ele já dizia, com frequência, que a cegonha não deveria trazer mais nenhum bebê, que deveríamos lhe dar dinheiro para que ela não trouxesse mais nenhum da *grande caixa* onde eles ficam. (Cf. o medo das carruagens de mudança. Uma carruagem-ônibus não parece uma grande caixa?) E Hanna gritava muito, isso o chateava.

"Certa vez ele disse, de repente: 'Você se lembra quando a Hanna veio? Ela ficou na cama com a mamãe, tão graciosa e boazinha'. (Esse louvor pareceu suspeitosamente falso!)

"Depois [estávamos] embaixo, na frente do prédio. Nota-se mesmo um grande progresso. Até carruagens de mudança incutiam nele menos temor. Num momento gritou, quase alegre: 'Aí vem um cavalo com uma coisa preta na boca', e eu pude constatar, enfim, que era um cavalo com uma focinheira de couro. Mas Hans não teve medo nenhum desse cavalo.

"Ele bateu com uma vara no pavimento e perguntou: 'Tem uma pessoa aqui embaixo... uma pessoa enterrada..., ou é só no cemitério?'. Ou seja, ocupa-se não apenas com o enigma da vida, mas também da morte.

"De volta em casa, vimos uma caixa no vestíbulo

---

31 O tema "Hanna" sucede diretamente ao tema *"Lumpf"*, e enfim percebemos a razão disso. Hanna é ela mesma um *Lumpf*, crianças são *Lumpfe*!

e Hans disse: 'Hanna foi conosco para Gmunden numa caixa dessas. Sempre que nós fomos a Gmunden, ela foi junto na caixa. Você não acredita em mim de novo? É verdade, papai. Acredite em mim. Nós recebemos uma caixa grande e dentro dela só tinha bebês, eles ficavam na banheira. (Na caixa foi posta uma pequena banheira.) Eu coloquei eles dentro dela, é verdade. Eu me lembro bem'."[32]

EU: De que você se lembra?

HANS: De que a Hanna viajou dentro da caixa, porque eu não esqueci isso. Palavra de honra!

EU: Mas no ano passado a Hanna viajou conosco no vagão.

HANS: *Mas antes ela sempre viajou dentro da caixa.*

EU: A mamãe não estava com a caixa?

HANS: Sim a mamãe estava com a caixa.

EU: Onde, então?

HANS: Em casa, no chão.

EU: Ela a carregava sempre com ela, talvez?[33]

HANS: Não! Quando nós viajarmos agora para Gmunden, a Hanna vai na caixa também.

---

32 Ele começa a fantasiar. Vemos que caixa e banheira significam para ele a mesma coisa, representam o espaço em que se acham os bebês. Atentemos para suas repetidas asseverações!

33 A caixa é o ventre materno, naturalmente. O pai quer insinuar a Hans que compreende isso. Também não são outra coisa as pequenas caixas [ou cestas] em que eram colocados os heróis dos mitos, do rei Sargão, da Acádia, em diante. — [Acrescentado em 1923:] Cf. o estudo de Otto Rank, *O mito do nascimento do herói*, de 1909 (segunda edição, 1922).

II. CASO CLÍNICO E ANÁLISE

eu: E como ela saiu da caixa?

hans: Ela foi tirada da caixa.

eu: A mamãe?

hans: Eu e a mamãe, e depois subimos na carruagem e a Hanna foi montada no cavalo e o cocheiro falou 'Ôoo'. O cocheiro estava na boleia. Você estava lá? A mamãe sabe disso até. A mamãe não sabe, já esqueceu, mas não diga a ela!

"Eu o fiz repetir tudo.

hans: Então a Hanna desceu.

eu: Mas ela não sabia andar ainda.

hans: Nós descemos ela do cavalo.

eu: Mas como podia ela andar a cavalo, se no ano passado não sabia nem ficar sentada?

hans: Ah, sim; ela já sentava e gritou 'Ôoo', e fez 'Ôoo, ôoo' batendo com o chicote que antes era meu. O cavalo não tinha estribo e a Hanna montou; estou falando sério, papai."

O que é esse absurdo que Hans repete obstinadamente? Ah, não é absurdo, é paródia, e sua vingança em relação ao pai. É como dizer: "*Se você espera que eu acredite que a cegonha trouxe Hanna em outubro, quando eu já via a barriga grande da mamãe no verão, em nossa viagem para Gmunden, então posso querer que você acredite em minhas mentiras*". A afirmação de que Hanna já fora com eles para Gmunden "na caixa", no verão anterior, o que pode significar senão que ele sabia da gravidez da mãe? O fato de ele ter a expectativa de que essa viagem na caixa se repita todo ano corresponde a uma forma frequente de um pensamento inconsciente do passado emergir, ou possui motivos especiais e exprime seu medo de ver repetida essa gravidez na próxima viagem de verão. Agora também soubemos o que havia estragado para Hans a viagem a Gmunden, como indicava sua segunda fantasia [p. 193].

"Depois lhe perguntei como é que Hanna foi para o leito da mamãe após o nascimento."

Isso dá a Hans a oportunidade de "soltar-se" e zombar do pai.

"HANS: A Hanna apareceu! A sra. Kraus (a parteira) botou ela na cama. Ela não podia andar. Mas a cegonha trouxe ela no bico. Andar ela não podia. (Continua de uma vez.) A cegonha subiu a escada até a porta e tocou, e todo mundo estava dormindo e ela tinha a chave e abriu o quarto e colocou Hanna em *sua*[34] cama e a mamãe dormia — não, a cegonha pôs Hanna na cama *dela*. Já era tarde da noite, e a cegonha pôs ela na cama em silêncio, não fez barulho com os pés, e então pegou o chapéu e foi embora. Não, não tinha chapéu.

EU: Quem pegou o chapéu então? O professor, talvez?

HANS: Então a cegonha foi embora, foi para casa, e tocou a campainha e ninguém da casa dormiu mais. Mas não conte isso à mamãe nem à Tinni (a cozinheira). É um segredo!

EU: Você gosta da Hanna?

---

34 Ironia, claro. Assim como a solicitação posterior de que nada revele à mãe.

## II. CASO CLÍNICO E ANÁLISE

HANS: Ah, sim; muito.
EU: Você preferia que a Hanna não tivesse nascido, ou prefere que ela tenha nascido?
HANS: Eu preferia que ela não tivesse nascido.
EU: Por quê?
HANS: Pelo menos não gritava tanto, eu não suporto os gritos dela.
EU: Mas você mesmo grita.
HANS: A Hanna grita também.
EU: Por que você não suporta?
HANS: Porque ela grita muito alto.
EU: Mas ela não grita realmente.
HANS: Quando batem no bumbum dela, grita.
EU: Você já bateu nela?
HANS: Quando a mamãe bate no bumbum dela, ela grita.
EU: Disso você não gosta?
HANS: Não... Por quê? Porque ela faz uma barulheira com os gritos.
EU: Se você preferia que ela não tivesse nascido, então você não gosta dela.
HANS: Hum, hum (concordando).
EU: Por isso você pensou que quando a mamãe dá banho nela, se ela soltasse as mãos, Hanna iria cair na água...
HANS: (completando) — e morrer.
EU: E você ficaria sozinho com a mamãe. E um garoto bom não deseja isso.
HANS: *Mas pode pensar isso.*
EU: Mas isso não é bom.

HANS: *Quando ele pensa, é bom assim mesmo, para a gente escrever ao professor.*[35]

"Depois eu lhe disse: 'Sabe, quando a Hanna ficar maior e souber falar, você vai gostar dela'.

HANS: Ah, não. Eu já gosto dela. Quando ela ficar grande, no outono, eu vou passear com ela sozinho no parque e vou explicar tudo a ela.

"No momento em que ia começar outro esclarecimento ele me interrompeu, provavelmente para me explicar que não é tão ruim se ele desejar a morte de Hanna.

HANS: Há muito tempo ela já estava viva, mesmo antes de nascer. Quando estava com a cegonha ela já estava viva.

EU: Não, acho que com a cegonha ainda não estava viva.

HANS: Então quem trouxe ela? A cegonha estava com ela.

EU: De onde ela a trouxe então?

HANS: Trouxe dela, ora.

EU: Onde ela a arranjou?

HANS: Na caixa, na *caixa das cegonhas*.

EU: E como é essa caixa?

HANS: Vermelha. Pintada de vermelha. (Sangue?)

EU: Quem lhe disse isso?

HANS: A mamãe — eu pensei — está no livro.

EU: Em qual livro?

---

[35] Bravo, Hans! Eu não esperaria de nenhum adulto uma compreensão melhor da psicanálise.

## II. CASO CLÍNICO E ANÁLISE

HANS: No livro ilustrado. (Eu o fiz mostrar-me seu primeiro livro ilustrado. Lá se achava um ninho com pequenas cegonhas, em cima de uma chaminé vermelha. Essa era a caixa. Curiosamente, na mesma página havia também um cavalo sendo ferrado.* Hans colocou os bebês na caixa, já que não os viu no ninho.)

EU: O que a cegonha fez com ela então?

HANS: Então ela trouxe a Hanna para aqui. No bico. Você sabe, a cegonha que está em Schönbrunn, que mordeu o guarda-chuva. (Reminiscência de algo ocorrido em Schönbrunn.)

EU: Você viu quando a cegonha trouxe a Hanna?

HANS: Eu ainda estava dormindo. De manhã cedo uma cegonha não pode trazer uma menina ou um menino.

EU: Por quê?

HANS: Não pode, uma cegonha não pode fazer isso. Sabe por quê? Para as pessoas não verem, e de repente, de manhã, tem uma menina aí.[36]

EU: Mas na época você estava curioso de saber como a cegonha fez?

HANS: Estava, sim!

---

* "Ferrado": *beschlagen* no original, isto é, sendo equipado com ferraduras; verbo aparentado a *schlagen*, "bater" (particípio passado: *geschlagen*).

36 Não critiquemos a incoerência de Hans. Na conversa anterior, sua descrença na cegonha viera de seu inconsciente, ligada à sua irritação com o pai que fazia mistério. Agora ele se acalmou e responde com pensamentos oficiais, nos quais arranjou explicações para as muitas dificuldades envolvidas na hipótese da cegonha.

eu: Como era a aparência de Hanna quando chegou?
hans (falsamente): Bem branca e graciosa. Linda.
eu: Mas quando você a viu pela primeira vez, não gostou dela.
hans: Gostei, sim!
eu: Mas você ficou surpreso de ela ser tão pequena!
hans: Sim!
eu: Qual era o tamanho dela?
hans: O de uma cegonha pequena.
eu: Que mais? O tamanho de um *Lumpf*, talvez?
hans: Oh, não, um *Lumpf* é bem maior... um pouco menor do que a Hanna, na verdade."

Eu havia predito e falado ao pai que iríamos poder relacionar a fobia do pequeno aos pensamentos e desejos ocasionados pelo nascimento da irmãzinha, mas não lhe havia chamado a atenção para o fato de que um bebê é um "*Lumpf*" na teoria sexual das crianças, de modo que Hans passaria pelo complexo excremental. Essa minha negligência deu origem ao momentâneo obscurecimento da terapia. Isso esclarecido, o pai procurou novamente ouvir Hans acerca desse ponto importante.

"No dia seguinte pedi para escutar de novo a história contada por Hans. Ele falou: 'Hanna foi para Gmunden na caixa grande e a mamãe no vagão, e Hanna foi no trem de carga com a caixa, e depois, quando estávamos em Gmunden, eu e a mamãe levantamos Hanna e pusemos ela no cavalo. O cocheiro estava na boleia e Hanna segurava o chicote de antes (do ano passado) e chicoteava o cavalo e dizia Ôoo, era engraçado, e o cocheiro também usava o chicote. — O cocheiro não usou o chicote, porque Hanna o segurava. — O cocheiro segurava as rédeas — Hanna também segurou as rédeas (toda vez fomos da estação para casa numa carruagem; Hans procura combinar a realidade e a fantasia). Em Gmunden descemos Hanna do cavalo e ela subiu a escada sozinha'. (Quando Hanna esteve em Gmunden, no ano passado, tinha oito meses de vida. Um ano antes disso, onde a fantasia de Hans evidentemente se localiza, sua mãe estava no quinto mês da gravidez, quando chegamos em Gmunden.)

EU: No ano passado Hanna estava lá.

HANS: No ano passado ela foi de carruagem, mas um ano antes, quando ela já estava conosco...

EU: Já estava conosco?

HANS: Sim, você vinha sempre, para andar de canoa comigo, e Anna era a criada.

EU: Mas isso não foi no ano passado, Hanna ainda não havia nascido.

HANS: Sim, *ela tinha nascido*. Quando ela viajou na caixa já podia andar e dizer 'Anna'. (Isso ela só faz há quatro meses.)

EU: Mas ela ainda não estava conosco.

HANS: Sim, estava com a cegonha.

EU: Então que idade tem Hanna?

HANS: Vai fazer dois anos no outono. Hanna já estava conosco, você sabe disso.

EU: E quando estava ela com a cegonha, na caixa da cegonha?

HANS: Muito antes de viajar na caixa. Muito antes.

eu: Há quanto tempo Hanna sabe andar? Quando estava em Gmunden ela ainda não sabia andar.

hans: No ano passado, não; mas em outra época, sim.

eu: Mas Hanna só esteve em Gmunden uma vez.

hans: Não! Duas vezes; sim, duas vezes. Eu me lembro muito bem. Pergunte à mamãe, ela vai lhe dizer.

eu: Isso não é verdade.

hans: É verdade, sim. *Quando ela esteve em Gmunden a primeira vez, já sabia andar e montar cavalo, e depois tiveram que carregar ela.* — Não, só depois ela montou cavalo, e ano passado tiveram que carregar ela.

eu: Mas ela anda há bem pouco tempo. Em Gmunden ela não sabia andar.

hans: Está bem, pode escrever isso. Eu não consigo me lembrar direito. — Por que você está rindo?

eu: Porque você é um enganador, porque sabe muito bem que Hanna só esteve em Gmunden uma vez.

hans: Não, não é verdade. Na primeira vez ela andou a cavalo... e na segunda vez (fica evidentemente inseguro).

eu: O cavalo não era a mamãe?

hans: Não, um cavalo de verdade, numa carruagem de um cavalo só.

eu: Mas nós sempre andamos numa de dois cavalos.

hans: Então era um fiacre.

eu: E o que a Hanna comeu dentro da caixa?

hans: Deram para ela pão com manteiga, arenque e rabanete (algo que jantávamos em Gmunden), e enquanto Hanna viajava, passou manteiga no pão e comeu cinquenta vezes.

## II. CASO CLÍNICO E ANÁLISE

EU: Ela não chorou?
HANS: Não!
EU: O que ela fez, então?
HANS: Ficou sentada lá dentro, bem quieta.
EU: Ela não se agitou lá dentro?
HANS: Não, ela comeu o tempo todo e nem se mexeu. Bebeu duas xícaras grandes de café, e de manhã tudo tinha acabado e ela deixou o lixo na caixa, as cascas dos dois rabanetes e a faca de cortar os rabanetes. Ela limpou tudo rápido como uma lebre, num minuto acabou. Foi uma correria. Eu e Hanna até fomos juntos na caixa, eu dormi na caixa a noite inteira (há dois anos fomos realmente à noite para Gmunden) e a mamãe foi no vagão. Comemos o tempo todo na carruagem, foi divertido. — Ela não montou o cavalo (ele ficou inseguro, por saber que nós fomos numa carruagem de dois cavalos)... ela ficou sentada na carruagem. Sim, foi isso, mas eu e Hanna viajamos sozinhos... a mamãe foi num cavalo, a Karoline (nossa criada do ano passado) em outro... Olhe, o que estou lhe contando não é verdade.
EU: O que não é verdade?
HANS: Nada. Olhe, vamos colocar ela e eu na caixa[37] e eu vou fazer pipi na caixa. Vou fazer pipi na calça mesmo, eu não ligo, não é uma vergonha. Olhe, isso não é brincadeira, mas é divertido!

---

37 A caixa que fica no vestíbulo, com a bagagem que levamos para Gmunden.

"Ele conta então a história de como a cegonha veio, como no dia anterior, só que ela não tirou o chapéu ao sair.

EU: Onde a cegonha guardava a chave da porta?

HANS: No bico.

EU: No bico! Nunca vi uma cegonha que guardasse uma chave no bico.

HANS: Mas como ela pôde entrar? Como ela passou pela porta? Não, não é verdade, eu errei; a cegonha tocou a campainha e alguém abriu a porta.

EU: E como ela tocou a campainha?

HANS: Ela usou o bico.

EU: E fechou novamente a porta?

HANS: Não, uma criada fechou a porta. Ela já tinha acordado, então abriu e fechou a porta para a cegonha.

EU: Onde mora a cegonha?

HANS: Onde ela mora? Na caixa onde guarda garotinhas. Em Schönbrunn, talvez.

EU: Não vi nenhuma caixa em Schönbrunn.

HANS: Deve estar num lugar mais longe, lá. — Sabe como a cegonha abre a caixa? Ela pega o bico — a caixa tem uma chave também — pega o bico e deixa um (metade do bico) aberto e abre assim (demonstra com a fechadura da escrivaninha). Tem um puxador também.

EU: Uma garotinha assim não é muito pesada para ela?

HANS: Ah, não!

EU: Uma carruagem-ônibus não parece uma caixa de cegonha?

HANS: Parece!
EU: E uma carruagem de mudança?
HANS: Uma carruagem de criança travessa também."

"17 de abril. Ontem Hans levou a cabo seu projeto de atravessar a rua e ir ao pátio em frente. Hoje ele não quis fazer isso, porque justamente diante do portão de entrada havia uma carruagem, na plataforma de descarga. Ele me disse: 'Quando tem um carro lá, *eu* tenho medo de *provocar os cavalos* e eles caírem e fazerem barulho com os pés'.
EU: Como é que se espantam os cavalos?
HANS: Quando a gente xinga eles, e também quando a gente grita *Ôo!*[38]
EU: Você já provocou cavalos?
HANS: Já, várias vezes. Eu tenho medo de fazer isso, mas não de verdade.
EU: Você já provocou cavalos em Gmunden?
HANS: Não!
EU: Mas você gosta de provocar cavalos?
HANS: Ah, sim, gosto muito!
EU: Você gostaria de bater neles com o chicote?
HANS: Sim!
EU: Você gostaria de bater nos cavalos como a mamãe bate na Hanna? Disso você gosta.
HANS: Não machuca os cavalos quando a gente bate neles com o chicote. (Falei isso a ele certa vez, para

---

[38] "Várias vezes ele sentiu grande temor quando os cocheiros bateram nos cavalos e gritaram *Ôo!*"

diminuir seu medo dos golpes nos cavalos.) Eu fiz isso uma vez. Segurei o chicote uma vez e bati no cavalo e ele caiu e fez barulho com os pés.

EU: Quando?

HANS: Em Gmunden.

EU: Um cavalo de verdade? Atrelado a uma carruagem?

HANS: Estava fora da carruagem.

EU: Onde foi isso?

HANS: Eu só segurei ele, para ele não sair correndo. (Claro que isso tudo pareceu improvável.)

EU: Mas onde foi isso?

HANS: Na fonte.

EU: Quem deixou você fazer isso? O cocheiro deixou o cavalo ali parado?

HANS: Era só um cavalo do estábulo.

EU: E como ele chegou até a fonte?

HANS: Eu levei.

EU: De onde? Do estábulo?

HANS: Eu tirei ele de lá, porque queria bater nele com o chicote.

EU: Não havia ninguém no estábulo?

HANS: Sim, Loisl (o cocheiro de Gmunden).

EU: Ele permitiu isso?

HANS: Eu falei gentilmente com ele, então ele disse que eu podia.

EU: O que você perguntou a ele?

HANS: Se eu podia pegar o cavalo e bater e gritar. Ele disse que sim.

EU: Você bateu muito com o chicote?

HANS: *O que eu lhe contei não é nada verdade.*

EU: O que é verdade aí?

HANS: Nada é verdade, eu lhe contei só de brincadeira.

EU: Você nunca pegou um cavalo do estábulo?

HANS: Não, nunca!

EU: Mas quis pegar.

HANS: Querer eu queria, pensava nisso.

EU: Em Gmunden?

HANS: Não, só aqui. Pensava nisso de manhã cedo, quando estava todo vestido; não, ainda na cama.

EU: Por que nunca me contou isso?

HANS: Não pensei em contar.

EU: Você pensava nisso porque via na rua.

HANS: Sim!

EU: Em quem você gostaria mesmo de bater, na mamãe, em Hanna ou em mim?

HANS: Na mamãe.

EU: Por quê?

HANS: Porque queria bater nela.

EU: Onde é que você viu alguém bater na mãe?

HANS: Nunca vi na minha vida.

EU: Mas você queria fazer isso. Como?

HANS: Com o batedor de tapete. (Com esse batedor a mãe ameaça frequentemente bater nele.)

"Por hoje tive que interromper a conversa.

"Na rua, Hans me explicou que carruagens-ônibus, carruagens de mudança, carruagens de carvão são carruagens com caixas de cegonhas."

Ou seja: mulheres grávidas. O acesso de sadismo,

imediatamente antes, não pode estar sem relação com o nosso tema.

"21 de abril. Hoje cedo, Hans contou que assim pensou: 'Um trem estava em Lainz, e eu fui nele, com a vovó de Lainz, até a Alfândega. Você ainda não tinha descido da ponte, e o segundo trem já estava em St. Veit.* Quando você desceu, o trem já estava lá e nós subimos nele'.

"(Ontem Hans esteve em Lainz. Para chegar à plataforma é preciso passar por uma ponte. Da plataforma pode-se ver os trilhos até a estação de St. Veit. A coisa é meio obscura. Originalmente Hans deve ter pensado que ele havia partido no primeiro trem, que eu havia perdido, e então veio de Unter-St. Veit um segundo trem, que eu tomei. Ele distorceu parte dessa fantasia de fuga, de modo que disse, afinal: 'Nós dois só fomos com o segundo trem'.

"Essa fantasia é relacionada à última, não interpretada, segundo a qual nós teríamos perdido muito tempo na estação de Gmunden, vestindo-nos, e o trem partiu conosco.)

"De tarde, na frente do prédio. Hans corre subitamente para dentro quando vem uma carruagem com dois cavalos, na qual nada vejo de extraordinário. Pergunto-lhe o que há. Ele responde: 'Os cavalos são tão orgulhosos, que tive medo deles caírem'.

---

* Chegando a Viena pelo sudoeste, a estação de Lainz é imediatamente posterior à de Unter-Sankt Veit.

(Segurados com rédea curta, os cavalos iam a passo miúdo, com a cabeça alta — tinham realmente um jeito orgulhoso.)

"Eu lhe pergunto quem é mesmo tão orgulhoso.

ELE: Você, quando eu vou para a cama da mamãe.

EU: Então você deseja que eu caia?

ELE: Sim, você devia topar com uma pedra nu (quer dizer, de pés nus como Fritzl) e então devia sair sangue e eu podia pelo menos ficar um pouco sozinho com a mamãe. E quando você chegar ao apartamento eu podia sair correndo, para você não ver.

EU: Você se lembra quem deu topada na pedra?

ELE: Sim, o Fritzl.

EU: Quando o Fritzl caiu, o que você pensou?[39]

ELE: Que *você* devia cair batendo na pedra.

EU: Então você gostaria de estar com a mamãe?

ELE: Sim!

EU: Por que eu ralho com você realmente?

ELE: Isso eu não sei. (!!)

EU: Por quê?

ELE: Porque você fica com raiva.

EU: Isso não é verdade!

ELE: É verdade, você fica com raiva, eu sei. Só pode ser verdade.

"Portanto, não lhe impressionou a explicação que dei, de que somente crianças pequenas vão para a cama da mãe, as grandes dormem em sua própria cama.

---

39 Portanto, Fritzl caiu realmente, o que ele havia negado.

"Suponho que o desejo de 'provocar' o cavalo, isto é, de bater e gritar com ele, não diz respeito à mãe, como ele disse, mas a mim. Ele pôs a mãe na frente por não me querer admitir a outra coisa. Nos últimos dias ele tem sido particularmente afetuoso comigo."

Com a superioridade que facilmente adquirimos *a posteriori*, vamos corrigir o pai, observando que o desejo de Hans de "provocar" o cavalo é duplamente constituído, é composto de um desejo obscuro, sádico, em relação à mãe, e de um claro impulso de vingança dirigido ao pai. Esse último não podia ser reproduzido até que chegasse a vez do primeiro, no contexto do complexo da gravidez. Na formação da fobia a partir dos pensamentos inconscientes ocorre uma condensação; por isso o caminho da análise não pode jamais repetir o curso de desenvolvimento da neurose.

"22 de abril. Hoje cedo Hans pensou novamente algo consigo: 'Um garoto da rua estava na carruagem pequena e o condutor veio e tirou a roupa dele e o deixou ali até de manhã cedo e então o menino deu ao condutor 50 mil florins para poder andar na carruagem'.

"(A Nordbahn [Ferrovia do Norte] passa em frente a nós. Numa via auxiliar há um vagonete, no qual Hans viu um menino andar certa vez, algo que ele também quis fazer. Eu lhe disse que não era permitido, senão apareceria o condutor. Um segundo elemento da fantasia é o desejo reprimido de nudez.)"

Já há algum tempo notamos que a fantasia de Hans trabalha "sob o signo do tráfego" e, coerentemente,

## II. CASO CLÍNICO E ANÁLISE

passa do cavalo de carruagens para a ferrovia. Desse modo, a toda fobia da rua vem associar-se, com o tempo, o medo da ferrovia.

"Ao meio-dia soube que Hans *havia brincado toda a manhã com uma boneca de borracha que chamou de Grete. Ele enfiou um pequeno canivete pela abertura em que ficava antes o pequeno apito de metal e depois lhe afastou as pernas, para fazer o canivete cair. Ele disse à babá, apontando entre as pernas da boneca: 'Olhe, aqui está o faz-pipi!'*.

EU: O que você fez mesmo com a boneca?

ELE: Eu tirei as pernas, sabe por quê? Porque dentro tinha um canivete que era da mamãe. Eu enfiei ele onde o botão apita, e depois tirei as pernas e ele saiu ali.

EU: Por que você tirou as pernas? Para poder ver o faz-pipi?

ELE: Ele já estava lá, eu podia ver antes também.

EU: Por que você usou o canivete?

ELE: Não sei.

EU: Como é o canivete?

"Ele me traz o canivete.

EU: Você já pensou que ele pode ser um bebê?

ELE: Não, não pensei isso, mas acho que a cegonha teve um bebê uma vez — ou alguém teve.

EU: Quando?

ELE: Uma vez. Eu ouvi falar, ou não ouvi falar nada, ou falei errado?

EU: Que significa 'falei errado'?

ELE: Que não é verdade.

EU: Tudo o que se diz é um pouco verdade.

ELE: Bom, é, um pouco.

eu (após uma digressão): Como é que você pensou que as galinhas nascem?

ele: A cegonha faz elas crescerem, a cegonha faz as galinhas crescerem — não, Deus faz.

"Eu lhe explico que as galinhas põem ovos e dos ovos saem novamente galinhas.

"Hans dá uma risada.

eu: Por que você ri?

ele: Porque eu gosto do que você está me contando.

"Ele diz que já viu isso.

eu: Onde?

hans: Você fez isso!

eu: Onde é que eu botei um ovo?

hans: Em Gmunden, você botou um ovo na grama, e de repente pulou fora uma galinha. Uma vez você botou um ovo, isso eu sei muito bem. Porque a mamãe me disse.

eu: Vou perguntar à mamãe se isso é verdade.

hans: Isso não é verdade nada, mas eu já botei um ovo uma vez e uma galinha pulou fora.

eu: Onde?

hans: Em Gmunden eu deitei na grama, não, me ajoelhei, e as crianças não estavam olhando, e de repente, de manhã cedo, eu falei: 'Procurem, crianças, ontem eu botei um ovo!'. E de repente elas olharam e viram um ovo e dele saiu um pequeno Hans. Por que você está rindo? A mamãe não sabe disso e a Karolin também não, porque ninguém olhou e de repente eu botei um ovo e de repente ele estava lá. De verdade. Papai, quando é que uma galinha nasce do ovo? Quando deixam ele quieto? Ele tem de ser comido?

"Eu lhe explico isso.

HANS: Bom, vamos deixar ele com a galinha, então nasce uma galinha. Vamos pôr ele na caixa e levar para Gmunden.

Hans tomou para si a direção da análise com um movimento ousado, pois os pais hesitaram em dar as explicações que há muito se justificavam, e lhes comunicou, num esplêndido ato sintomático: *"Vejam, é assim que imagino um nascimento"*. O que ele disse à criada sobre o significado de sua brincadeira com a boneca não foi sincero; ao pai ele negou explicitamente que apenas quisera ver o faz-pipi. Depois que o pai lhe relatou o surgimento da galinha a partir do ovo, como se fosse a entrada de um pagamento, sua insatisfação, sua desconfiança e seu conhecimento superior juntaram-se numa soberba zombaria, que culminou, em suas últimas palavras, numa clara alusão ao nascimento da irmã.

EU: De que você brincou com a boneca?

HANS: Eu chamei ela de 'Grete'.

EU: Por quê?

HANS: Porque chamei ela de 'Grete'.

EU: Como você brincou?

HANS: Eu cuidei dela como um bebê de verdade.

EU: Você gostaria de ter uma filhinha?

HANS: Ah, sim. Por que não? Eu queria ter uma, mas a mamãe não pode ter nenhuma, eu não queria.

"(Ele já falou isso várias vezes. Teme ser relegado ainda mais devido a uma terceira criança.)

EU: Mas só uma mulher tem filho.

HANS: Eu vou ter uma filha.

EU: Como você vai tê-la?

HANS: Com a cegonha, ora. *Ela tira a menina* e a menina põe um ovo e do ovo sai uma Hanna, mais uma Hanna. De dentro da Hanna vem outra Hanna. Não, vem *uma* Hanna.

EU: Você quer ter uma menina.

HANS: *Sim, no ano que vem vou ter uma*, e ela também vai se chamar Hanna.

EU: Por que a mamãe não deve ter uma menina?

HANS: Porque *eu* quero uma menina.

EU: Mas você não pode ter nenhuma menina.

HANS: Ah, sim, um menino tem uma menina e uma menina tem um menino.[40]

EU: Um menino não tem filhos. Só mulheres, mamães, têm filhos.

HANS: Por que eu não?

EU: Porque Deus fez as coisas assim.

HANS: Por que você não tem nenhum? Você pode ter um, é só esperar.

EU: Vou ter que esperar muito!

HANS: Mas eu sou seu.

EU: Mas a mamãe trouxe você ao mundo. Você é da mamãe e meu.

HANS: A Hanna é minha ou da mamãe?

EU: Da mamãe.

---

[40] Mais um fragmento de teoria sexual infantil com sentido insuspeitado.

## II. CASO CLÍNICO E ANÁLISE

HANS: Não, minha. *Por que não minha e da mamãe?*
EU: A Hanna é minha, da mamãe e sua.
HANS: Então!

Enquanto não descobre os genitais femininos, naturalmente falta ao menino um elemento essencial para a compreensão das relações sexuais.

"Em 24 de abril, eu e minha mulher explicamos a Hans que os bebês crescem dentro da mãe e depois são pressionados para fora como um *"Lumpf"*, o que produz dores fortes.
"À tarde ficamos na frente do prédio. Ele está claramente aliviado, corre atrás de carruagens e apenas a circunstância de não ousar sair da vizinhança do portão, de não conseguirmos levá-lo a um passeio mais extenso, mostra um vestígio de angústia.
"Em 25 de abril Hans bate a cabeça em meu estômago, algo que já fez antes. Eu lhe pergunto se ele é uma cabra.
"Ele responde: 'Sim, um bode'.\* — Onde viu ele um bode?
ELE: Em Gmunden, o Fritzl tinha um. (O Fritzl tinha um carneirinho de verdade para brincar.)
EU: Me fale do cordeiro; o que fazia ele?
HANS: Você sabe, a srta. Mizzi (uma professora que morava na casa) sempre colocava a Hanna no carneiro, mas aí ele não podia se levantar, nem dar ca-

---

\* Ele diz, erradamente, *Wieder* ("de novo"), e no texto original o pai dá entre parênteses a forma correta, *Widder* ("bode").

beçada. Quando você chega perto, ele dá cabeçada, porque tem chifres. O Fritzl leva ele amarrado na corda e prende numa árvore. Ele sempre amarra ele numa árvore.

EU: O carneiro lhe deu cabeçada?

HANS: Ele pulou para cima de mim, Fritzl me levou até ele... eu cheguei perto e não sabia, de repente ele pulou para cima de mim. Foi muito engraçado — eu não fiquei assustado.

"Isto certamente não é verdade.

EU: Você gosta do papai?

HANS: Ah, sim.

EU: Ou talvez não?

HANS (brinca com um cavalinho. Nesse momento o cavalinho cai. Ele grita:) O cavalinho caiu! Veja como ele faz barulho!

EU: Uma coisa lhe aborrece no papai: que a mamãe gosta dele.

HANS: Não.

EU: Por que você sempre chora quando a mamãe me dá um beijo? Porque tem ciúme.

HANS: Isso sim.

EU: E o que você faria se fosse o papai?

HANS: E você fosse o Hans — Aí eu ia gostar de levar você para Lainz todo domingo, não, todo dia da semana. Se eu fosse o papai, ia ser muito bom.

EU: O que você ia fazer com a mamãe?

HANS: Ia levar também para Lainz.

EU: Que mais?

HANS: Mais nada.

EU: Por que então você tem ciúme?

HANS: Não sei.

EU: Em Gmunden você tinha ciúme também?

HANS: Em Gmunden não (isso não é verdade). Em Gmunden eu tinha minhas coisas, tinha um jardim e também filhos.

EU: Você se lembra como a vaca teve o bezerrinho?

HANS: Ah, sim. Ele veio com a carruagem (— isso devem ter lhe dito em Gmunden; outro ataque à teoria da cegonha —) e outra vaca soltou ele pelo traseiro. (Isso já é fruto do esclarecimento, que ele quer harmonizar com a teoria da carruagem pequena.)

EU: Não é verdade que ele veio com uma carruagem pequena; ele saiu da vaca que estava no estábulo.

"Hans questiona isso, diz que viu a carruagem de manhã cedo. Eu lhe faço ver que provavelmente lhe contaram que o bezerro chegou na carruagem. Finalmente ele cede: 'Foi Berta que provavelmente me disse — ou não, talvez o senhorio. Ele estava lá e foi à noite, por isso é verdade o que estou lhe dizendo, ou parece que ninguém me disse, eu pensei isso de noite.

"Se não me engano, o bezerro foi levado na carruagem; daí a confusão.

EU: Por que você pensou que a cegonha trouxe ele?

HANS: Eu não queria pensar isso.

EU: Mas você pensou que Hanna foi trazida pela cegonha?

HANS: No início (do parto) eu pensei isso. — Papai,

o sr. Reisenbichler (o senhorio) estava quando o bezerro saiu da vaca?[41]

EU: Não sei. Você acha?

HANS: Acho que estava... Papai, você já viu como um cavalo tem uma coisa preta na boca?

EU: Vi isso várias vezes na rua, em Gmunden.[42]

EU: Em Gmunden você ia muito para a cama da mamãe?

HANS: Ia.

EU: E então você pensou que era o papai?

HANS: Pensei.

EU: E então tinha medo do papai?

HANS: *Você sabe tudo, eu não sabia nada.*

EU: Quando Fritzl caiu, você pensou: 'se papai caísse assim', e, quando o carneiro lhe deu cabeçada: 'se ele desse cabeçada no papai'. Você se lembra do enterro em Gmunden? (O primeiro enterro a que Hans foi. Ele se recorda disso com frequência, uma inequívoca lembrança encobridora.)

HANS: Sim, o que teve?

EU: Você pensou então que se o papai morresse, você seria o papai.

HANS: Sim.

EU: De que carruagens você ainda tem medo realmente?

---

[41] Tendo motivo para desconfiar das informações dadas pelos adultos, Hans pondera se o senhorio é mais confiável que o pai.

[42] O nexo é o seguinte: por muito tempo o pai não quis acreditar na coisa preta na boca do cavalo, até que finalmente isso foi verificado.

## II. CASO CLÍNICO E ANÁLISE

HANS: De todas.

EU: Isso não é verdade.

HANS: De fiacres e carruagens de um cavalo, não. Tenho medo de carruagens-ônibus, de carroças de bagagem, mas só quando estão carregadas, não quando estão vazias. Quando é um cavalo e está todo carregado, aí tenho medo, e quando são dois cavalos e estão carregados, eu não tenho medo.

EU: Você tem medo das carruagens-ônibus porque dentro tem muita gente?

HANS: Porque no teto tem muita bagagem.

EU: Quando a mamãe teve Hanna não estava carregada também?

HANS: A mamãe vai ficar de novo carregada se ela tiver outro, quando crescer outro de novo, quando outro estiver lá dentro de novo.

EU: Disso você gostaria.

HANS: Sim.

EU: Você disse que não quer que a mamãe tenha outro filho.

HANS: Assim não ficará mais carregada. Mamãe falou que quando ela não quer, Deus também não quer. Se a mamãe não quiser nenhum, não vai ter nenhum. (Hans também perguntou ontem, naturalmente, se ainda há bebês dentro da mamãe. Eu lhe respondi que não, que se Deus não quiser, também não vai crescer outro bebê dentro dela.)

HANS: Mas a mamãe me disse que se ela não quiser, não vai ter outro, e você diz que é se Deus não quiser. "Eu também lhe disse que é assim como falei, ao que ele comentou: 'Então você estava lá? Você sabe mais, claro'. — Ou seja, ele interrogou a mãe e ela conciliou as duas afirmações, explicando que, se não queria, também Deus não queria.[43]

EU: Me parece que você ia gostar que a mamãe tivesse um bebê.

HANS: Mas não quero que ela tenha.

EU: Mas você ia gostar?

HANS: Gostar, sim.

EU: Sabe por que você ia gostar? Porque quer ser o pai.

HANS: Sim... Como é?

EU: Como é o quê?

HANS: Um pai não tem bebê, como é, então, se eu quero ser o pai?

EU: Você gostaria de ser o pai e estar casado com a mamãe, de ser grande como eu e ter um bigode, e gostaria que a mamãe tivesse um filho.

HANS: Papai, até eu estar casado vou ter só um bebê, se quiser, quando estiver casado com mamãe, e se eu não quiser um, Deus não vai querer também, quando eu tiver casado.

EU: Você queria ser casado com a mamãe?

HANS: Ah, sim."

Percebe-se claramente como a felicidade com a fantasia é perturbada pela incerteza quanto ao papel do pai e pela dúvida de ter o controle da procriação.

---

43 *Ce que femme veut, Dieu le veut* ["O que a mulher quer, Deus quer"]. Hans descobriu, com sua perspicácia, mais um sério problema.

## II. CASO CLÍNICO E ANÁLISE

"Na noite do mesmo dia, quando é posto para dormir, Hans me fala: 'Sabe o que vou fazer agora? Vou conversar até dez horas com a Grete, que está na cama comigo. Meus filhos estão sempre na cama comigo. Você pode me dizer como é isso?'— Estando ele já com muito sono, eu prometo que no dia seguinte vamos anotar isso, e ele adormece.

"Pelas anotações anteriores vê-se que Hans, desde o retorno de Gmunden, está sempre fantasiando com seus 'filhos', tendo conversas com eles etc.[44]

"Em 26 de abril eu lhe pergunto por que fala sempre de seus filhos.

HANS: Por quê? *Porque eu quero muito ter filhos, mas não desejo nunca isso, não quero ter eles.*[45]

EU: Você sempre imaginou que Berta, Olga e os outros são seus filhos?

HANS: Sim, também o Franzl, o Fritzl e o Paul (seus camaradas em Lainz), e também a Lodi. (Um nome inventado. O filho favorito, de que sempre fala. — Quero enfatizar que a figura de Lodi não existe apenas há alguns dias, mas desde o último esclarecimento — em 24 de abril.).

---

44 Não é preciso supor que Hans tenha um traço feminino de ânsia pela maternidade. Como teve suas vivências mais felizes de criança junto à mãe, ele as repete num papel ativo, que é necessariamente o da mãe.

45 Essa contradição evidente é aquela entre fantasia e realidade — desejar e ter. Ele sabe que na realidade é uma criança, e outras crianças apenas o atrapalhariam; na fantasia ele é mãe, e necessita de filhos com os quais possa repetir as experiências ternas que viveu.

EU: Quem é Lodi? Ela está em Gmunden?

HANS: Não.

EU: Existe uma Lodi?

HANS: Sim, eu conheço ela.

EU: Quem é, então?

HANS: É essa que é minha.

EU: Como é a aparência dela?

HANS: Olhos pretos, cabelo preto... eu encontrei ela uma vez com a Mariedl (em Gmunden), quando fui à cidade.

"Quando procuro saber mais, noto que é uma invenção.[46]

EU: Então você pensou que você é a mamãe?

HANS: Eu era mesmo a mamãe.

EU: Que fez você com as crianças?

HANS: Deixei elas dormirem comigo, as meninas e os meninos.

EU: Todo dia?

HANS: Claro.

EU: Você falava com elas?

HANS: Quando não iam todas para a cama, eu colocava umas no sofá e outras no carrinho de bebê; se ainda ficavam algumas, levava para o sótão e botava na caixa; como ainda tinha crianças, botei elas na outra caixa.

EU: Então as caixas de bebês de cegonha estavam no sótão?

---

46 Mas pode ser que Hans tenha transformado um conhecimento fortuito em Gmunden numa pessoa ideal, que, aliás, tem a cor dos olhos e dos cabelos da mãe.

## II. CASO CLÍNICO E ANÁLISE

HANS: Estavam.

EU: Quando você teve os filhos? Hanna já tinha nascido?

HANS: Já, há muito tempo.

EU: Mas de quem você pensou que teve os filhos?

HANS: *Ora, de mim.*[47]

EU: Mas naquela época você ainda não sabia que as crianças vêm de uma pessoa.

HANS: Eu pensava que a cegonha trazia as crianças. (Evidentemente uma mentira e escapatória.)[48]

EU: Ontem Grete esteve com você, mas você sabe que um menino não pode ter bebê.

HANS: É, sei, mas acho que pode, assim mesmo.

EU: Como lhe ocorreu o nome Lodi? Nenhuma menina tem esse nome. Seria talvez Lotti?

HANS: Não, é Lodi. Não sei como foi, mas é bonito assim mesmo.

EU (brincando): Você quer dizer talvez uma *Schokolodi*?*

HANS (de imediato): Não, uma *Saffalodi*...[49] porque eu gosto muito de comer salsicha, salame também.

EU: Uma *Saffalodi* não parece um *Lumpf*?

HANS: Parece!

EU: Como é um *Lumpf*, então?

---

47 Hans não pode responder senão do ponto de vista do autoerotismo.
48 São crianças de fantasia, isto é, de sua masturbação.
* Jogo de palavras com *Schokolade* ("chocolate").
49 "*Saffaladi = Zervelatwurst* [tipo de salsicha condimentada]. Minha mulher gosta de contar que sua tia sempre diz *Soffilodi*; ele pode ter escutado isso."

HANS: Preto. Você sabe (mostrando minhas sobrancelhas e meu bigode) como isso e isso.
EU: Como mesmo? Redondo como uma *Saffaladi*?
HANS: É.
EU: Quando você estava sentado no vaso e veio um *Lumpf*, você pensou que estava tendo um filho?
HANS (rindo): Pensei, na rua X e também aqui.
EU: Sabe quando os cavalos da carruagem-ônibus caíram? A carruagem parece uma caixa de bebês, e quando o cavalo preto caiu, foi como...
HANS (completando): Quando nasce um bebê.
EU: E o que você pensou quando ele fez barulho com os pés?
HANS: Bom, quando eu não quero sentar no vaso e quero brincar, eu também faço barulho com os pés assim. (Ele bate com os pés no chão.)
"Por isso lhe interessava tanto saber se a pessoa tem filhos *querendo* ou *não querendo*.

"Hoje Hans brincou muito de carregar e descarregar caixas de bagagem, e quis também ter um veículo de brinquedo com essas caixas. O que o interessou mais no pátio da Alfândega, em frente, foi o carregamento e descarregamento dos veículos. Ele também se assustou mais fortemente quando uma carruagem estava carregada e ia partir. 'Os cavalos vão cair'.[50] Já chamava de 'buraco' [*Loch*] as portas do armazém da Alfândega (primeiro buraco, segundo, terceiro

---

50 Não se usa o verbo *niederkommen* [literalmente "vir para baixo"] quando uma mulher dá à luz?

etc.). Agora ele diz 'buraco do traseiro' [*Podloch*].
"O medo desapareceu quase totalmente, apenas ele quer ficar próximo ao prédio, para poder voltar correndo se sentir medo. Mas não se refugia mais ali dentro, fica sempre na rua. Como se sabe, a doença teve início quando ele voltou chorando do passeio; e, ao ser obrigado a passear outra vez, foi apenas até a estação de bondes da Alfândega, da qual ainda se vê nossa casa. Durante o parto de minha mulher, ele naturalmente foi afastado dela, e o medo atual, que o impede de abandonar a vizinhança da casa, é ainda o anseio por ela que sentiu então."

"30 de abril. Como ele brinca novamente com seus filhos imaginários, eu lhe digo: 'Esses filhos ainda estão aí? Você sabe que um menino não pode ter filhos'.
HANS: Eu sei. Antes eu era a mãe, *agora sou o pai*.
EU: E quem é a mãe das crianças?
HANS: Bom, a mamãe; e você é o *vovô*.
EU: Então você queria ser grande como eu, estar casado com a mamãe, e ela ia ter filhos.
HANS: É, eu quero isso, e a [avó] de Lainz (minha mãe) é a vovó."
Tudo termina bem. O pequeno Édipo achou uma solução mais feliz do que a prescrita pelo destino. Em vez de eliminar seu pai, concede-lhe a mesma felicidade que pede para si; torna-o seu avô e o casa também com a própria mãe.

"Em 1º de maio, ao meio-dia, Hans vem até mim e diz: 'Sabe de uma coisa? Vamos escrever ao professor'.
EU: O quê?
HANS: De manhã eu fui ao banheiro com todos os meus filhos. Primeiro eu fiz *Lumpf* e depois pipi, e eles ficaram olhando. Depois coloquei eles no vaso e eles fizeram pipi e *Lumpf* e eu limpei o traseiro deles com papel. Sabe por quê? Porque eu gosto muito de crianças, então quero fazer tudo para elas, levar ao banheiro, limpar o bumbum, tudo isso que se faz com as crianças."

Após a confissão dessa fantasia, será difícil questionar o prazer que em Hans se acha ligado às funções excretórias.

"À tarde ele ousa, pela primeira vez, ir ao parque da cidade. Como é 1º de maio, há menos carruagens do que o habitual, mas, ainda assim, em número que antes o teria assustado. Ele fica muito orgulhoso de seu feito, e após o lanche tenho que voltar ao parque com ele. No caminho deparamos com uma carruagem-ônibus, que ele me mostra, dizendo: 'Olhe, uma carruagem de caixa de cegonha!'. Quando, como planejado, ele vai novamente ao parque comigo, no dia seguinte, pode-se considerar a doença curada.

"No dia 2 de maio, cedo, Hans vem a mim dizendo: 'Pensei uma coisa'. De início ele esquece o que foi, mas depois conta, em meio a consideráveis resistências: *'Veio o encanador e primeiro me tirou o bumbum com um alicate e então me deu outro e depois o pipi*. Ele disse: Deixe eu ver o bumbum e eu tive que me virar, e tirou ele e depois disse: Deixe eu ver o pipi'."

O pai apreende a natureza da fantasia que envolve um desejo, e em nenhum instante duvida da única interpretação permitida.

"EU: Ele lhe deu um faz-pipi *maior* e um bumbum *maior*.

HANS: Sim.

EU: Como os do papai, porque você queria ser o papai?

HANS: Sim, e um bigode como o seu eu também queria ter, e cabelos assim. (Indica os cabelos em meu peito.)

"A interpretação da fantasia relatada algum tempo antes, em que um encanador veio e desatarraxou a banheira e lhe escavou o estômago com uma furadeira, pode ser retificada da seguinte maneira: a banheira grande significa o 'bumbum', a furadeira ou chave de fenda, o faz-pipi, como já significava então.[51] São fantasias idênticas. Também se abre uma nova perspectiva quanto ao medo de Hans frente à banheira grande, que, aliás, também já diminuiu. Desagrada-lhe que seu 'bumbum' seja pequeno demais para a grande banheira."

---

51 Talvez seja lícito apontar que a escolha da palavra *Bohrer* ["furadeira"] não deixou de ter relação com *geboren*, *Geburt* ["nascido, nascimento"]. Assim, a criança poderia não fazer distinção entre *gebohrt* e *geboren*. Aceito essa conjectura, que me foi sugerida por um experiente colega, mas não sei dizer se temos aqui um profundo nexo universal ou o aproveitamento de um acaso linguístico peculiar ao alemão. Também Prometeu (Pramantha), o criador dos homens, é etimologicamente o "furador". Cf. Karl Abraham, "Traum und Mythus" [Sonho e mito], 1909.

Nos dias que se seguem, a mãe expressa repetidamente sua alegria com a recuperação do pequeno.

Uma semana depois, o pai escreveu-me o seguinte:
"Caro senhor professor:
"Eu gostaria de complementar a história clínica do pequeno Hans com as seguintes observações:
"1. A melhora depois do primeiro esclarecimento não foi tão completa como eu talvez tenha apresentado. É verdade que Hans ia passear, mas apenas obrigado e com muito medo. Uma vez foi comigo até a estação da Alfândega, de onde se vê ainda o apartamento, e não foi possível levá-lo mais longe.
"2. A propósito de: suco de framboesa, arma de fogo [*Schiessgewehr*]. Nós lhe damos suco de framboesa quando ele tem prisão de ventre. É também comum ele trocar as palavras *schiessen* [atirar] e *scheissen* [cagar].
"3. Ele tinha cerca de quatro anos de idade quando passou a ter um quarto separado do nosso.
"4. Ainda há um resíduo da doença, que não se expressa mais no temor, e sim no impulso normal de perguntar. As perguntas dizem respeito, em geral, àquilo de que as coisas (bondes, máquinas etc.) são feitas, quem faz as coisas, e assim por diante. Uma característica da maioria delas é que Hans pergunta mesmo já tendo respondido ele próprio. Quer apenas assegurar-se. Certa vez, quando ele já me cansava com suas perguntas, eu lhe disse: 'Você acha que eu posso responder tudo o que você me pergunta?';

## II. CASO CLÍNICO E ANÁLISE

ele então respondeu: 'Bom, eu achei que, como você sabia aquilo do cavalo, sabe isso também'.

"5. Agora Hans fala da enfermidade apenas de maneira histórica: 'Naquele tempo, quando eu tinha a bobagem'.

"6. O resíduo não solucionado consiste em Hans quebrar a cabeça pensando no que o pai tem a ver com o filho, se é a mãe que o traz ao mundo. É o que podemos deduzir de perguntas como: 'Eu sou *seu* também, não é?' (e não apenas da mãe, ele quer dizer). De que modo ele é meu não está claro para ele. Por outro lado, não tenho evidência de que ele, como o senhor acredita, tenha presenciado uma cópula dos pais.

"7. Na exposição do caso deveríamos talvez enfatizar a intensidade do medo, pois de outra forma se poderia dizer que 'se tivessem lhe dado uma boa surra, logo o menino teria ido passear'."

Acrescento, finalizando, que com a última fantasia de Hans também foi superada a angústia proveniente do complexo da castração, a expectativa dolorosa transformou-se em algo mais feliz. Sim, o médico, encanador etc., surge e retira o pênis, mas somente para lhe dar um maior em troca. De resto, nosso pequeno investigador pode descobrir bastante cedo que todo saber é fragmentário, e que em cada estágio permanece um resíduo não solucionado.

## III. EPÍCRISE*

Em três direções examinarei agora essa observação do desenvolvimento e resolução da fobia de um menino de quase cinco anos: primeiro, em que medida ela sustenta as afirmações dos meus *Três ensaios sobre a teoria da sexualidade*, de 1905; segundo, em que contribui para a nossa compreensão dessa frequente forma de doença; terceiro, o que é possível dela retirar para o esclarecimento da vida psíquica infantil e para a crítica de nossos propósitos educacionais.

I

Minha impressão é de que o quadro da vida sexual infantil que surge da observação do pequeno Hans concorda muito bem com a descrição que esbocei nos *Três ensaios*, baseando-me em investigações psicanalíticas de adultos. Mas antes de abordar essa concordância terei de lidar com duas objeções que se apresentam contra a minha utilização dessa análise. A primeira diz que o pequeno Hans não é uma criança normal, e sim — como a consequência, a enfermidade mesma ensina — um menino predisposto à neurose, um pequeno "degenerado", não sendo cabível, portanto, transpor para outras crianças, normais, conclusões que talvez se apliquem apenas

---

* "Epícrise: apreciação crítica das causas, andamento e consequências de uma doença após seu término" (*Novo Aurélio — Dicionário Eletrônico*. Rio de Janeiro: Nova Fronteira, s.d.). No original alemão se acha a mesma palavra, de origem grega: *Epikrise*.

## III. EPÍCRISE

a ele. Tal objeção, que meramente restringe o valor da observação, não o anula de todo, será considerada mais adiante. A segunda, mais grave, afirma que carece de valor objetivo a análise de uma criança através de seu pai, que realiza o trabalho envolto em *minhas* teorias e acometido de *meus* preconceitos. Uma criança, dizem, é bastante sugestionável, talvez por ninguém mais do que por seu pai; deixa-se impingir qualquer coisa para agradar ao pai, grata por ele ocupar-se tanto dela; o que ela afirma não tem valor comprobatório e o que produz em termos de ideias, sonhos e fantasias toma naturalmente a direção que lhe foi impressa com todos os meios. Em suma, tudo é, mais uma vez, "sugestão", com a diferença de que é mais fácil desmascará-la na criança do que no adulto.

Estranho; lembro-me do escárnio com que há 22 anos, quando passei a intervir na querela das opiniões científicas, a geração mais velha de psiquiatras e neurologistas acolheu a tese sobre a sugestão e seus efeitos. Desde aquele tempo a situação mudou radicalmente; a aversão transmutou-se em excessiva boa vontade, e isso não apenas devido à repercussão que os trabalhos de Liébault, Bernheim e seus discípulos inevitavelmente tiveram nesses dois decênios, mas também porque se descobriu, nesse meio-tempo, quanta economia de pensamento se pode fazer com o pródigo uso da palavra "sugestão". Pois ninguém sabe e ninguém procura saber o que é sugestão, de onde procede e quando aparece; basta que possam denominar "sugestão" tudo o que é incômodo na psique.

Eu não partilho a opinião, atualmente favorecida, de que o que dizem as crianças é inteiramente arbitrário e nada confiável. Não existe arbitrariedade na psique; o caráter não confiável das afirmações das crianças vem da preponderância de sua fantasia, assim como o caráter não confiável das afirmações dos adultos vem da preponderância de seus preconceitos. De resto, também a criança não mente sem motivo e, em geral, tem maior inclinação à verdade que os adultos. Rejeitando por completo as afirmações de nosso pequeno Hans, certamente lhe faríamos grave injustiça. Podemos, isto sim, diferenciar claramente quando ele falseia ou retém algo, sob a coação de uma resistência; quando, ele próprio indeciso, concorda com o pai, o que não deve ser visto como prova; e quando, livre de toda pressão, comunica aos borbotões o que é sua verdade interior e o que somente ele soube até então. Também as informações dadas por adultos não oferecem certezas maiores. É lamentável que nenhuma exposição de uma análise possa transmitir as impressões que temos durante sua realização, que uma convicção definitiva não possa jamais ser obtida pela leitura, mas somente pela experiência. Mas esse defeito se acha presente, em igual medida, nas análises de adultos.

Os pais de Hans o descrevem como um menino alegre e sincero, e assim deve ser realmente, graças à educação que lhe foi dada pelos pais, que consistiu essencialmente no abandono dos pecados educacionais de costume. Enquanto pôde fazer suas investigações com feliz ingenuidade, sem noção dos conflitos que logo sur-

## III. EPÍCRISE

giriam delas, ele as comunicava também francamente, e as observações do tempo anterior à sua fobia não sofrem dúvida ou reparo. Na época da doença e durante a análise começam para ele as incongruências entre o que diz e o que pensa, em parte porque a ele se impõe um material inconsciente que não pode dominar de uma vez, em parte devido às reticências de conteúdo que vêm de sua relação com os pais. Assevero minha imparcialidade ao emitir o juízo de que também essas dificuldades não foram maiores do que em muitas outras análises de adultos.

É certo que durante a análise teve de lhe ser dita muita coisa que ele mesmo não sabia dizer, tiveram de lhe ser apresentados pensamentos dos quais ainda não havia traço nele, sua atenção teve de ser voltada para as direções de que seu pai esperava que viesse algo. Isso debilita a força comprobatória da análise; mas em todo caso procedemos assim. Uma psicanálise não é uma investigação imparcial, científica, mas uma intervenção terapêutica; em si ela nada quer provar, quer apenas mudar algo. Na análise o médico sempre dá ao paciente — às vezes em maior, às vezes em menor medida — as ideias antecipatórias* conscientes com cujo auxílio ele deve ser capaz de perceber e apreender o inconsciente. Pois há casos que requerem ajuda mais ampla, e outros,

---

* "Ideias antecipatórias": no original, *Erwartungsvorstellungen*, em que *Erwartung* significa "expectativa" (*erwarten* = esperar); nas versões consultadas: *representaciones* [omissão...], *representaciones--expectativa*, *rappresentazioni... di anticipazione*, *anticipatory ideas*.

mais modesta. Sem tal ajuda ninguém sai do lugar. O que se pode eliminar sozinho são distúrbios leves, jamais uma neurose que se contrapôs ao Eu como algo estranho; para dominá-la ele necessita do outro, e a neurose é curável na medida em que o outro pode ajudar. Quando é da natureza de uma neurose apartar-se do "outro", como parece ser característico dos estados reunidos sob o nome de *dementia praecox*, por essa razão mesma tais estados não se deixam curar por nossos esforços. Admite-se que a criança, graças ao pouco desenvolvimento de seus sistemas intelectuais, requer uma ajuda particularmente intensiva. Mas a informação que o médico transmite ao paciente deriva ela mesma da experiência analítica; e é, realmente, prova bastante de que, através dessa ingerência médica, chegamos ao contexto e à solução do material patogênico.

E, contudo, também durante a análise o nosso pequeno paciente mostrou independência bastante para livrar-se do veredicto de "sugestão". Como todas as crianças, ele aplicou suas teorias sexuais infantis ao seu material sem que fosse estimulado a fazê-lo. Essas teorias são algo bem distante para os adultos; nesse caso eu deixara realmente de prevenir o pai de que, para Hans, a via para o tema do nascimento passa pelo complexo da excreção. Aquilo que, graças ao meu descuido, tornou-se uma parte obscura da análise, ao menos proporcionou um bom testemunho da autenticidade e autonomia do trabalho mental de Hans. De repente ele passou a ocupar-se do *Lumpf*, sem que o pai, que supostamente o sugestionava, pudesse entender como isso ocorreu e o

## III. EPÍCRISE

que disso resultaria. Tampouco podemos atribuir ao pai alguma participação no desenvolvimento das duas fantasias com o encanador, que derivam do "complexo de castração" adquirido bem cedo. Devo confessar, neste ponto, que não informei ao pai minha expectativa desse vínculo por interesse teórico, a fim de não prejudicar a força comprobatória de um dado que dificilmente se obtém de outra forma.

Aprofundando-se mais em detalhes da análise, apareceriam muitas outras evidências de que Hans não dependia da "sugestão", mas interrompo aqui minha abordagem da primeira objeção. Sei que também com essa análise não convencerei quem não quiser se deixar convencer, e prossigo com o exame do caso para os leitores que já chegaram à convicção da objetividade do material patogênico inconsciente, não sem antes consignar a agradável certeza de que o número deles cresce ininterruptamente.

O primeiro traço do pequeno Hans que seria parte de sua vida sexual é o interesse bastante vivo por seu "faz-pipi", como é chamado o órgão, de acordo com uma das duas funções deste, aquela de não menor importância e de clara evidência. Tal interesse o torna um pesquisador; assim descobre ele que se pode diferenciar entre seres vivos e seres inanimados com base na presença ou não do faz-pipi. Em todos os seres que julga semelhantes a si ele pressupõe esta significativa parte do corpo, estuda-a nos animais grandes, conjectura sua existência nos pais e não deixa que o testemunho de seus próprios olhos o impeça de constatá-la na irmãzinha recém-nascida. Seria um golpe muito violento em sua "visão de mundo", podemos dizer, se ele tivesse que renunciar à existência do faz-pipi num ser semelhante a ele próprio; seria como ser arrancado de si mesmo. Provavelmente por isso a ameaça da mãe, consistindo em nada menos que a perda do faz-pipi, é sofregamente afastada\* e apenas mais tarde pode fazer sentir seu efeito. A intervenção da mãe ocorreu porque ele gostava de obter prazer tocando esse membro; ele começou a praticar a mais comum — e mais normal — forma de atividade autoerótica.

De uma maneira que Alfred Adler designou adequadamente como "*entrelaçamento de instintos*",[52] o prazer com o próprio membro sexual liga-se com o prazer em olhar, em suas formas ativa e passiva. O pequeno procura ver o faz-pipi de outras pessoas, desenvolve curiosidade sexual e gosta de mostrar seu membro. Um dos sonhos do primeiro período da repressão tem por conteúdo o desejo de que uma de suas amiguinhas lhe

---

\* "Afastada": tradução aqui dada a *zurückgedrängt*. O verbo empregado por Freud se compõe de *drängen* ("empurrar", aparentado a *verdrängen*, que literalmente significa "desalojar, deslocar", e costuma ser vertido por "reprimir" ou "recalcar" nos textos freudianos), mais a preposição *zurück* ("para trás"). Os tradutores consultados recorreram a: *reprimida*, *esforzada hacia atrás* [com o original alemão acrescentado entre chaves], *ributtata*, *dismissed from his thoughts*.

52 "Der Agressionstrieb im Leben und in der Neurose" [O instinto de agressão na vida e na neurose], *Fortschritte der Medizin* [Progressos da Medicina], 1908, n. 19.

III. EPÍCRISE

ajude ao fazer pipi, isto é, que participe do espetáculo. O sonho atesta, assim, que até então o desejo subsistiu sem repressão, e comunicações posteriores confirmam que ele tinha o hábito de satisfazê-lo. O aspecto ativo do prazer de olhar logo se liga a um tema definido. Quando exprime repetidamente, ao pai e à mãe, sua queixa de não ter jamais visto o faz-pipi de um e de outro, o que provavelmente o impele a isso é a necessidade de *comparar*. O Eu é sempre a medida com que se mede o mundo; aprendemos a entendê-lo através da contínua comparação com a nossa pessoa. Hans observou que os animais grandes têm faz-pipis proporcionalmente maiores que o seu; daí supor o mesmo de seus pais e querer certificar-se disso. A mamãe, ele acredita, tem um faz-pipi "como o de um cavalo". Ele tem à disposição o consolo de que o seu crescerá junto com ele; é como se o desejo infantil de ser grande se concentrasse nos genitais.

Assim, na constituição sexual do pequeno Hans a zona genital é, desde o início, a mais intensamente prazerosa entre as zonas erógenas. Além dela testemunhamos apenas o prazer excremental, ligado aos orifícios de micção e defecação. Em sua última fantasia de felicidade, que marcou a superação da doença, ele tinha filhos e os levava ao sanitário, fazia com que fizessem pipi, limpava-lhes o traseiro, em suma, fazia "tudo o que a gente pode fazer com crianças"; então é inevitável supor que essas mesmas ações, praticadas durante sua criação, eram para ele uma fonte de sensações de prazer. Esse prazer vindo das zonas erógenas foi obtido com a ajuda da pessoa que dele cuidava, sua mãe, já conduzindo, portanto, à escolha de objeto; mas é possível que em época ainda anterior ele costumasse tê-lo de forma autoerótica, que fosse uma dessas crianças que gostam de reter as excreções, para extrair uma sensação voluptuosa de sua evacuação. Digo apenas que isso é possível, pois não ficou claro na análise; o "fazer barulho com as pernas" (espernear), do qual ele depois tem tanto medo, aponta nessa direção. Mas essas fontes de prazer não têm importância singular para ele, como é frequente em outras crianças. Logo ele adquiriu hábitos de limpeza, molhar a cama e ter incontinência diurna não aconteceram de modo relevante nos seus primeiros anos; nele não foi observado nenhum traço da tendência a brincar com os excrementos, tão feia nos adultos, que costuma reaparecer no final dos processos psíquicos de involução.

Enfatizemos logo, neste ponto, que durante a fobia é inequívoca a repressão desses dois componentes da atividade sexual, nele bem desenvolvidos. Ele se envergonha de urinar diante dos outros, acusa-se de pôr a mão no faz-pipi, esforça-se em abandonar a masturbação, e tem nojo de "*Lumpf*", "pipi" e tudo o que lembra essas coisas. Na fantasia de cuidar das crianças ele desfaz essa última repressão.

Uma constituição sexual como a do nosso pequeno Hans não parece conter a predisposição para o desenvolvimento de perversões ou de seu negativo (limitando-nos aqui à histeria). Até onde pude perceber (é aconselhável ainda alguma reserva nisso), a constituição inata

## III. EPÍCRISE

dos histéricos — nos pervertidos é quase que evidente — distingue-se pela menor importância das zonas genitais em relação a outras zonas erógenas. Uma única "aberração" da vida sexual constitui exceção a essa regra. Nos que serão homossexuais — que, segundo minha expectativa e conforme as observações de Sadger, passam por uma fase anfigenética na infância — encontramos a mesma preponderância infantil das zonas genitais, especialmente do pênis. De fato, essa elevada apreciação do membro masculino converte-se em destino para os homossexuais. Eles escolhem a mulher como objeto sexual, na infância, enquanto ainda pressupõem nela a existência dessa parte do corpo que julgam imprescindível. Ao convencer-se de que a mulher os enganou nesse ponto, ela se torna inaceitável como objeto sexual. Eles não podem prescindir do pênis na pessoa que irá estimulá-los ao ato sexual e, em circunstâncias favoráveis, fixam a libido na "mulher com pênis", no jovem de aparência feminina. Portanto, os homossexuais são pessoas que, devido à significação erógena do próprio genital, foram impedidas de renunciar a esta coincidência com a própria pessoa em seu objeto sexual. No desenvolvimento de autoerotismo a amor objetal, permaneceram fixadas num ponto mais próximo do autoerotismo.

É inadmissível diferenciar um instinto homossexual peculiar; o que constitui o homossexual não é uma peculiaridade da vida instintual, mas da escolha de objeto. Lembro ao leitor o que expus nos *Três ensaios sobre a teoria da sexualidade*: que erradamente imaginamos como bastante íntimo o nexo entre instinto e objeto na vida sexual. O homossexual não desprende seus instintos — talvez normais — de um objeto caracterizado por determinada condição; na infância ele pode comportar-se como o nosso Hans, que é indiscriminadamente afetuoso com meninos e meninas e chega a anunciar que o amigo Fritzl é sua "garotinha mais querida". Hans é homossexual, como todas as crianças podem ser, em inteira harmonia com o fato de que *conhece apenas uma espécie de genital*, um genital como o seu.[53]

Mas o desenvolvimento seguinte de nosso pequeno libertino não é em direção à homossexualidade, e sim uma enérgica masculinidade com traços de poligamia, que varia de comportamento segundo os diferentes objetos femininos, ora atacando de maneira ousada, ora suspirando envergonhada e ansiosamente. Numa época de penúria em outros objetos de amor, essa inclinação retorna à mãe, a partir da qual se voltou para outros, para com ela fracassar na neurose. Apenas então percebemos com que intensidade o amor à mãe se desenvolveu e por que vicissitudes havia passado. A meta sexual que ele perseguia em suas colegas de brinquedo, *dormir com elas*, já derivava da mãe. É expressa em palavras que pode conservar na vida adulta, embora o seu teor venha a sofrer uma ampliação. O menino havia achado

---

[53] [Nota acrescentada em 1923:] Mais tarde (em 1923) ressaltei que o período do desenvolvimento sexual em que se acha o nosso pequeno paciente é caracterizado, de modo bem geral, pelo conhecimento de um só genital, o masculino; à diferença da época posterior da maturidade, nele não há um primado genital, mas o primado do falo.

## III. EPÍCRISE

o caminho para o amor objetal pela via de costume, o cuidado que lhe dispensavam como criança, e uma nova experiência prazerosa tornou-se para ele decisiva, o fato de dormir junto à mãe; e na composição dessa experiência destacaríamos o prazer do contato com a pele, próprio da constituição de todos nós, que na terminologia de Moll — para nós artificial — seria designado como satisfação do instinto de contrectação.*

Em sua relação com o pai e a mãe, Hans confirma do modo mais claro e palpável tudo o que afirmei na *Interpretação dos sonhos* e nos *Três ensaios* a respeito dos vínculos sexuais dos filhos com os pais. Ele é realmente um pequeno Édipo, que gostaria de ter o pai "longe", eliminado, a fim de ficar só com a bela mãe, de dormir com ela. Esse desejo originou-se nas férias de verão, quando as presenças e ausências alternadas do pai lhe revelaram a condição de que dependia a ansiada intimidade com a mãe. Na época ele contentou-se com a versão de que o pai deveria "partir para longe", à qual pôde ligar-se depois, diretamente, o medo de ser mordido por um cavalo branco, devido a uma impressão casual na partida de outra pessoa. Depois, provavelmente em Viena, onde ele não podia mais contar com as ausências do pai, o desejo assumiu o conteúdo de que o pai estivesse longe para sempre, estivesse "morto". O medo originário desse desejo de morte em relação ao pai, ou

---

* Segundo uma nota dos *Três ensaios* (parte I, seção 5), "contrectação" designa a necessidade de ter contato com a pele; cf. também a referência no cap. III de *O chiste e sua relação com o inconsciente* (1905).

seja, um medo de motivação normal, constituiu o grande obstáculo da análise, até ser eliminado na conversa em meu consultório.[54]

Mas o nosso Hans não é realmente um malvado, nem sequer uma criança na qual as tendências cruéis e violentas da natureza humana, nessa época da vida, ainda se expressam livremente. Pelo contrário, sua índole é extraordinariamente bondosa e terna. O pai registrou que nele a transformação do pendor agressivo em compaixão sucedeu bastante cedo. Muito antes da fobia, ele se inquietava quando via açoitarem os cavalos num picadeiro, e sempre se comovia quando alguém chorava em sua presença. Num ponto da análise, um quê de sadismo reprimido apareceu em determinado contexto;[55] mas era reprimido, e depois veremos, a partir do contexto, o que significa e o que deve substituir. Hans também ama profundamente o pai, por quem nutre esses desejos de morte, e, enquanto sua inteligência põe reparos à contradição,[56] ele não pode deixar de provar a existência dela, batendo no pai e, logo em seguida, beijando o lugar acertado. Também nós não devemos nos escandalizar com essa contradição; é desses pares de opostos que se compõe a vida emocional do ser huma-

---

54 Sem dúvida, as duas coisas que ocorreram a Hans — "suco de framboesa" e "arma de matar" — não tiveram apenas um só determinante. Provavelmente ligavam-se tanto ao ódio ao pai como ao complexo da constipação. O pai, que notou ele próprio esse último nexo, pensa também em "sangue", no caso de "suco de framboesa".
55 O fato de querer provocar e bater nos cavalos.
56 Cf. as perguntas críticas que fez ao pai (acima, p. 169).

## III. EPÍCRISE

no;[57] e talvez não chegasse a haver repressão e neurose, se assim não fosse. Esses pares de opostos emocionais, que nos adultos costumam se tornar simultaneamente conscientes no auge da paixão amorosa apenas, de ordinário suprimindo um ao outro até um deles conseguir manter o outro encoberto, coexistem pacificamente na vida psíquica da criança por todo um período.

O mais importante, no desenvolvimento psicossexual de Hans, foi o nascimento de uma irmã quando ele tinha três anos e meio. Esse evento intensificou suas relações com os pais e colocou problemas insolúveis para seu pensamento; e a observação dos cuidados dispensados ao bebê iria reanimar nele os traços de lembrança das primeiras experiências prazerosas que ele mesmo tivera. Também essa influência é típica; em um número inopinadamente grande de relatos de vida e casos clínicos é preciso tomar como ponto de partida esse avivamento do prazer sexual e da curiosidade sexual que vem ligado ao nascimento do filho seguinte. A atitude de Hans para com a recém-chegada é aquela descrita na *Interpretação dos sonhos*.[58] Com febre, alguns dias depois, ele revela como discorda desse incremento na família. Primeiro há a hostilidade, a afeição poderá vir mais tarde.[59] O temor de que chegue mais uma criança

---

57 *"Das macht, ich bin kein ausgeklügelt Buch. / Ich bin ein Mensch mit seinem Widerspruch"* [Não sou, de fato, uma engenhosa obra de ficção. / Sou um homem, com sua contradição] (C. F. Meyer, *Huttens letzte Tage* [Os últimos dias de Hutten, XXVI]).
58 P. 172, 8ª ed. [cap. V, seção D ß)].
59 Cf. seus planos quando a pequena souber falar (acima, p. 202).

passa a ter um lugar no seu pensamento consciente. Na neurose, a hostilidade já suprimida é representada por um medo especial, o da banheira; na análise ele exprime abertamente o desejo de morte em relação à irmã, não se limita a alusões que o pai tem de explicitar. Sua autocrítica não faz esse desejo parecer tão grave como aquele análogo em relação ao pai; mas está claro que no inconsciente ele tratou as duas pessoas de igual modo, pois ambas lhe tiram a mãe, impedem que fique sozinho com ela.

Esse evento e os sentimentos que despertou imprimiram nova direção a seus desejos. Na vitoriosa fantasia final [p. 229], ele faz a soma de todos os seus desejos eróticos, tanto os oriundos da fase autoerótica como os relacionados ao amor objetal. Está casado com a mãe bonita e tem inúmeros filhos, dos quais pode cuidar à sua maneira.

2

Um dia, na rua, Hans teve um ataque de medo [*Angst*]. Ele não sabia dizer de que teve medo [*wovor er sich fürchtet*], mas no início do estado de angústia [*Angstzustand*] revelou ao pai o motivo de ficar doente, a vantagem da doença. Queria ficar junto à mãe, trocar carinhos com ela. Segundo o pai, a lembrança de que também estivera separado da mãe, quando o bebê nasceu, podia contribuir para esse anseio. Logo se verifica que esse medo já não podia ser retraduzido em anseio, ele também sentia temor quando a mãe ia com ele. Enquanto isso, obtivemos indicações daquilo em que se fixara a libido

## III. EPÍCRISE

transformada em angústia. Ele expressou o medo bem específico de que um cavalo branco o morderia.

Chamamos de "fobia" um estado patológico desses, e poderíamos classificar o caso de nosso pequeno como uma agorafobia, se esta afecção não se caracterizasse pelo fato de a movimentação do doente, normalmente impossível, sempre tornar-se possível com o acompanhamento de uma pessoa escolhida — do médico, em último caso. A fobia de Hans não satisfazia essa condição, logo deixou de atentar para o deslocamento e passou a ter, cada vez mais claramente, o cavalo como objeto. Nos primeiros dias ele expressou, no auge do estado de angústia, o temor de que "o cavalo vai entrar no quarto", que tanto me facilitou a compreensão de seu medo.

O lugar das "fobias" no sistema das neuroses não foi definido até agora. Parece seguro que devem ser consideradas apenas síndromes capazes de pertencer a neuroses diversas, não sendo preciso atribuir-lhes o valor de processos patológicos especiais. Para fobias como a de nosso pequeno paciente, que são realmente as mais comuns, não me parece inadequada a designação "histeria de angústia". Eu a sugeri ao dr. Wilhelm Stekel, quando ele empreendeu a descrição dos estados nervosos de angústia, e espero que venha a difundir-se.[60] Ela se justifica pela coincidência entre o mecanismo psíquico dessas fobias e o da histeria, perfeita exceto num ponto, que é decisivo, porém, e apropriado para a diferencia-

---

60 W. Stekel, *Nervöse Angstzustände und ihre Behandlung* [Estados nervosos de angústia e seu tratamento], 1908.

ção. Pois a libido que foi liberada do material patogênico pela repressão não é *convertida*, tirada da psique e usada numa inervação somática, mas sim torna-se livre como angústia. Nos casos patológicos que deparamos, essa "histeria de angústia" pode misturar-se em qualquer medida com a "*histeria de conversão*". Há também histeria de conversão pura, sem nenhuma angústia, assim como apenas histeria de angústia que se manifesta em sensações de medo e fobias, sem conversão; o caso do nosso Hans é desse último tipo.

As histerias de angústia são as mais frequentes de todas as enfermidades psiconeuróticas e, sobretudo, as que surgem primeiramente na vida; são as neuroses da infância. Se uma mãe diz que seu filho está muito "nervoso", podemos esperar, em nove entre dez casos, que a criança tenha alguma espécie de angústia ou muitos temores. Infelizmente, o sutil mecanismo dessas enfermidades tão significativas não foi ainda estudado o bastante. Ainda não se verificou se a histeria de angústia, diferentemente da histeria de conversão e de outras neuroses, depende tão só de fatores constitucionais ou vivências acidentais, ou de alguma combinação dos dois.[61] Parece-me que é a enfermidade neurótica que menos exige uma constitui-

---

61 [Nota acrescentada em 1923:] É verdade que a questão aí lançada não foi desenvolvida. Mas não há motivo para supor que a histeria de angústia seja uma exceção à regra de que constituição e vivência atuam conjuntamente na etiologia de uma neurose. A concepção de Otto Rank, relativa ao efeito do trauma do nascimento, parece lançar uma boa luz sobre a predisposição à histeria de angústia, predisposição que é tão intensa na infância.

## III. EPÍCRISE

ção especial e, portanto, a que mais facilmente pode ser adquirida em qualquer época da vida.

É fácil apontar uma característica essencial da histeria de angústia. Ela se desenvolve cada vez na direção de uma "fobia". No final, o doente pode ficar livre dos medos, mas apenas à custa das inibições e restrições a que teve de submeter-se. Desde o início há, na histeria de angústia, um constante trabalho psíquico para de novo ligar psiquicamente a angústia liberada, mas esse trabalho não pode nem levar à retransformação da angústia em libido nem estabelecer ligação com os mesmos complexos de que provém a libido. Não lhe resta senão bloquear toda ocasião possível para o desenvolvimento da angústia, mediante um anteparo psíquico da natureza de uma precaução, uma inibição, um veto, e são essas estruturas de proteção que nos aparecem como fobias e constituem, para a nossa percepção, a essência da enfermidade.

É lícito dizer que o tratamento da histeria de angústia foi, até agora, puramente negativo. A experiência mostrou ser impossível — e, em determinadas circunstâncias, perigoso — alcançar a cura da fobia de maneira violenta, colocando o doente numa situação em que não pode fugir ao desencadeamento da angústia, após ter-lhe privado de sua cobertura. Assim fazemos com que, impelido pela necessidade, ele busque proteção onde acredita achá-la, e lhe testemunhamos um inútil desprezo pela "incompreensível covardia".

Para os pais de nosso pequeno paciente ficou certo, desde o início da doença, que não se deveria zombar dele ou constrangê-lo, mas sim buscar acesso aos seus desejos reprimidos, pela via da psicanálise. O extraordinário empenho de seu pai foi recompensado pelo êxito, e suas comunicações nos darão oportunidade de penetrar na trama de uma tal fobia e seguir o curso da análise nela realizada.

Devido à sua extensão e minúcia, é possível que a análise pareça um tanto obscura para o leitor. Primeiramente, então, vou recapitular de forma abreviada o seu transcurso, deixando de lado as informações secundárias que nos distraem e enfatizando os resultados que pouco a pouco se fazem perceber.

Inteiramo-nos, em primeiro lugar, de que a irrupção do estado de angústia não foi tão súbita como pareceu de início. Alguns dias antes o menino acordou ao ter um sonho angustiado, no qual a mãe ia embora e ele não mais tinha uma mãe para fazer carinhos. Esse sonho já indica um processo de repressão consideravelmente forte. Sua explicação não pode ser, como em muitos outros sonhos angustiados, que o garoto sentiu angústia a partir de alguma fonte somática e usou essa angústia para satisfazer um desejo inconsciente que de outro modo seria fortemente reprimido (cf. *Interpretação dos sonhos*, 8ª ed., p. 399 [cap. v, seção D]), mas que se trata de um genuíno sonho de castigo e repressão, no qual, além disso, malogra a função do sonho, pois a criança desperta angustiada do sono. O verdadeiro processo no inconsciente pode ser facilmente reconstruído. O garoto sonhou que trocava carinhos com a mãe, dormia

## III. EPÍCRISE

com ela; todo prazer se transformou em medo e todo conteúdo ideativo se transformou em seu contrário. A repressão obteve vitória sobre o mecanismo do sonho.

Mas o começo dessa situação psicológica vai ainda mais longe. Já no verão houve semelhantes estados de anseio e angústia, durante os quais ele disse coisas semelhantes, que então lhe trouxeram a vantagem de ser acolhido na cama pela mãe. Podemos supor que havia em Hans, desde essa época, uma exaltada excitação sexual cujo objeto é a mãe, cuja intensidade se manifesta em duas tentativas de sedução da mãe — a última pouco antes da irrupção do medo —, e que toda noite se desafoga e tem satisfação na atividade masturbatória. Se a transformação dessa excitação ocorre espontaneamente ou devido à rejeição por parte da mãe, ou pelo casual despertar de impressões antigas pela "causa imediata" da doença, de que ainda falaremos — eis algo que não podemos decidir, e que talvez também não importe, pois os três casos diferentes não podem ser vistos como opostos. O fato é que a excitação sexual transformou-se em angústia.

Já sabemos qual a conduta do menino no princípio da angústia, e também que o primeiro conteúdo que atribui a ela é que *um cavalo* vai mordê-lo. Aqui se deu a primeira ingerência da terapia. Os pais lhe chamam a atenção para o fato de que o medo é consequência da masturbação, e o incitam a abandonar esse hábito. Eu lembro aos pais que devem enfatizar bastante, ao falar com ele, a ternura pela mãe, que ele busca substituir pelo medo aos cavalos. Após essa intervenção há uma ligeira melhora, que logo desaparece, num período de doença física. Não há mudança em seu estado. Logo depois, Hans relaciona o medo de ser mordido por um cavalo com a reminiscência de uma impressão recebida em Gmunden. Um pai disse à filha que partia: "Não ponha o dedo na frente do cavalo, senão ele vai mordê-lo". A expressão que ele usa para relatar a advertência desse pai é semelhante àquela do aviso contra a masturbação (*den Finger hingeben* ["pôr o dedo"]). Assim, os pais parecem inicialmente ter razão em achar que Hans se apavora com sua própria satisfação onanista. Mas o vínculo ainda é frouxo, e os cavalos parecem ter adquirido casualmente o seu papel assustador.

Eu exprimi a suposição de que seu desejo reprimido seria o de querer ver a todo custo o faz-pipi da mãe. Como sua conduta em relação à nova criada se harmoniza com isso, o pai lhe dá o primeiro esclarecimento: as mulheres não têm faz-pipi. Ele reage a essa primeira ajuda comunicando uma fantasia, a de que viu a mãe quando ela mostrou seu faz-pipi.[62] Essa fantasia e um comentário feito durante a conversa, de que seu faz-pipi crescia junto, permitem o primeiro vislumbre dos cursos de pensamento inconscientes do garoto. Ele realmente se achava sob o efeito posterior da ameaça de castração expressa pela mãe há um ano e três meses, pois a fantasia de que a mãe estava fazendo a mesma coisa, a réplica habitual das crianças repreendidas, deve servir

---

62 Pelo contexto podemos acrescentar: e o tocou (p. 154). Pois ele mesmo não pode mostrar seu faz-pipi sem tocá-lo.

## III. EPÍCRISE

à sua justificativa própria; é uma fantasia de proteção e defesa. Precisamos notar, ao mesmo tempo, que foram os pais que extraíram do material patogênico atuante no menino o tema da castração. Ele os acompanhou nisso, mas ainda sem intervir por iniciativa própria na análise. Não se observa êxito terapêutico. A análise está bem longe dos cavalos, e a informação de que as mulheres não têm faz-pipi presta-se antes, devido ao seu teor, para aumentar a inquietude com a preservação de seu próprio faz-pipi.

Mas não é o sucesso terapêutico que buscamos em primeiro lugar; queremos, isto sim, pôr o paciente em condição de apreender conscientemente seus desejos inconscientes. E obtemos isso apresentando à sua consciência, *com nossas palavras*, o complexo inconsciente, a partir dos indícios que ele nos traz e com a ajuda de nossa arte interpretativa. O quê de semelhança entre aquilo que ele ouviu e aquilo que ele procura, que, apesar de todas as resistências, quer chegar à consciência, põe-no em condição de achar o inconsciente. O médico se acha um tanto à sua frente na compreensão; ele o segue por seus próprios caminhos, até se encontrarem na meta designada. Os novatos na psicanálise costumam fundir esses dois momentos e tomar o instante em que percebem um complexo inconsciente do enfermo como aquele em que também o enfermo o apreende. Esperam coisa demais se querem curar o doente comunicando esse conhecimento, quando ele pode usar a informação apenas como auxílio para descobrir o complexo inconsciente *onde este se acha ancorado* em seu inconsciente. Um primeiro sucesso desse tipo alcançamos agora com Hans. Após dominar parcialmente o complexo de castração, ele é capaz de comunicar seus desejos em relação à mãe, e o faz, ainda de maneira deformada, mediante a *fantasia das duas girafas*, na qual uma grita em vão, porque ele apoderou-se da outra. A tomada de posse ele representa com a imagem de "sentar em cima". O pai reconhece nessa fantasia a reprodução de uma cena ocorrida entre os pais e o filho no quarto, de manhã, e logo afasta do desejo a deformação que ainda o cerca. Ele e a mãe são as girafas. O disfarce na fantasia das girafas foi determinado pela visita feita a esses grandes animais em Schönbrunn alguns dias antes, pelo desenho de girafa que o pai conservou de um período anterior, e talvez também por uma comparação inconsciente, relacionada ao longo e rígido pescoço da girafa.[63] Notamos que a girafa poderia tornar-se um concorrente do cavalo em seu papel amedrontador, sendo um animal grande e interessante, devido ao seu faz-pipi, e também que o fato de o pai e a mãe serem apresentados como girafas fornece um indício momentaneamente não aproveitado para a interpretação do medo de cavalos.

Duas fantasias menores são produzidas por Hans logo após a das girafas: a de que ele entra num espaço proibido, em Schönbrunn, e de que despedaça uma janela no bonde. Em ambas se enfatiza o elemento castigável da ação e o pai aparece como cúmplice. Infeliz-

---

[63] Está de acordo com isso a admiração pelo pescoço do pai, depois manifestada por Hans.

## III. EPÍCRISE

mente elas escapam à interpretação do pai, e por isso Hans não obtém proveito de sua comunicação. Mas o que permaneceu incompreendido retorna; não descansa, como um espírito irredento, até alcançar a resolução e a redenção.

O entendimento das duas fantasias infratoras não nos traz dificuldade. Fazem parte do complexo de tomada de posse da mãe. No menino há como que uma vaga noção do que poderia fazer com a mãe, algo com que estaria consumada a posse, e para esse algo inapreensível ele encontra certas representações visuais* que têm em comum o caráter violento e proibido, e cujo teor nos parece harmonizar-se notavelmente com a realidade oculta. Podemos dizer apenas que são fantasias simbólicas do coito, e não é nada secundário que nelas o pai seja cúmplice: "Eu quero fazer algo com a mamãe, algo proibido, não sei bem o quê, mas você também faz".

A fantasia das girafas reforçou-me uma convicção que já se formava quando o pequeno Hans disse que "o cavalo vai entrar no quarto", e achei que era o momento de informar-lhe, como algo essencial de postular quanto a seus impulsos inconscientes, seu medo do pai devido aos desejos ciumentos e hostis em relação a ele. Com isso interpretei-lhe em parte o medo ante os cavalos, o pai tinha de ser o cavalo que ele temia com boa motivação interna. Certas particularidades ante as quais Hans

---

* "Representações visuais": *bildliche Vertretungen* — nas traduções consultadas: *representaciones gráficas, subrogaciones figurales, immagini, pictorial representations*.

manifestava medo, o preto na boca e o que havia diante dos olhos (bigode e óculos como prerrogativas do homem adulto), pareciam-me transpostas diretamente do pai para os cavalos.

Com esse esclarecimento eliminei a mais eficaz resistência a que os pensamentos inconscientes de Hans se tornassem conscientes, já que o próprio pai exercia o papel de médico. O auge do estado [patológico] ficou para trás, o material fluiu abundantemente, o pequeno mostrou coragem ao informar detalhes de sua fobia, e logo interveio autonomamente no curso da análise.[64]

Somente então tomamos conhecimento de quais objetos e impressões produzem medo em Hans. Ele receia não apenas cavalos e que estes o mordam — a respeito disso logo deixará de falar —, mas também carruagens, carruagens de mudança e de transporte coletivo, que têm em comum, logo se verifica, a sua pesada carga; e cavalos que se põem em movimento, cavalos de aparên-

---

[64] Também nas análises em que não há parentesco entre o médico e o paciente o medo do pai tem papel muito significativo como resistência à reprodução do material patogênico inconsciente. As resistências têm, em parte, a natureza de "motivos" [temas recorrentes]; além disso, como neste exemplo, uma parte do material inconsciente é capaz, *por seu conteúdo*, de servir como inibição à reprodução de outra parte. [Em seguida a essa nota, na edição *Standard*, James Strachey informa que as duas últimas frases pareceram obscuras aos tradutores desse caso clínico — ele e sua esposa, Alix — em 1925; ao comunicarem isso a Freud, ele determinou que elas fossem omitidas naquela primeira edição inglesa. Strachey acrescenta que a questão mencionada nessa nota seria análoga à do caráter congênito das "fantasias primárias"].

## III. EPÍCRISE

cia grande e pesada, cavalos que andam rapidamente. O sentido dessas especificações é dado pelo próprio Hans: ele tem medo de os cavalos *caírem*, e incorpora à sua fobia tudo o que parece facilitar a queda dos cavalos.

Não é raro que apenas depois de algum esforço psicanalítico se chegue a ouvir o conteúdo verdadeiro de uma fobia, as palavras exatas de um impulso obsessivo etc. A repressão não atingiu apenas os complexos inconscientes, ela continua a voltar-se contra os derivados deles, impedindo que o paciente perceba os produtos mesmos da doença. O médico se acha na curiosa situação de correr em auxílio da doença, a fim de chamar a atenção para ela; mas apenas quem se engana por inteiro quanto à natureza da psicanálise pode sublinhar esse estágio do esforço e, por conta disso, esperar que a análise prejudique. A verdade é que não se enforca um malfeitor sem antes prendê-lo, e é preciso algum trabalho para agarrar as formações patológicas que se quer destruir.

Já mencionei, nas glosas que acompanhavam a história clínica, que é muito instrutivo abordar assim detalhadamente uma fobia e adquirir a sólida impressão de que entre o medo e seus objetos há uma relação produzida de forma secundária. Daí a natureza peculiarmente difusa e também rigorosamente condicionada de uma fobia. Nosso pequeno paciente colheu o material para essas soluções específicas, naturalmente, nas impressões que dia após dia pode ter ante seus olhos, graças à localização do apartamento onde mora, em frente à Alfândega. Nisso ele também revelou um impulso, então inibido pelo medo, de brincar com as cargas das carruagens, com os pacotes, tonéis e caixas, tal como os meninos da rua.

Nesse estágio da análise ele recorda a vivência, em si pouco relevante, que precedeu imediatamente a irrupção da doença, e que pode ser vista como a causa imediata dessa irrupção. Ele foi passear com a mãe e viu um cavalo de carruagem-ônibus cair e se debater. Isso causou enorme impressão nele. Ficou aterrorizado, achou que o cavalo estava morrendo; a partir de então, todos os cavalos iriam cair. O pai lhe diz que, ao ver o cavalo cair, ele deve ter pensado nele, no pai, e desejado que ele caísse e morresse assim. Hans não contesta essa interpretação; e pouco depois, através de uma brincadeira em que morde o pai, aceita a identificação deste com o cavalo temido, e passa a comportar-se de modo livre e desassombrado diante do pai, até mesmo um pouco insolente. O medo de cavalos persiste, no entanto, e ainda não está claro mediante qual encadeamento os seus desejos inconscientes foram agitados pelo cavalo que cai.

Vamos sumarizar o que até agora alcançamos: por trás do medo manifestado em primeiro lugar, de que o cavalo o morderia, foi descoberto o medo mais profundo de que o cavalo caísse, e ambos, o cavalo que morde e o que cai, são o pai que o castigaria, por abrigar desejos tão maus em relação a ele. Nesse meio tempo a análise afastou-se da mãe.

De modo inesperado, e certamente sem contribuição do pai, Hans começa a ocupar-se do complexo do *Lumpf* e a mostrar nojo de coisas que lhe lembram a evacuação. O pai, que reluta em acompanhá-lo nesse ponto, conti-

## III. EPÍCRISE

nua a análise na direção que pretende, e faz Hans lembrar algo acontecido em Gmunden, cuja impressão se escondia atrás daquela do cavalo de carruagem que caía. Fritzl, seu querido colega nas brincadeiras, talvez também seu rival junto às coleguinhas, tropeçou numa pedra, brincando de cavalo, caiu e feriu o pé, que ficou sangrando. Ao presenciar a queda do cavalo de carruagem-ônibus, Hans lembrou-se daquele acidente. É digno de nota que ele, no momento ocupado com outras coisas, começa negando a queda de Fritzl, o acontecimento que produz o nexo [entre as duas cenas], e só num estágio posterior da análise a admite. Mas para nós é interessante ressaltar como a transformação da libido em medo é projetada no principal objeto da fobia, o cavalo. Os cavalos eram, para ele, os mais interessantes animais grandes, e brincar de cavalo era a sua brincadeira predileta com os amiguinhos. A suposição de que o pai foi a primeira pessoa a lhe servir de cavalo é confirmada pelo pai; de modo que no acidente em Gmunden este pôde substituir Fritzl. Após a reviravolta trazida pela repressão ele passou a temer os cavalos, que antes estavam associados a muito prazer.

Mas, como já foi dito, devemos ao pai esse último e significativo esclarecimento sobre a atuação da causa imediata da doença. Hans continua com interesse no *Lumpf*, e temos de acompanhá-lo nisso. Somos informados de que antes ele insistia em ir junto com a mãe ao toalete, e que repetiu esse costume com sua amiga Berta, então substituta da mãe, até que isso ficou notório e foi proibido. O prazer de observar as funções naturais de uma pessoa amada corresponde a um "entrelaçamento de instintos", do qual já vimos um exemplo em Hans. Por fim, também o pai penetra no simbolismo do *Lumpf* e reconhece a analogia entre uma carruagem bastante carregada e um ventre repleto de fezes, o modo como a carruagem sai pelo portão e como as fezes abandonam o ventre etc.

Mas a posição de Hans na análise mudou substancialmente em relação a estágios anteriores. Se antes o pai era capaz de predizer o que viria, até que Hans, seguindo a indicação, corria a alcançá-lo, agora este vai adiante com passo seguro, enquanto o pai tem dificuldade em segui-lo. Hans traz subitamente uma nova fantasia: o bombeiro ou encanador desatarraxou a banheira em que ele está, e encostou-lhe na barriga a sua grande furadeira. A partir desse instante, nossa compreensão caminha claudicantemente atrás do material. Só mais tarde percebemos que isso é a reelaboração, distorcida pelo medo, de uma *fantasia de fecundação*. A grande banheira com água, em cujo interior se acha Hans, é o ventre materno; a "furadeira" [*Bohrer*], que já o pai reconhece como um grande pênis, é mencionada por sua ligação com "nascer"[*Geborenwerden*]. Naturalmente soa bastante peculiar a interpretação que temos que dar à fantasia: "com seu grande pênis você me '*gebohrt*' (*zur Geburt gebracht*) ['furou' (fez nascer)] e me pôs no ventre materno". Mas naquele momento a fantasia foge à interpretação, servindo a Hans apenas como ponto para dar prosseguimento a suas comunicações.

Diante do banho na banheira grande, Hans mostra um medo que também é de natureza composta. Uma

## III. EPÍCRISE

parte dele ainda nos escapa, a outra logo será explicada por sua relação com o banho da irmã pequena. Hans admite o desejo de que a mãe deixe cair a pequena durante o banho, de modo que ela morra. Seu próprio medo, no banho, é o da retribuição por esse desejo mau, da punição de que a mesma coisa lhe suceda. Ele deixa o tema do *Lumpf* e passa diretamente ao da irmãzinha. Mas podemos imaginar o que significa essa justaposição: que a pequena Hanna é ela mesma um *Lumpf*, que todos os bebês são *Lumpfe* [a forma plural do termo, em alemão] e que nascem como *Lumpfe*. Agora compreendemos que todas as carruagens de mudança, de carga e de transporte coletivo são apenas carroças de caixas de cegonhas, tinham interesse para ele apenas como representações simbólicas da gravidez, e que ele não pode ter visto, na queda dos cavalos pesados ou pesadamente carregados, outra coisa que não um parto, um dar à luz [*Niederkommen*, literalmente "descer, cair"]. O cavalo caindo era, portanto, não apenas o pai moribundo, mas também a mãe dando à luz.

Neste ponto, Hans traz uma surpresa para a qual não estávamos realmente preparados. Ele percebeu a gravidez da mãe, que terminou com o nascimento da irmãzinha, quando ele tinha três anos e meio, e, ao menos depois do parto, reconstruiu dentro de si os fatos, ainda que sem expressá-los, talvez sem poder expressá-los. Podia-se apenas observar, na época, que imediatamente após o parto ele mostrou-se bastante cético ante os indícios que apontariam para a presença da cegonha. Mas o fato *de que no seu inconsciente, em total oposição a suas palavras oficiais, ele sabia de onde vinha o bebê e onde havia ficado antes* é provado sem sombra de dúvida por essa análise; é talvez a parte mais inatacável dela.

A prova convincente disso é proporcionada pela fantasia, por ele mantida com obstinação e adornada com tantos detalhes, de que já no verão antes do nascimento Hanna estava com eles em Gmunden, de como ela viajou para lá e era capaz de fazer mais coisas do que um ano depois, após o seu nascimento. A desfaçatez com que Hans apresenta essa fantasia, as inúmeras mentiras loucas que nela entretece, não são de modo algum absurdas; tudo deve se prestar para sua vingança do pai, a quem ele guarda rancor por enganá-lo com a fábula da cegonha. É bem como se ele quisesse dizer: "Se você me achou tão tolo e imaginou que eu acreditava que a cegonha havia trazido Hanna, em troca eu posso exigir que tome por verdades minhas invenções". A esse ato de vingança do pequeno pesquisador sucede, em clara conexão, a fantasia de provocar e bater nos cavalos. Também ela é duplamente constituída: por um lado se apoia na provocação que acabou de fazer ao pai e, por outro, traz de novo os obscuros desejos sádicos em relação à mãe, que, inicialmente não compreendidos, haviam se manifestado nas fantasias das ações proibidas. Conscientemente ele também confessa a vontade de bater na mãe.

Agora já não temos muitos enigmas adiante. A obscura fantasia de perder o trem parece uma precursora da ideia posterior de instalar o pai com a avó em Lainz, pois diz respeito a uma viagem a Lainz e a avó aparece

## III. EPÍCRISE

nela. Uma outra fantasia, na qual um menino dá 50 mil florins ao condutor para deixá-lo guiar a carruagem, soa quase como um plano de comprar a mãe ao pai, já que a força deste se acha na riqueza, em parte. Depois ele confessa o desejo de eliminar o pai pelo fato de este atrapalhar sua intimidade com a mãe, com uma franqueza de que até então não era capaz. Não devemos nos admirar de que os mesmos desejos surjam repetidamente no curso da análise; a monotonia aparece apenas com as interpretações a eles relacionadas; para Hans não são meras repetições, mas passos num progressivo desenvolvimento desde a tímida insinuação até a clareza plena e consciente, livre de qualquer distorção.

O que resta são as confirmações, por parte de Hans, dos resultados analíticos já alcançados em nossa interpretação. Num ato sintomático inequívoco, que ele disfarça um pouco diante da criada, mas não do pai, ele mostra como imagina ser um nascimento; se observamos mais detidamente, porém, ele mostra algo mais, alude a uma coisa de que não mais se falará durante a análise. Ele enfia uma faquinha que pertence à mãe no furo do corpo de uma boneca de borracha, e a deixa novamente sair, afastando-lhe as pernas. O esclarecimento seguinte dado pelos pais, de que os bebês realmente crescem no corpo da mãe e são colocados para fora como um *Lumpf*, vem tarde demais; já não lhe diz nada de novo. Mediante outro ato sintomático, que sucede como que por acaso, ele admite ter desejado a morte do pai, quando, no momento em que este fala desse desejo de morte, deixa cair, ou seja, derruba, um cavalo com o qual está brincando. Ele confirma verbalmente que as carruagens de carga pesada representavam para ele a gravidez da mãe, e que o cavalo caindo era como quando se tem um filho. A mais preciosa corroboração nesse ponto, a prova de que os bebês são *Lumpfe*, através da invenção do nome "Lodi" para seu filho favorito, chega atrasada ao nosso conhecimento, pois nos inteiramos de que durante muito tempo ele brincou com essa filha-salsicha.[65]

Já abordamos as duas fantasias finais de Hans, com as quais se completa seu restabelecimento. Uma, a do encanador que lhe coloca um faz-pipi novo e, como adivinha o pai, maior, não é apenas repetição daquela anterior, que tratava do encanador e da banheira. É uma vitoriosa fantasia contendo um desejo, e envolve a superação do medo de castração. A segunda, que admite o desejo de estar casado com a mãe e ter muitos filhos com ela, não esgota simplesmente o conteúdo dos complexos inconscientes que se haviam despertado com a visão do cavalo caindo e que tinham gerado o medo — ela também corrige o que naquele pensamento era inaceitável, pois, em vez de matar o pai, torna-o inofensivo, promovendo-o a noivo da avó. Com essa fantasia chegam ao fim, apropriadamente, a doença e a análise.

---

65 Em um número do *Simplicissimus* há uma série do genial desenhista T. T. Heine, em que o filho de um salsicheiro cai na máquina de fazer salsichas e depois, na forma de uma chouricinha, é pranteado pelos pais e consagrado, subindo afinal para o céu. O episódio de Lodi permite relacionar essa ideia, estranha à primeira vista, com sua raiz infantil.

## III. EPÍCRISE

Durante a análise de um caso não se pode ter uma impressão nítida da estrutura e desenvolvimento de uma neurose. Isso requer um trabalho de síntese, que deve ser realizado num segundo momento. Se empreendemos tal síntese no caso da fobia do pequeno Hans, partimos do quadro de sua constituição, de seus desejos sexuais predominantes e de suas vivências até o nascimento da irmã, que já apresentamos em páginas anteriores deste ensaio.

A chegada da irmã significou para ele muitas coisas novas, que a partir de então não o deixaram tranquilo. Primeiramente alguma privação: no início, uma separação temporária da mãe, e depois uma permanente diminuição do cuidado e da atenção dela, que ele teve de acostumar-se a partilhar com a irmã. Em segundo lugar, uma revivescência dos prazeres de quando era cuidado como um bebê, trazida por tudo o que via a mãe fazer com a irmã. Dessas duas influências resultou um aumento de suas necessidades eróticas, às quais começou a faltar satisfação. A perda que a irmã lhe trouxe ele compensa com a fantasia de ele próprio ter filhos, e, enquanto pôde realmente brincar com essas crianças em Gmunden (na segunda estadia), seu afeto encontrou desafogo suficiente. De volta a Viena, porém, achou-se novamente só, dirigiu à mãe todas as suas demandas e experimentou mais privação, pois desde a idade de quatro anos e meio fora banido do quarto dos pais. Sua excitabilidade erótica, intensificada, exteriorizou-se então em fantasias que invocavam, na sua solidão, as brincadeiras das férias, e em regular satisfação autoerótica pelo estímulo masturbatório do genital.

Em terceiro lugar, o nascimento da irmã o incitou a um labor de pensamento que, por um lado, não podia ter conclusão, e, por outro, o envolvia em conflitos emocionais. Apareceu-lhe o grande enigma da origem das crianças, talvez o primeiro problema a desafiar os poderes intelectuais da criança, e do qual o enigma da esfinge de Tebas provavelmente é uma versão deformada. Ele rejeitou o esclarecimento oferecido, de que a cegonha havia trazido Hanna. Pois havia notado que meses antes do nascimento da pequenina o corpo de sua mãe havia aumentado, que ela havia se deitado na cama, gemido durante o parto e, depois, havia se levantado mais magra. Concluiu, então, que Hanna permanecera no corpo da mãe e dele saíra como um *Lumpf*. Podia imaginar o ato de parir como algo prazeroso, relacionando-o a suas primeiras sensações prazerosas ao evacuar, podia então desejar ter filhos ele próprio, a fim de pari-los com prazer e depois (com o prazer da represália, digamos) cuidar deles. Nisso tudo nada havia que o levasse a dúvidas ou conflitos.

Mas uma outra coisa iria perturbá-lo. O pai devia ter algo a ver com o *nascimento* da irmãzinha, pois afirmava que Hanna e ele eram seus filhos. Mas certamente a mãe é que os havia posto no mundo, não o pai. Este ficava no caminho entre ele e a mãe. Quando estava em casa, Hans não podia dormir junto com a mãe, e quando ela queria acolhê-lo na cama, o pai protestava. Hans havia aprendido como era bom para ele quando o pai se ausentava, e o desejo de livrar-se do pai justificou-se para ele. E então essa hostilidade foi reforçada. O pai lhe contara

## III. EPÍCRISE

a mentira da cegonha, tornando-lhe impossível pedir esclarecimento sobre essas coisas. Não apenas o impediu de estar na cama com a mãe, mas privou-o também do conhecimento que ambicionava. Prejudicou-o nos dois sentidos, e evidentemente em benefício próprio.

O fato de que ele sempre amara e continuaria amando esse mesmo pai que ele tinha de odiar como rival, de que este era seu modelo, seu primeiro colega nos brinquedos e também seu "guardador" nos primeiros anos, deu origem ao primeiro conflito emocional, inicialmente insolúvel. Tal como evoluiu a natureza de Hans, o amor tinha de prevalecer temporariamente e suprimir o ódio, sem poder eliminá-lo,* pois foi sempre realimentado pelo amor à mãe.

O pai não apenas sabia de onde vêm os bebês, ele também fazia realmente aquilo que Hans apenas intuía vagamente. O faz-pipi devia ter algo a ver com isso, pois sua excitação acompanhava todos esses pensamentos, e seria um faz-pipi grande, maior do que o dele próprio. Conforme as indicações dos sentimentos que então surgiam, devia ser um ato violento o que era praticado com a mãe, um destroçamento, um ato de abrir, de penetrar num espaço fechado, para cuja realização o garoto podia sentir dentro de si o impulso. Mas, embora estivesse a caminho de postular a existência da vagina a partir das sensações de seu pênis, ele não conseguia solucionar o

---

* "Suprimir/eliminar": *unterdrücken/aufheben*; as versões consultadas recorreram a: *mantenerlo sometido/hacerlo desaparecer, sofocar/cancelar, lo represse/eliminare, suppress/kill*; cf. nota à p. 169, acima.

mistério, pois em seu conhecimento não havia algo como o que o faz-pipi necessitava; pelo contrário, a convicção de que a mãe possuía um faz-pipi como o seu atrapalhava a solução. A tentativa de discernir o que era preciso fazer com a mãe, para que ela tivesse filhos, afundou no inconsciente, e os dois impulsos ativos, aquele hostil para com o pai e aquele sádico-afetuoso com a mãe, permaneceram sem aplicação, um devido ao amor existente junto ao ódio, o outro em virtude da perplexidade resultante das teorias sexuais infantis.

Somente dessa maneira pude, apoiando-me nos resultados da análise, reconstruir os complexos e desejos cuja repressão e cujo redespertar fizeram aparecer a fobia do pequeno Hans. Bem sei que assim se atribui muita coisa à capacidade mental de um menino de quatro a cinco anos de idade, mas deixo-me guiar pelo que aprendemos de novo, e não me considero atado pelos preconceitos de nossa ignorância. Talvez fosse possível utilizar o medo do "barulho com os pés" para ainda preencher lacunas em nossa demonstração. Hans afirmou, é verdade, isso lhe lembra seu esperneio, quando era obrigado a interromper suas brincadeiras para fazer *Lumpf*, de modo que esse elemento da neurose entra em relação com o problema de saber se a mãe tem filhos por querer ou apenas coagida; mas não tenho a impressão de que isso explique inteiramente o "barulho com os pés". O pai não pôde confirmar minha suposição de que no menino se ativou a reminiscência de um intercurso sexual dos pais, por ele observado no quarto. Contentemo-nos, então, com aquilo que averiguamos.

## III. EPÍCRISE

É difícil dizer, e talvez somente a comparação com várias análises semelhantes possa decidir, que influência levou Hans à reviravolta na situação descrita, à transformação do anseio libidinoso em angústia. Seria decisiva a incapacidade intelectual de o menino resolver o duro problema da geração de crianças e lidar com os impulsos agressivos liberados pelo avizinhamento da solução, ou uma incapacidade somática, uma intolerância de sua constituição à gratificação masturbatória regularmente praticada? A mera permanência da excitação sexual em tal intensidade levaria à mudança? Apenas coloco essas questões, até que uma maior experiência acorra em nosso auxílio.

Circunstâncias cronológicas impedem que se atribua muita importância ao motivo ocasional na irrupção da doença, pois indícios de angústia já se observavam em Hans há muito tempo, antes de ele presenciar a queda do cavalo na rua.

No entanto, a neurose surgiu diretamente ligada a esta vivência acidental, e conservou traço dela ao alçar o cavalo a objeto de angústia. Em si, esta impressão não carrega uma "força traumática"; apenas a anterior significação do cavalo como objeto de predileção e interesse e a ligação a uma vivência em Gmunden que seria mais propriamente traumática, quando Fritzl caiu ao brincarem de cavalo, assim como a fácil associação de Fritzl com o pai, é que dotaram de enorme ressonância o acidente visto por acaso. E provavelmente não bastariam tampouco essas relações, se a mesma impressão não se revelasse apropriada, em virtude da flexibilidade e polissemia dos nexos associativos, a mobilizar o segundo dos complexos à espreita no inconsciente de Hans, o relativo ao parto da mãe grávida. A partir de então estava aberto o caminho para o retorno do reprimido, e ele foi percorrido de maneira que *o material patogênico apareceu retrabalhado (transposto) no complexo dos cavalos e os afetos concomitantes apareceram uniformemente transformados em angústia.*

É digno de nota que o então conteúdo ideativo da fobia ainda tivesse de sofrer uma deformação e substituição, antes que a consciência dele tomasse conhecimento. A primeira formulação do medo por parte de Hans foi: "o cavalo vai me morder"; ela deriva de outra cena em Gmunden, que, por um lado, tem relação com o desejo hostil para com o pai e, por outro lado, lembra a advertência contra a masturbação. Houve aí uma interferência que talvez partisse dos pais; não estou seguro de que os relatos sobre Hans tenham sido feitos com cuidado suficiente para decidirmos se ele deu à sua angústia essa expressão *antes ou apenas depois* que a mãe o repreendeu por causa da masturbação. Em oposição ao que foi relatado na história clínica, inclino-me pelo segundo caso. Aliás, é evidente que o complexo hostil em relação ao pai esconde aquele lascivo em relação à mãe, tal como na análise se descobriu e lidou-se com ele primeiramente.

Em outros casos haveria muito mais a dizer sobre a estrutura de uma neurose, seu desenvolvimento e expansão, mas a história clínica do pequeno Hans é bastante curta; logo depois do começo, dá lugar à história do tratamento. Se a fobia, durante o tratamento, pareceu continuar a desenvolver-se, incluindo em seu

## III. EPÍCRISE

âmbito novos objetos e novas condições, o pai, sendo ele próprio quem tratava o filho, naturalmente teve percepção suficiente para ver nisso apenas um aparecimento de material já pronto, e não uma produção nova que se poderia imputar ao tratamento. Com essa percepção não se pode contar em outros casos de tratamento.

Antes de dar por concluída esta síntese, devo abordar um outro aspecto, com o qual nos acharemos no centro das dificuldades para a compreensão dos estados neuróticos. Vemos como o nosso paciente é tomado por forte onda de repressão, que atinge precisamente os seus componentes sexuais dominantes.[66] Ele se distancia da masturbação, e com nojo afasta de si o que lembra fezes e observação das funções naturais. Mas não são esses os componentes excitados na ocasião precipitadora da doença (a visão do cavalo caindo) e que fornecem o material para os sintomas, o conteúdo da fobia.

Aqui temos ocasião, portanto, de estabelecer uma distinção de princípio. É provável que cheguemos a uma compreensão mais profunda do caso se nos voltarmos para aqueles outros componentes que satisfazem as duas últimas condições mencionadas. Eles são, em Hans, tendências que antes já eram reprimidas e, tanto quanto sabemos, nunca puderam manifestar-se de forma desinibida, sentimentos hostis-ciumentos

---

66 O pai observou, inclusive, que simultaneamente a essa repressão surge nele um tanto de sublimação. A partir do começo da angústia ele mostra interesse intenso pela música e desenvolve seu dom musical hereditário.

em relação ao pai e impulsos sádicos, correspondentes a vagas intuições do coito, em relação à mãe. Nessas repressões de primeira hora talvez se ache a predisposição para o adoecimento que vem depois. Essas tendências agressivas não encontraram saída em Hans, e quando buscaram irromper fortalecidas, numa época de privação e exaltada excitação sexual, rebentou a luta que chamamos de "fobia". Durante ela, uma parte das ideias reprimidas, distorcidas e transpostas para outro complexo, penetra na consciência como conteúdo da fobia; mas não há dúvida de que esse é um miserável sucesso. A vitória continua sendo da repressão, *que nessa oportunidade se estende a outros componentes que não os que avançaram*. Isso em nada muda o fato de que a essência da enfermidade permanece ligada à natureza dos componentes instintuais a serem rechaçados. O propósito e o conteúdo da fobia são uma enorme restrição da liberdade de movimento; ela é, portanto, uma poderosa reação aos obscuros impulsos ao movimento, que se dirigem sobretudo para a mãe. Para o menino, o cavalo foi sempre o modelo do prazer no movimento ("Eu sou um cavalinho", diz Hans ao dar pulos), mas, como esse prazer no movimento inclui o impulso para o coito, a neurose o restringe, e eleva o cavalo a símbolo do pavor. É como se aos instintos reprimidos na neurose restasse apenas a honra de fornecer os pretextos para a angústia na consciência. Mas, embora seja nítida a vitória da rejeição da sexualidade na fobia, a natureza de compromisso da enfermidade não consente que o que é reprimido não obtenha algo mais. Pois a fobia dos ca-

## III. EPÍCRISE

valos é um impedimento a sair para a rua, e pode servir como recurso para ficar em casa, junto à mãe amada. Nisso, portanto, a ternura pela mãe foi vitoriosa; graças à fobia, o amante se apega ao objeto amado, mas é certo que agora se tomou cuidado para que ele permaneça inofensivo. Nesses dois efeitos se mostra a autêntica natureza de uma enfermidade neurótica.

Recentemente, num trabalho rico em ideias, do qual tiramos a expressão "entrelaçamento de instintos", Alfred Adler[67] sustentou que a angústia vem da repressão do que ele chama "instinto de agressão", e, numa vasta síntese, atribuiu a esse instinto o papel principal nos acontecimentos, "na vida e na neurose". Ao chegar à conclusão de que em nosso caso de fobia deve-se explicar a angústia pela repressão daquelas tendências agressivas, as hostis em relação ao pai e as sádicas em relação à mãe, parecemos trazer uma patente confirmação da concepção de Adler. Mas não posso aprová-la, pois a considero uma generalização equivocada. Não posso decidir-me a supor um instinto de agressão especial, ao lado e no mesmo plano dos instintos sexuais e de autoconservação que nos são familiares.[68] Parece-me que, injustificadamente,

---

67 Op. cit.
68 [Nota acrescentada em 1923:] O que se acha no texto foi escrito numa época em que Adler parecia estar ainda no terreno da psicanálise, antes de ele postular o protesto masculino e negar a repressão. Desde então eu também me vi obrigado a estabelecer um "instinto de agressão", que não coincide com o de Adler, porém. Prefiro chamá-lo "instinto de destruição" ou "de morte" (*Além do princípio do prazer*, *O Eu e o Id*). Sua oposição aos instintos libidinais se ma-

Adler hipostasiou num instinto especial uma característica geral e imprescindível de todos eles, ou seja, o "instintual" [*triebhaft*] e premente nos instintos, o que podemos descrever como a capacidade de dar ímpeto à motilidade. Dos outros instintos restaria apenas sua relação com uma meta, depois que lhes é retirada, pelo instinto de agressão, a relação com os meios de atingir essa meta. Não obstante a incerteza e pouca clareza de nossa teoria dos instintos, no momento prefiro ater-me à concepção habitual, que deixa a cada instinto sua própria capacidade de tornar-se agressivo, e enxergar conhecidos componentes da libido sexual nos dois instintos que em Hans são afetados pela repressão.

## 3

Antes de passar ao que provavelmente serão breves discussões do que se pode retirar de valioso, na fobia do pequeno Hans, para a vida e a educação das crianças em geral, devo enfrentar a objeção, há algum tempo guardada, de que Hans é um neurótico, um doente hereditário, um degenerado, e não um menino normal, a partir do qual podemos tirar conclusões sobre as demais crianças. Há algum tempo estremeço ante a ideia do que farão ao pobre Hans os que acreditam no "homem normal", depois de saberem que realmente pode-se achar nele uma mancha hereditária. Sua bonita mãe adoecera

---

nifesta na conhecida polaridade de amor e ódio. E continua de pé minha discordância da tese de Adler, em que uma característica geral dos instintos é menosprezada em favor de um só deles.

## III. EPÍCRISE

neuroticamente, num conflito da época de solteira, e eu lhe prestara ajuda então, assim tendo início a minha relação com os pais. É muito acanhadamente que me atrevo a falar uma ou duas coisas em favor do menino.

Primeiro, que ele não é o que se imaginaria, a rigor, como uma criança degenerada, hereditariamente fadada ao nervosismo, mas sim um garoto fisicamente bem formado, alegre, amável, intelectualmente ativo, com o qual não apenas seu pai tem alegrias. Sem dúvida ele é sexualmente precoce, mas aí nos falta material comparativo suficiente para um juízo correto. Numa pesquisa norte-americana, por exemplo, percebi que não é tão raro encontrar a escolha de objeto e os sentimentos amorosos em meninos dessa idade, e nota-se o mesmo lendo sobre a infância de homens depois reconhecidos como "grandes", de forma que eu diria que raramente a precocidade sexual deixa de se relacionar à intelectual, sendo, por isso, mais frequentemente encontrada em crianças dotadas do que se poderia esperar.

Também direi, em minha confessa parcialidade para com Hans, que ele não é o único menino assaltado por fobias em algum momento da infância. Sabe-se que esses transtornos são muito frequentes, também em crianças cuja educação não deixa a desejar em matéria de rigor. As crianças atingidas tornam-se depois neuróticas, ou permanecem saudáveis. Suas fobias são caladas a gritos, pois são inacessíveis ao tratamento e, sem dúvida, bastante incômodas. No curso de meses ou anos elas arrefecem, aparentemente são curadas; mas ninguém sabe que modificações psíquicas são requeridas para essa cura, que mudanças de caráter estão ligadas a ela. E, ao receber um neurótico adulto em tratamento, alguém que, supomos, apenas adoeceu manifestamente na idade adulta, via de regra vemos que sua neurose se relaciona àquele medo infantil, representa a continuação dele, e que, portanto, um trabalho psíquico ininterrupto e também imperturbado desenrolou-se por sua vida a partir daqueles conflitos, não importando se o primeiro sintoma foi duradouro ou recuou sob a pressão das circunstâncias. Acho, portanto, que o nosso Hans provavelmente não era mais doente do que muitas outras crianças que não são estigmatizadas como "degeneradas"; mas, como ele foi educado sem intimidações, com muita indulgência e pouca coerção, sua angústia expressou-se mais ousadamente. Faltaram-lhe os temas da má consciência e do temor ao castigo, que normalmente contribuem para a sua diminuição. Quer me parecer que fazemos muito caso dos sintomas e pouco nos preocupamos com aquilo de que se originam. Na educação das crianças apenas queremos ser deixados em paz e não ter problemas, em suma, criar um filho bem-comportado, pouco nos importando se esse curso de desenvolvimento é vantajoso também para a criança. Posso então imaginar que tenha sido benéfico para Hans produzir essa fobia, porque dirigiu a atenção dos pais para as inevitáveis dificuldades que, na educação para a cultura, a superação dos componentes instintuais inatos deve ocasionar para a criança, e porque este seu distúrbio acarretou a assistência do pai. Talvez ele agora tenha, em relação a outras crianças, a vantagem de não mais trazer em si aquele germe de

## III. EPÍCRISE

complexos reprimidos que sempre significa algo para a vida futura, que certamente traz deformação de caráter em alguma medida, se não a predisposição para uma futura neurose. Inclino-me a pensar assim, mas não sei se muitos outros partilharão meu julgamento, como também não sei se a experiência me dará razão.

Mas agora pergunto que dano causou a Hans o fato de virem à luz os complexos não só reprimidos pelos filhos, mas temidos pelos pais. O menino viu com seriedade as exigências relativas à mãe, ou as más intenções em relação ao pai deram lugar a maus feitos? Sem dúvida, isso é o que temerão muitas pessoas que entendem mal a natureza da psicanálise, e acham que os maus instintos são fortalecidos, quando são tornados conscientes. Tais indivíduos sábios agem de forma coerente quando desaconselham, pelo amor de Deus, que nos ocupemos das coisas ruins que se acham por trás das neuroses. Nisso esquecem que são médicos, no entanto, e incorrem numa fatal semelhança com o Dogberry de *Muito barulho por nada*, de Shakespeare, que aconselha aos vigias que evitem todo contato com ladrões e bandidos; gente honrada não deve lidar com semelhante canalha.[69]

---

69 [*Muito barulho por nada*, ato III, cena 3.] Aqui não posso reter uma pergunta assombrada: esses oponentes de minhas concepções, de onde obtêm eles o conhecimento, que expõem de forma tão segura, sobre a questão de se os instintos sexuais reprimidos desempenham um papel — e qual papel — na etiologia das neuroses, quando fecham a boca dos pacientes assim que eles começam a falar de seus complexos e os derivados destes? As comunicações minhas e de meus seguidores são, afinal, a única ciência a que têm acesso.

As únicas consequências da análise são, isto sim, que Hans está curado, não mais receia cavalos e trata seu pai em tom camarada, como este informa divertido. Mas o que o pai perde em respeito, ganha em confiança: "Eu achei que você sabe tudo, porque sabia aquilo do cavalo". A análise não desfaz o *efeito* da repressão; os instintos que naquele tempo foram reprimidos permanecem reprimidos, mas ela alcança esse efeito por outra via, substitui o processo de repressão, que é automático e excessivo, pelo controle moderado e adequado, com ajuda das mais elevadas instâncias psíquicas; numa palavra: *ela substitui a repressão pela condenação*. Ela nos parece fornecer a prova, há muito buscada, de que a consciência tem uma função biológica, que sua entrada em cena está ligada a uma significativa vantagem.[70]

Se dependesse apenas de mim, eu teria ousado dar ao menino o único esclarecimento que os pais lhe recusaram. Eu teria confirmado seus pressentimentos instintivos, falando-lhe da existência da vagina e do coito, e desse modo teria diminuído mais o resíduo não

---

70 [Nota acrescentada em 1923:] Uso aqui a palavra "consciência" [*Bewußtsein*] num sentido que depois evitei, para designar nosso pensamento normal, capaz de consciência. Sabemos que tais processos de pensamento podem também ocorrer de modo *pré--consciente*, e devemos enxergar o seu "ser consciente" [*Bewußt* = consciente; *sein* = ser] de maneira apenas fenomenológica. Com isso, naturalmente, não é contrariada a expectativa de que também o tornar-se consciente cumpra uma função biológica. [Cf. *O Eu e o Id* (1923), cap. 1].

## III. EPÍCRISE

solucionado e posto um fim ao seu ímpeto questionador. Estou certo de que ele não teria perdido nem o amor pela mãe nem sua natureza infantil em virtude desses esclarecimentos, e de que teria percebido que deve deixar de ocupar-se com essas coisas importantes, grandiosas mesmo, até que se tenha cumprido seu desejo de tornar-se grande. Mas o experimento pedagógico não foi levado a esse ponto.

O fato de que não se pode traçar uma nítida fronteira entre adultos e crianças "neuróticos" e "normais"; que "doença" é um conceito-soma de natureza apenas prática; que predisposição e vivência têm de juntar-se para permitir que se ultrapasse o limiar desta soma; que, em consequência disso, muitos indivíduos passam continuamente da classe dos sãos para a dos doentes nervosos, e um número bem menor faz esse caminho na direção contrária — são coisas que já foram ditas com tal frequência e tiveram tal ressonância, que certamente não me encontro sozinho ao afirmá--las. O fato de que a educação da criança pode exercer poderosa influência, a favor ou em detrimento da predisposição à doença a ser considerada nesta soma, é, no mínimo, muito provável; mas aquilo a que essa educação deve aspirar e onde deve intervir, isso parece ainda bem problemático. Até agora ela se colocou como tarefa apenas o controle, ou melhor, frequentemente a repressão dos instintos; o êxito não foi satisfatório, e, ali onde foi alcançado, ocorreu em benefício de um pequeno número de indivíduos privilegiados, dos quais não se requer repressão dos instintos. Também não se perguntou por qual via e com que sacrifícios foi obtida a repressão dos instintos incômodos. Substituindo essa tarefa por outra, a de tornar o indivíduo culturalmente capaz e socialmente útil, com perda mínima de sua atividade, então os esclarecimentos que a psicanálise adquiriu sobre a origem dos complexos patogênicos e o núcleo de toda neurose têm o direito de ser vistos, pelo educador, como inestimáveis orientações para sua conduta em relação à criança. Quais as conclusões práticas que daí resultam, e até que ponto a experiência justifica a aplicação das mesmas em nossas circunstâncias sociais, isso deixarei que outros examinem e decidam.

Não posso me despedir da fobia de nosso pequeno paciente sem registrar o que torna especialmente valiosa para mim a análise que levou à sua cura. A rigor, nada aprendi de novo com essa análise, nada que já não tenha percebido, com frequência de modo menos nítido e mais indireto, em outros pacientes já adultos. E, como as neuroses desses outros pacientes sempre puderam ser relacionadas aos mesmos complexos infantis que se revelaram por trás da fobia de Hans, sou tentado a reivindicar uma significação típica e exemplar para essa neurose infantil, na suposição de que a multiplicidade de fenômenos repressivos neuróticos e a abundância do material patogênico não impedem sua derivação de bem poucos processos ligados aos mesmos complexos de ideias.

## PÓS-ESCRITO À ANÁLISE DO PEQUENO HANS (1922)*

Há alguns meses — na primavera de 1922 — apareceu-me um jovem dizendo que era o "pequeno Hans", cuja neurose infantil eu havia estudado em 1909. Eu fiquei contente de revê-lo, pois uns dois anos após a conclusão da análise eu o perdera de vista, e nada ouvia sobre ele há mais de dez anos. A publicação dessa primeira análise de uma criança havia despertado sensação e, mais ainda, indignação; fora previsto um grande infortúnio para o pobre menino, pois numa tenra idade ele fora "roubado de sua inocência", tornando-se vítima de uma psicanálise.

Mas nenhum desses temores se realizou. O pequeno Hans era agora um formidável rapaz de dezenove anos.** Ele afirmou estar muito bem e não sofrer de nenhum problema ou inibição. Ele não apenas atravessou a puberdade sem danos, mas passou muito bem por uma das mais sérias provações de sua vida afetiva. Seus pais haviam se separado, e cada qual contraíra um novo matrimônio. Em virtude disso ele morava só, mas dava-se bem com os dois e apenas lamentava que a dissolução da família o tivesse afastado de sua querida irmã mais nova.

---

* Traduzido de *GW* XIII, pp. 431-2; também se acha em *Studienausgabe* VIII, p. 123.
** Desde então o paciente foi identificado como Herbert Graf (1903--1973). Informações sobre sua vida se acham em M. Borch-Jacobsen, *Les patients de Freud* (Paris: Sciences Humaines, 2011). Há observações críticas sobre o caso num capítulo de F. Crews (org.), *Unauthorized Freud* (Nova York: Viking, 1998).

Uma informação do pequeno Hans me chamou particularmente a atenção, e não me arrisco a dar uma explicação para ela. Ao ler seu caso clínico, disse ele, tudo lhe pareceu novo, ele não se reconheceu ali, não podia lembrar-se de nada, e somente ao deparar com a viagem a Gmunden é que lhe veio a incerta lembrança de que aquele poderia ser ele. Portanto, a análise não havia preservado os acontecimentos da amnésia, mas sucumbido ela própria à amnésia. Algo semelhante ocorre às vezes, durante o sono, a uma pessoa familiarizada com a psicanálise. Ela é despertada por um sonho, decide analisá-lo imediatamente, adormece de novo, satisfeita com o resultado, e na manhã seguinte esquece o sonho e a análise.

# A INSTRUÇÃO JUDICIAL E A PSICANÁLISE (1906)

TÍTULO ORIGINAL: "TATBESTANDSDIAGNOSTIK UND PSYCHOANALYSE". PUBLICADO PRIMEIRAMENTE EM *ARCHIV FÜR KRIMINALANTHROPOLOGIE UND KRIMINALISTIK*, V. 26, N. 1, PP. 1-10. TRADUZIDO DE *GESAMMELTE WERKE* VII, PP. 3-15.

Caros Senhores,

A crescente percepção da não confiabilidade das declarações de testemunhas — que, porém, constituem a base de tantas condenações em querelas judiciais — aumentou nos senhores, futuros juízes e advogados, o interesse por um novo método de investigação, que pretende induzir o próprio réu a demonstrar sua culpa ou inocência mediante sinais objetivos. Esse procedimento consiste num experimento psicológico e se baseia em trabalhos psicológicos; liga-se estreitamente a determinadas concepções que somente há pouco adquiriram importância na psicologia médica. Sei que os senhores já se empenham em testar o uso e alcance desse novo método, primeiramente em ensaios que podem ser chamados "exercícios de simulação", e aceitei de bom grado o convite de seu presidente, o prof. Löffler, para expor-lhes mais detalhadamente a relação desse método com a psicologia.

Todos conhecem a brincadeira, também comum entre as crianças, na qual uma pessoa diz a outra uma palavra qualquer, a que essa outra deve juntar uma segunda palavra, daí resultando uma palavra composta. Por exemplo, *Dampf-Schiff* [vapor-barco]; ou seja, *Dampfschiff* [barco a vapor]. A "experiência de associação", introduzida na psicologia pela escola de Wundt, nada mais é que uma modificação dessa brincadeira infantil, deixando de lado uma de suas regras. Consiste em dizer a alguém uma palavra — a *palavra-estímulo* —, ao que a pessoa responde rapidamente com outra, que lhe ocorre, chamada *reação*, sem que a escolha dessa reação lhe tenha sido limitada por algo. São alvos da observação o tempo empregado na reação e a relação entre palavra-estímulo e reação. Não se pode afirmar que essas experiências tenham produzido muita coisa inicialmente. O que é compreensível, pois foram realizadas sem perguntas precisas e sem uma ideia que fosse aplicada aos resultados. Tornaram-se fecundas e significativas apenas quando Bleuler, em Zurique, juntamente com seus alunos, em especial Jung, começaram a lidar com tais "experiências de associação". Mas suas tentativas adquiriram valor graças ao pressuposto de que a reação à palavra-estímulo não pode ser algo casual, tem de ser determinada por um conteúdo ideativo presente naquele que reage.

Tornou-se habitual chamar "complexo"* a esse conteúdo ideativo capaz de influir na reação à palavra-estímulo. A influência ocorre ou quando a palavra-estímulo toca diretamente o complexo ou quando esse último consegue, por elos intermediários, estabelecer contato com a palavra-estímulo. Essa determinação da reação é um fato bastante notável; na literatura sobre o tema os senhores podem ver como se expressa abertamente a admiração acerca disso. Mas não há como duvidar que seja correto, pois normalmente é possível indicar o complexo que influencia e compreender a partir dele as reações de outro modo incompreensíveis, quando se interroga a própria pessoa que reage sobre os mo-

---

* Segundo Strachey, essa é provavelmente a primeira ocasião em que o termo aparece numa obra de Freud, com esse sentido específico.

tivos de sua reação. Exemplos como aqueles das páginas 6 e 8-9 do trabalho de Jung[1] são bastante apropriados para nos fazer duvidar do acaso e da suposta arbitrariedade no funcionamento psíquico.

Vejamos agora o que antecedeu historicamente a concepção de Bleuler-Jung, segundo a qual a reação é determinada pelo complexo na pessoa examinada. Em 1901, publiquei um ensaio[2] demonstrando que toda uma série de atos, tidos como não motivados, são rigorosamente determinados, e assim contribuí para limitar a arbitrariedade psíquica. Tomei como objeto os pequenos lapsos verbais e de escrita, de memória, a perda e extravio de objetos, e mostrei que, quando alguém comete um lapso ao falar, não se deve imputar isso ao acaso, nem simplesmente a dificuldades de articulação e semelhanças fonéticas, mas que em todos os casos é possível indicar um conteúdo ideativo — um complexo — perturbador, que modifica, aparentemente tornando um erro, o sentido da fala intencionada. Além disso, examinei as pequenas ações aparentemente não propositais e acidentais das pessoas, como brincar, mexer em coisas etc., e revelei-as como sendo "atos sintomáticos", que têm ligação com um sentido oculto e lhe dão discreta expressão. Também verifiquei que nem mesmo um nome próprio nos vem à mente de forma arbitrária, sem haver sido determinado

---

[1] Jung, "Die psychologische Diagnose des Tatbestandes" [O diagnóstico psicológico dos delitos], em *Juristisch-psychiatrische Grenzfragen*, IV, 2, 1906.
[2] *Psicopatologia da vida cotidiana* [1901].

por um poderoso complexo ideativo; e que inclusive números aparentemente escolhidos de maneira arbitrária podem ser relacionados a um complexo oculto desse tipo. Alguns anos depois, um colega, o dr. Alfred Adler, pôde atestar com bons exemplos essa minha surpreendente afirmação.[3] Tendo se habituado a tal concepção do determinismo na vida mental, verifica-se, como legítima inferência dos resultados da psicopatologia da vida cotidiana, que também o que ocorre à pessoa numa experiência de associação pode não ser arbitrário, mas determinado por um conteúdo ideativo nele atuante.

E agora, senhores, retornemos ao experimento associativo. Nos casos até agora considerados, foi o indivíduo examinado que nos esclareceu sobre a origem das reações, e isso torna a experiência desinteressante para o procedimento judicial. Mas e se nós mudarmos a experiência, como quando se faz ao resolver uma equação com várias grandezas a partir de uma ou de outra, tornando o *a* ou o *b* o *x* que buscamos? Até agora o complexo é que nos foi desconhecido, experimentamos palavras-estímulo escolhidas ao acaso e a pessoa examinada nos revelou o complexo levado a se exteriorizar mediante as palavras-estímulo. Agora façamos de outra maneira, vamos tomar um complexo nosso conhecido, reagir a ele com palavras-estímulo propositalmente

---

3 Adler, "Drei Psychoanalysen von Zahleneinfällen und obsedierenden Zahlen" [Três psicanálises de associações de números e números obsessivos], *Psychiatrisch-neurologische Wochenschrift*, 28, 1905.

escolhidas, passar o *x* para o lado da pessoa que reage: será então possível decidir, a partir das reações, se a pessoa examinada abriga o complexo escolhido? Os senhores veem que essa mudança na experiência corresponde exatamente ao caso do juiz de instrução que procura saber se determinado fato que conhece é também do conhecimento do réu. Parece que Wertheimer e Klein, dois discípulos de Hans Groß, professor de direito penal em Praga, foram os primeiros a realizar essa mudança, significativa para os senhores.[4]

Já sabem, por suas próprias experiências, que as reações às perguntas oferecem quatro pontos para decidir se a pessoa examinada possui o complexo ao qual os senhores reagem com palavras-estímulo: 1) O conteúdo inusual da reação, que pede explicação; 2) O prolongamento do tempo de reação, pois evidencia-se que palavras-estímulo que tocaram o complexo produzem a reação somente após um nítido atraso (frequentemente, várias vezes mais que o tempo de reação ordinário); 3) O erro na reprodução. Os senhores sabem que fato notável que isto significa. Quando, pouco depois de concluído um experimento com uma série mais longa de palavras-estímulo, as mesmas são apresentadas novamente à pessoa, esta repete a mesma reação da primeira vez. Apenas quando as palavras-estímulo tocaram diretamente o complexo ela substitui facilmente a reação anterior por outra; 4) O fato da persistência (talvez fosse melhor dizer "efeito posterior"). Frequen-

[4] Cf. Jung, op. cit.

temente sucede, quando um complexo é despertado por uma palavra-estímulo que o toca ("crítica"), que o efeito — o prolongamento do tempo de reação, por exemplo — persiste e altera as reações às palavras seguintes, não críticas. Ali onde todas ou várias dessas indicações se acham reunidas, tem-se a prova de que o complexo nosso conhecido está presente como algo perturbador no indivíduo questionado. Os senhores entendem tal perturbação no sentido de que o complexo nele presente se acha investido de afeto e capacitado a distrair-lhe a atenção da tarefa de reagir, ou seja, veem nessa perturbação uma "autotraição psíquica".

Sei que atualmente os senhores se ocupam das possibilidades e dificuldades desse procedimento, que visa levar o acusado a uma autotraição objetiva, e por isso quero chamar sua atenção para o fato de que um método bem semelhante de desencobrir material psíquico secreto ou oculto é utilizado em outro campo há mais de uma década. Devo expor-lhes as semelhanças e diferenças entre as condições em um e outro caso.

Esse campo é bastante diferente do seu. Refiro-me à terapia de certas "doenças nervosas", as chamadas psiconeuroses, das quais a histeria e as ideias obsessivas podem ser tomadas como exemplos. O método se denomina psicanálise e foi desenvolvido por mim, a partir da cura "catártica" utilizada primeiramente por Josef Breuer em Viena.[5] Indo ao encontro da surpresa dos senhores, farei uma analogia entre o criminoso

---

5 Breuer e Freud, *Estudos sobre a histeria*, 1895.

e o histérico. Nos dois estamos diante de um segredo, de algo oculto. Mas, a fim de não me tornar paradoxal, devo também enfatizar as diferenças. No criminoso, trata-se de um segredo que ele sabe e que esconde dos senhores; no histérico, de um segredo que ele próprio também desconhece, que se oculta dele próprio. Como é possível isso? Ora, sabemos, mediante pesquisas trabalhosas, que todas essas doenças resultam de que o indivíduo logrou reprimir certas ideias e recordações fortemente investidas de afeto e também os desejos que nelas se baseiam, e isso de maneira que não têm mais nenhum papel em seu pensamento, não entram em sua consciência, e permanecem, assim, escondidos dele próprio. Mas desse material psíquico reprimido, desses "complexos", é que vêm os sintomas somáticos e psíquicos que atormentam o doente à maneira de uma má consciência. Nesse aspecto, portanto, é fundamental a diferença entre o criminoso e o histérico.

Mas a tarefa do terapeuta é a mesma do juiz de instrução; devemos desencobrir o material psíquico oculto, e para isso inventamos uma série de artes de detetive, algumas das quais os senhores juristas deverão imitar.

Será de interesse para o seu trabalho que os senhores saibam de que maneira nós, médicos, procedemos na psicanálise. Depois que o paciente faz um primeiro relato de sua história, solicitamos que ele se entregue totalmente a seus pensamentos espontâneos e comunique, sem nenhuma reserva crítica, tudo o que lhe vem à mente. Ou seja, partimos do pressuposto — que ele não partilha absolutamente — de que tais pensamentos não serão arbitrários, mas sim determinados pela relação com seu segredo, seu "complexo", podendo ser vistos como, digamos, derivados desse complexo. Os senhores notam que é a mesma premissa mediante a qual puderam interpretar as experiências de associação. Mas, embora instado a seguir a regra de informar tudo o que lhe ocorre, o doente parece ser incapaz de fazê-lo. Logo retém um pensamento, depois outro, e lança mão de motivos diversos para isso: ou é uma coisa irrelevante, ou não vem ao caso, ou não tem nenhum sentido. Então exigimos que ele nos comunique o pensamento, apesar dessas objeções, e que persista nele; pois justamente a crítica que aparece é, para nós, uma prova de que o pensamento faz parte do "complexo" que buscamos desencobrir. Nessa conduta do paciente vemos uma manifestação da "resistência" nele presente, que não nos deixa ao longo de todo o tratamento. Quero apenas assinalar que o conceito de resistência adquiriu enorme importância para a nossa compreensão da gênese da enfermidade e do mecanismo da cura.

Em suas experiências, os senhores não observam diretamente essa crítica aos pensamentos espontâneos; mas na psicanálise estamos em condição de observar todos os indícios de um complexo que lhes chamam a atenção. Se o paciente não ousa mais infringir a regra que lhe foi dada, notamos que ele momentaneamente para, hesita, faz pausas ao reproduzir seus pensamentos. Para nós, cada hesitação dessas é uma expressão de resistência e serve como indício de pertencimento ao "complexo". Ela é mesmo o indício mais importante desse significado, exatamente como, para os senhores, o análogo prolongamento do tempo de reação. Estamos habituados a interpretar dessa maneira a hesitação, ainda quando o teor do pensamento retido não parece inconveniente, quando o paciente garante que não pode imaginar por que deveria hesitar em comunicá-lo. As pausas que ocorrem na psicanálise são, via de regra, muito maiores do que as demoras que os senhores observam nos experimentos de reação.

Outro de seus indícios de complexo, a mudança no conteúdo da reação, também tem um papel na técnica da psicanálise. De modo bastante geral, costumamos ver até pequenos desvios da forma usual de expressão, no paciente, como sinal de um sentido oculto, e de bom grado nos expomos à sua zombaria, por um instante, com tais interpretações. Ficamos à espreita de falas matizadas, ambíguas, em que o sentido oculto se deixa vislumbrar na expressão inócua. Não apenas o paciente, mas também colegas que ignoram a técnica psicanalítica e suas peculiaridades se recusam a nos dar crédito e nos acusam de brincadeira e sofisma, mas quase sempre temos razão. Afinal, não é difícil entender que um sigilo cuidadosamente guardado só se revela por alusões sutis ou, quando muito, ambíguas. Por fim, o paciente se acostuma a nos fornecer, na assim chamada "exposição indireta",* tudo aquilo de que necessitamos para o desencobrimento do complexo.

* No original, *indirekte Darstellung* — substantivo que pode significar "apresentação, demonstração, exibição, representação, caracterização, descrição, exposição" etc.

O terceiro dos seus indícios de complexo, o erro, isto é, a mudança na reprodução, nós utilizamos na técnica da psicanálise num âmbito mais restrito. Frequentemente deparamos com a tarefa de interpretar sonhos, ou seja, traduzir o conteúdo onírico lembrado em seu sentido oculto. Nisso ocorre ficarmos indecisos de onde iniciar a tarefa, e nesse caso podemos nos servir de uma regra encontrada empiricamente, que nos aconselha a fazer o paciente repetir o relato do sonho. Habitualmente ele altera o modo de expressão em vários pontos, e se repete de forma precisa em alguns outros. Nós nos apegamos às passagens em que a reprodução é defeituosa por causa de mudanças, frequentemente também por omissões, pois essa infidelidade nos garante que pertencem ao complexo e nos promete o melhor caminho para o sentido oculto do sonho.[6]

Os senhores não devem ter a impressão de que a concordância que venho explicitando chegou ao fim, se agora eu lhes confessar que um fenômeno análogo à "persistência" não aparece na psicanálise. Essa diferença aparente se deve apenas às condições especiais dos seus experimentos. Os senhores não dão tempo para que o efeito do complexo se desenvolva; mal ele começa, tiram a atenção da pessoa com uma nova, provavelmente inócua palavra-estímulo, e então podem observar que, apesar de sua interferência, às vezes ela prossegue se ocupando do complexo. Nós, porém, evitamos tais interferências na psicanálise, mantemos o pa-

---

6 Cf. a minha *Interpretação dos sonhos*, 1900 [cap. VII, seção A].

ciente ocupado com o complexo, e, visto que conosco tudo é persistência, por assim dizer, não podemos observar esse fenômeno como uma ocorrência isolada.

Temos o direito de afirmar que, mediante técnicas como as aqui especificadas, pudemos, em princípio, tornar consciente para o enfermo o material reprimido, o seu segredo, eliminando assim o condicionamento psicológico dos sintomas de que sofria. Mas antes que os senhores tirem, a partir desse êxito, conclusões acerca das possibilidades de seu trabalho, vamos considerar as diferenças entre as situações psicológicas nos dois casos.

A diferença principal já apontamos: no neurótico, segredo para a própria consciência; no criminoso, para os senhores. No primeiro, um autêntico ignorar, embora não em todo sentido; no segundo, apenas simulação de ignorância. Ligada a isso há outra diferença, de maior importância prática. Na psicanálise, o paciente ajuda, num esforço consciente, a combater a resistência, pois espera ganhar algo do exame a que se submete: a cura. Já o criminoso não colabora com os senhores, pois estaria trabalhando contra seu próprio Eu. Como que para compensar isso, o que importa em sua investigação é apenas os senhores adquirirem uma convicção objetiva, enquanto na terapia se requer que o próprio doente chegue a essa convicção. Mas resta ver que dificuldades ou alterações em seu procedimento lhes trará a falta de colaboração do indivíduo examinado. Esse é um caso que os senhores jamais podem produzir em seus experimentos em seminários, pois aquele que faz o papel do acusado continua sendo seu colega de trabalho, e lhes presta ajuda, embora tendo a intenção consciente de não se trair.

Se olharem mais detidamente a comparação entre as duas situações, verificarão que na psicanálise se apresenta um caso especial, mais simples, da tarefa de desencobrir o que se acha oculto na vida psíquica, e em seu trabalho, um mais abrangente. Uma diferença que não precisa ser considerada pelos senhores é o fato de que nos psiconeuróticos se trata normalmente de um complexo sexual (no sentido mais amplo) reprimido. Mas outra coisa precisam levar em conta. A tarefa da psicanálise é inteiramente uniforme em todos os casos, deve-se desencobrir complexos que estão reprimidos e dão sinais de resistência quando se tenta introduzi-los na consciência. Tal resistência é como que localizada, surge na fronteira entre inconsciente e consciente. Em seus casos, trata-se de uma resistência que procede totalmente da consciência. Os senhores não podem simplesmente negligenciar esta dessemelhança, e apenas mediante experiências devem constatar se a resistência consciente se delata pelos mesmos sinais que a inconsciente. Além disso, creio que os senhores ainda não podem estar seguros de que lhes seja lícito interpretar seus indícios objetivos de um complexo como "resistência", como nós, psicanalistas, fazemos. Embora não seja frequente em criminosos, pode acontecer, nos indivíduos de seus experimentos, que o complexo em que os senhores tocam seja de tom prazeroso, e perguntamos se ele produzirá as mesmas reações que um de tom desprazeroso.

Eu também gostaria de enfatizar que o seu experimento pode estar sujeito a uma interferência que naturalmente não ocorre na psicanálise. Os senhores podem, em sua investigação, ser desencaminhados por um neurótico que, embora inocente, reage como se fosse culpado, pois uma consciência de culpa que nele já existe e fica à espreita se apodera daquela acusação específica. Não tomem esse caso como uma invenção ociosa; pensem no ambiente infantil, onde isso pode ser visto com frequência. Sucede que uma criança, ao ser repreendida por um malfeito, nega firmemente a culpa, mas chora como um réu desmascarado. Os senhores talvez achem que a criança mente ao garantir sua inocência, mas o caso pode ser outro. A criança realmente não cometeu a falta que lhe atribuem, mas outra semelhante, da qual nada sabem e de que não a acusam. Logo, com razão ela nega a culpa naquele malfeito, e ao mesmo tempo revela sua consciência de culpa por causa do outro. O neurótico adulto age nesse ponto — e em muitos outros — exatamente como uma criança. Há muitos indivíduos assim, e ainda não sabemos se a técnica dos senhores conseguirá distinguir entre os que acusam a si mesmos e os verdadeiros culpados. Por fim, mais uma coisa: os senhores sabem que, segundo o seu código de processo penal, não podem surpreender o acusado de nenhuma maneira. Assim, ele terá ciência de que a questão, no experimento, é não se trair, e cabe então perguntar se podemos esperar as mesmas reações quando a atenção está dirigida para o complexo e quando se acha afastada, e até onde a intenção de ocultar pode afetar o modo de reação em pessoas diferentes.

É justamente porque as situações que subjazem a suas pesquisas são tão diversas que a psicologia se interessa vivamente pelo resultado delas, e queremos lhes pedir que não duvidem prematuramente de sua aplicação prática. Embora minha atividade esteja bem longe da prática do direito, permitam-me outra sugestão. Por mais indispensável que sejam os experimentos em seminários, como preparação e para o levantamento de questões, os senhores jamais poderão reproduzir a mesma situação psicológica que se tem no inquérito do acusado num caso criminal. Eles continuam sendo exercícios de simulação, em que não pode jamais se basear a aplicação prática no processo penal. Se não quisermos abandonar essa última, o seguinte expediente se oferece. Poderia ser permitido aos senhores — ou mesmo teriam a obrigação de — realizar essas investigações, por um certo número de anos, em *todos os casos reais* de acusação penal, *sem que os resultados viessem a ter alguma influência no veredicto da instância judicial*. Seria melhor, inclusive, que esta não chegasse a ter conhecimento da conclusão que os senhores tiraram sobre a questão da culpa do acusado. Após anos de coleta e comparação dos conhecimentos assim obtidos, estariam dissipadas quaisquer dúvidas sobre a utilidade desse método psicológico de investigação. Eu sei, por outro lado, que a execução dessa proposta não depende unicamente dos senhores e do seu tão prezado professor.

# ATOS OBSESSIVOS E PRÁTICAS RELIGIOSAS (1907)

TÍTULO ORIGINAL: "ZWANGSHANDLUNGEN UND RELIGIONSÜBUNGEN". PUBLICADO PRIMEIRAMENTE EM *ZEITSCHRIFT FÜR RELIGIONSPSYCHOLOGIE* [REVISTA DE PSICOLOGIA DA RELIGIÃO], V. 1, N. 1, PP. 4-12. TRADUZIDO DE *GESAMMELTE WERKE* VII, PP. 129-39. TAMBÉM SE ACHA EM *STUDIENAUSGABE* VII, PP. 11-21.

# ATOS OBSESSIVOS E PRÁTICAS RELIGIOSAS

Certamente não sou o primeiro a notar a semelhança entre os chamados atos obsessivos dos neuróticos e as medidas com que os crentes dão testemunho de sua religiosidade. Prova disso é o termo "cerimonial", dado a alguns desses atos obsessivos. Mas a semelhança me parece mais do que superficial, de modo que será lícito, com base numa compreensão da gênese do cerimonial neurótico, tirar conclusões, por analogia, sobre os processos psíquicos da vida religiosa.

As pessoas que executam atos obsessivos ou cerimoniais pertencem, junto com as que sofrem de pensamento obsessivo, ideias obsessivas, impulsos obsessivos etc., a uma entidade clínica específica, a que normalmente se dá o nome de "neurose obsessiva".[1] Mas não se procure deduzir do nome a natureza dessa enfermidade, pois, a rigor, também se pode falar de "caráter obsessivo" no tocante a outros fenômenos psíquicos patológicos. Em vez de uma definição, é preciso que tenhamos agora um conhecimento minucioso desses estados, pois até o momento não foi possível apontar a marca distintiva da neurose obsessiva, que provavelmente se situa em nível profundo, embora acreditemos sentir a sua presença em todas as manifestações da doença.

O cerimonial neurótico consiste em pequenos acréscimos, restrições, medidas, arranjos, que são realizados em certas ações cotidianas de forma sempre igual

---

1 Cf. Löwenfeld, *Die psychischen Zwangserscheinungen* [Os fenômenos psíquicos obsessivos], 1904. [Veja-se a resenha que Freud publicou sobre essa obra em 1904.]

ou com variações metódicas. Essas atividades nos dão a impressão de serem meras "formalidades"; parecem-nos inteiramente irrelevantes. E assim também parecem ao próprio doente, mas ele é incapaz de não executá-las, pois cada desvio do cerimonial é punido com uma angústia insuportável, que imediatamente o obriga a fazer o que omitira. E triviais como os próprios atos cerimoniais são as ocasiões e atividades, que são adornadas, dificultadas e, de toda forma, também retardadas pelo cerimonial — por exemplo, vestir-se e despir-se, preparar-se para dormir, satisfazer as necessidades do corpo. Pode-se descrever a execução de um cerimonial substituindo-a, digamos, por uma série de leis não escritas — no caso do cerimonial de dormir, por exemplo, a cadeira tem de ficar em determinada posição ao lado da cama, e sobre ela devem estar as roupas, dobradas em certa ordem; a coberta deve ficar presa por baixo do colchão, e o lençol, bem esticado; as almofadas têm de ficar arrumadas de tal e tal maneira, o corpo do indivíduo deve estar numa posição bastante precisa; apenas então ele poderá dormir. Em casos leves, o cerimonial é como a exageração de uma ordem habitual e justificada. Mas a grande conscienciosidade na realização e a angústia que acompanha a omissão caracterizam o cerimonial como "ato sagrado". Toda perturbação dele costuma ser mal tolerada; quase sempre se exclui o caráter público, a presença de outras pessoas durante a realização.

Qualquer atividade pode se transformar em ato obsessivo no sentido amplo, quando é enfeitada mediante pequenos acréscimos e ritmada por meio de pausas e repetições. Não se encontrará uma delimitação nítida entre "cerimonial" e "atos obsessivos". Em geral, os atos obsessivos resultaram de um cerimonial. Além desses dois, a doença é constituída de proibições e impedimentos (abulias), que, na verdade, apenas prosseguem a obra dos atos obsessivos, pois algumas coisas não são permitidas ao doente, e outras, somente observando um cerimonial prescrito.

Digno de nota é o fato de que obsessões e proibições (ter de fazer uma coisa e não poder fazer outra) atingem, de início, apenas as atividades solitárias dos indivíduos, deixando intacta, durante muito tempo, a sua conduta social. Por isso tais doentes são capazes de tratar seu problema como algo privado e escondê-lo por muitos anos. Pela mesma razão, muito mais pessoas sofrem de tais formas de neurose obsessiva do que é dado a conhecer aos médicos. Além disso, o ocultamento é facilitado pela circunstância de elas poderem muito bem desempenhar suas obrigações sociais durante parte do dia, após terem dedicado algumas horas a seus sigilosos afazeres, escondidas como Melusina.*

É fácil ver onde está a semelhança entre o cerimonial neurótico e os atos sagrados do ritual religioso: na consciência angustiada quando algo não foi feito, no completo isolamento em relação a qualquer outra atividade (proibição de interrupção) e na conscienciosidade da execu-

---

* Numa lenda medieval, Melusina era uma fada que secretamente se transformava em serpente, uma vez na semana.

ção dos detalhes. Igualmente notáveis são as diferenças, sendo algumas tão gritantes que tornam a comparação um sacrilégio. Existe maior variedade nos atos cerimoniais, à diferença do caráter estereotípico dos ritos (reza, prosternação etc.); sua natureza particular contrasta com a natureza pública e comunal da prática religiosa; e há, sobretudo, a diferença de que os pormenores do cerimonial religioso são dotados de sentido e simbolismo, enquanto os do cerimonial neurótico parecem tolos e absurdos. Nisso a neurose obsessiva oferece uma caricatura, meio cômica e meio triste, de religião privada. Mas justamente essa decisiva diferença entre cerimonial neurótico e religioso é eliminada quando, com o auxílio da técnica de investigação psicanalítica, chegamos ao entendimento das neuroses obsessivas.[2] Essa investigação acaba inteiramente com o que seria a aparência tola e absurda dos atos obsessivos e revela as razões dessa aparência. Descobre-se que os atos obsessivos são perfeitamente significativos em todos os seus detalhes, que estão a serviço de relevantes interesses da personalidade e dão expressão a vivências ainda atuantes e pensamentos investidos de afetos. Fazem isso de dois modos, como representações diretas ou simbólicas; e, portanto, devem ser interpretados de maneira histórica ou simbólica.

Não posso deixar de ilustrar essa afirmação com alguns exemplos. Quem estiver a par dos resultados da

---

2 Cf. Freud, *Sammlung kleiner Shriften zur Neurosenlehre* [Reunião de pequenos textos sobre a teoria das neuroses], Viena, 1906 [artigos de 1893-1906].

investigação psicanalítica das psiconeuroses não se surpreenderá de saber que o que é representado nas ações obsessivas ou no cerimonial vem das experiências mais íntimas, geralmente sexuais, dos indivíduos afetados:

a) Uma garota que eu observava tinha a compulsão de sacudir várias vezes a bacia após lavar algo. O significado desse gesto cerimonial estava no provérbio que diz: "Não jogue fora a água suja antes de ter água limpa". O ato se destinava a advertir a irmã querida, para que não se separasse do marido intolerável antes de iniciar uma relação com outro homem melhor.

b) Uma mulher, que vivia separada do marido, obedecia à compulsão de não comer a melhor parte dos alimentos; por exemplo, de provar somente as bordas de um pedaço de carne assada. Tal renúncia se explicava pelo momento em que se originou: apareceu no dia depois que ela havia terminado a relação conjugal com o marido, ou seja, que havia renunciado à melhor parte.

c) Essa paciente podia se sentar apenas numa cadeira, e levantava-se dela com dificuldade. A cadeira, numa referência a certos detalhes de sua vida de casada, simbolizava para ela o marido, ao qual se conservava fiel. Ela encontrou a seguinte frase para explicar sua compulsão: "É difícil separar-se de algo (marido, cadeira) em que já nos sentamos".

d) Houve um tempo em que ela costumava repetir um ato obsessivo particularmente notável e absurdo. Andava apressadamente do seu cômodo para outro, onde havia bem no centro, uma mesa, ajeitava a toalha da mesa de determinada maneira, tocava a sineta para chamar a doméstica, que se aproximava então da mesa, e a despachava com uma tarefa qualquer. Nas tentativas de esclarecer esta compulsão, ocorreu-lhe que a toalha da mesa tinha uma mancha feia em determinado lugar, e que ela sempre dispunha a tolha de forma que a criada não deixaria de perceber a mancha. Toda a cena, portanto, era a reprodução de uma vivência do seu casamento, que gerava um problema a ocupar seus pensamentos. Na noite de núpcias, seu marido sofreu um infortúnio que não é raro. Viu-se impotente e "correu muitas vezes, durante a noite, do seu quarto para o dela", sempre tentando conseguir êxito. Na manhã seguinte, falou que iria se envergonhar da camareira do hotel, que arrumaria as camas, e por isso pegou um frasco de tinta vermelha e derramou seu conteúdo sobre o lençol, mas de forma tão canhestra que a mancha vermelha ficou num local inadequado para seu propósito. Portanto, a mulher encenava a noite de núpcias com aquele ato obsessivo. "Cama e mesa", juntas, constituem o matrimônio.

e) Havia outra compulsão da paciente que devia ser interpretada mediante sua história: ela anotava o número de cada cédula de dinheiro, antes de usá-la. No tempo em que ainda tinha o propósito de deixar o marido se encontrasse um homem mais confiável, agradou-lhe ser cortejada por um senhor que conheceu numa estação de águas, embora tivesse dúvidas quanto à seriedade das intenções dele. Um dia, necessitando de dinheiro miúdo, pediu-lhe que trocasse uma moeda de cinco coroas. Ele o fez, e, ao guardar essa grande moeda, disse galantemente que jamais se desfaria desta, pois pertencera a ela. Num encontro posterior, ela sentiu a tentação de solicitar que ele lhe mostrasse a moeda de cinco coroas, como que para convencer-se de que podia acreditar em suas declarações. Mas não chegou a fazê-lo, pelo bom motivo de que não há como distinguir entre moedas do mesmo valor. A dúvida permaneceu, portanto, e deixou-lhe a compulsão de anotar os números das cédulas de dinheiro, por meio dos quais é possível diferenciar cada cédula das demais.

Esses poucos exemplos, retirados do grande número que vim a conhecer, devem apenas ilustrar a afirmação de que tudo nos atos obsessivos tem significado e pode ser interpretado. O mesmo vale para o cerimonial propriamente; no caso deste, porém, a prova requereria uma exposição mais circunstanciada. Sei muito bem que nessas explicações dos atos obsessivos parecemos nos afastar bastante da esfera da religião.

Faz parte das condições da doença que a pessoa sujeita à compulsão realize o ato sem conhecer-lhe o significado — ou, pelo menos, o significado principal. Apenas mediante os esforços da terapia psicanalítica ela adquire consciência do sentido do ato obsessivo e, dessa maneira, dos motivos que a impeliram a executá-lo. Exprimimos esse fato importante dizendo que o ato obsessivo serve para a expressão de ideias e motivos *inconscientes*. Nisso parece estar mais uma diferença em relação à prática religiosa; mas é preciso lembrarmos que também o devoto costuma realizar o cerimonial religioso sem indagar pelo significado, enquanto o padre e o pesquisador podem conhecer o sentido — geralmente simbólico — do ritual. Os motivos que impelem à prática religiosa, porém, são desconhecidos de todos os crentes ou são representados por pretextos em sua consciência.

A análise dos atos obsessivos já nos possibilitou alguma compreensão de suas causas e do encadeamento dos motivos que os determinam. Pode-se dizer que quem sofre de compulsões e proibições age como se fosse dominado por um *sentimento de culpa*, do qual nada sabe, porém; de um sentimento de culpa inconsciente, portanto — como é preciso dizer, ignorando o choque entre os termos.* Tal sentimento de culpa tem sua fonte em determinados processos psíquicos da infância, mas é continuamente reavivado na *tentação* que se repete a cada novo ensejo, e, por outro lado, faz surgir uma *angústia expectante* que sempre fica à espreita, uma expectativa de desgraça que, mediante a noção de *castigo*, acha-se ligada à percepção interna da tentação. No início da formação do cerimonial, o doente ainda tem consciência de que precisa fazer isso ou aquilo, senão ocorrerá uma desgraça, e geralmente o tipo de infortúnio a ser esperado ainda tem nome em sua consciência. Mas já está oculto, para ele, o nexo — sempre demonstrável — entre o ensejo no qual aparece a angústia expectante e o conteúdo com que ela o ameaça. Assim, o cerimonial tem início como *ato de defesa ou de garantia*, *medida de proteção*.

---

* Referência ao fato de que a expressão traduzida por "sentimento de culpa" significa literalmente "consciência de culpa", *Schuldbewußtsein*.

O sentimento de culpa dos neuróticos obsessivos tem contrapartida na asseveração, pelos devotos, de que sabem que no fundo são grandes pecadores; e as práticas devotas (orações, invocações etc.) com que principiam cada atividade cotidiana e, sobretudo, cada empreendimento excepcional, parecem ter o valor de medidas defensivas e protetoras.

Obtém-se uma compreensão mais profunda dos mecanismos da neurose obsessiva quando se leva em consideração o primeiro fato em que ela se baseia, que é sempre *a repressão de um impulso instintual* (de um componente do instinto sexual) que se achava na constituição da pessoa, pôde expressar-se momentaneamente e sucumbiu depois à supressão.* Uma *conscienciosidade* especial, voltada para as metas desse instinto, é criada durante sua repressão; porém, esta formação psíquica reativa não se sente segura, mas continuamente ameaçada pelo instinto que espreita no inconsciente. A influência do instinto reprimido é sentida como uma tentação, no processo mesmo da repressão surge a angústia, que se assenhora do futuro como angústia expectante. O processo de repressão que leva à neurose obsessiva deve ser designado como um processo imperfeitamente bem--sucedido, que cada vez mais ameaça malograr. Assim,

---

* "Supressão": *Unterdrückung*; cf. as notas sobre o termo e sua versão, no v. 12 destas *Obras completas*, pp. 83 e 223. Na mesma frase se acha o termo *Triebregung* ("impulso instintual"), que provavelmente aparece aqui pela primeira vez nas obras de Freud, segundo James Strachey; a respeito de sua tradução, ver notas no v. 10 destas *Obras completas*, pp. 127 e 197.

pode ser comparado a um conflito que não termina; novos esforços psíquicos sempre são requeridos para equilibrar a constante pressão do instinto. Os atos cerimoniais e obsessivos surgem, em parte, como defesa contra a tentação e, em parte, como proteção contra o infortúnio esperado. Logo as ações protetoras não bastam contra a tentação; aparecem as proibições, a fim de manter afastada a situação que gera a tentação. Como se vê, proibições substituem atos obsessivos tal como uma fobia se destina a evitar um ataque histérico. Por outro lado, o cerimonial representa a soma das condições sob as quais se permite outra coisa, ainda não absolutamente proibida, exatamente como a cerimônia matrimonial da Igreja significa, para o devoto, permissão para o prazer sexual, que de outra maneira é pecaminoso. Também é da natureza da neurose obsessiva, como de todas as afecções similares, que suas manifestações (sintomas, entre eles os atos obsessivos) preenchem a condição de ser um compromisso entre os poderes psíquicos conflitantes. Portanto, sempre reproduzem algo do prazer que se destinam a prevenir, servem tanto ao instinto reprimido como às instâncias que o reprimem. De fato, com o progredir da doença, as ações que originalmente cuidavam sobretudo da defesa semelham cada vez mais as ações proibidas, mediante as quais o instinto podia se expressar na infância.

Dessas coisas, também poderiam ser encontradas no âmbito da vida religiosa as seguintes: na base da formação da religião também parece estar a supressão, a *renúncia* a determinados impulsos instintuais; mas estes não são, como na neurose, exclusivamente componentes sexuais, mas instintos egoístas, socialmente danosos, aos quais não falta geralmente, por outro lado, um aporte sexual. Afinal, o sentimento de culpa em consequência de uma tentação inextinta, a angústia expectante como medo de punições divinas tornaram-se familiares para nós no âmbito religioso, antes que no da neurose. Talvez devido aos componentes sexuais mesclados, talvez graças a características sexuais dos instintos, a supressão do instinto se revela insuficiente e inconclusa também na vida religiosa. Recaídas plenas no pecado são inclusive mais frequentes nos fiéis do que nos neuróticos e servem de base para uma nova espécie de atividade religiosa, os atos de penitência, que têm suas contrapartidas na neurose obsessiva.

Vemos uma característica peculiar e depreciativa da neurose obsessiva no fato de o cerimonial se ligar a pequenas ações da vida cotidiana e se expressar em tolos preceitos e restrições. Esse traço notável na configuração do quadro clínico só se torna inteligível quando sabemos que os processos psíquicos da neurose obsessiva são dominados pelo mecanismo do *deslocamento* psíquico, que encontrei primeiramente na formação dos sonhos.[3] Nos poucos exemplos de atos obsessivos aqui apresentados, já é evidente como o simbolismo e o detalhe da execução se produzem por um deslocamento de algo verdadeiro, significativo, para uma coisa menor que o substitui — por exemplo, do marido para uma

---

3 Cf. *A interpretação dos sonhos*, 1900 [cap. VI, seção B].

cadeira. Essa inclinação para o deslocamento é que modifica progressivamente o quadro da doença, chegando enfim a transformar o que é aparentemente insignificante em algo importantíssimo e urgentíssimo. Não se pode negar que também no âmbito religioso há inclinação similar para o deslocamento do valor psíquico — e na mesma direção —, de modo que gradualmente o pequenino cerimonial da prática religiosa se torna algo essencial, que empurra para segundo plano o seu conteúdo de pensamento. Por isso as religiões estão sujeitas a reformas intermitentes, que procuram restabelecer a original relação de valores.

O caráter de compromisso que têm os atos obsessivos enquanto sintomas neuróticos é o que menos nitidamente se vê nas atividades religiosas correspondentes. E, no entanto, também somos advertidos desse traço da neurose ao nos lembrarmos com que frequência todos os atos que a religião proíbe — expressões dos instintos suprimidos pela religião — são realizados em seu nome e supostamente em seu favor.

Em vista dessas coincidências e analogias, podemos tomar a liberdade de caracterizar a neurose obsessiva como a contrapartida patológica da formação da religião, a neurose como uma religiosidade individual e a religião como uma neurose obsessiva universal. A coincidência mais essencial estaria na subjacente renúncia à atividade dos instintos já trazidos na constituição da pessoa; e a diferença mais decisiva, na natureza desses instintos, que na neurose são de origem exclusivamente sexual, e na religião, de procedência egoísta.

Uma progressiva renúncia a instintos constitucionais, cuja atividade proporcionaria prazer primário ao Eu, parece ser um dos fundamentos da evolução cultural humana. Parte dessa repressão instintual é efetuada pelas religiões, ao fazer os indivíduos sacrificarem seu prazer instintual à divindade. "Minha é a vingança", diz o Senhor. No desenvolvimento das religiões antigas acreditamos perceber que muitas coisas a que o ser humano renunciara como "sacrilégios" foram cedidas ao deus e ainda eram permitidas em seu nome, de modo que a cessão à divindade era o meio de o ser humano livrar-se do domínio de instintos maus, socialmente danosos. Provavelmente não é um acaso, portanto, que todas as características humanas — com os crimes delas derivados — fossem atribuídas aos deuses antigos em grau ilimitado, nem é uma contradição que não fosse permitido justificar os próprios sacrilégios mediante o exemplo divino.

# O ESCLARECIMENTO SEXUAL DAS CRIANÇAS (CARTA ABERTA AO DR. M. FÜRST, 1907)

TÍTULO ORIGINAL: "ZUR SEXUELLEN AUFKLÄRUNG DER KINDER". PUBLICADO PRIMEIRAMENTE EM *SOZIALE MEDIZIN UND HYGIENE*, V. 2, N. 6, PP. 360-67. TRADUZIDO DE *GESAMMELTE WERKE* VII, PP. 19-27; TAMBÉM SE ACHA EM *STUDIENAUSGABE* V, PP. 159-68.

Caro dr. Fürst,

Quando o sr. me pede que eu escreva sobre o "esclarecimento sexual das crianças", suponho que não espera um tratado formal, que considere toda a ampla literatura sobre o tema, mas sim o juízo independente de um médico a quem a atividade profissional forneceu autêntico estímulo para ocupar-se dos problemas sexuais. Sei que o sr. tem acompanhado meus esforços científicos com interesse e que não me rejeita em princípio, como muitos outros colegas nossos, por eu enxergar na constituição psicossexual e em aspectos nocivos da vida sexual as mais importantes causas das frequentes enfermidades neuróticas. Além disso, há pouco receberam uma menção cordial na sua revista os meus *Três ensaios sobre a teoria da sexualidade*, em que descrevo a composição do instinto sexual e os distúrbios a que está sujeito ao desenvolver-se na função sexual.

Portanto, devo responder-lhe estas questões: se as crianças devem receber esclarecimentos sobre os fatos da vida sexual, em que idade isso pode ocorrer e de que maneira. Permita-me dizer-lhe, já de início, que acho inteiramente compreensível a discussão em torno do segundo e do terceiro ponto, mas não entendo absolutamente como pode haver divergência de opiniões acerca do primeiro. Pois o que se pretende, ao recusar às crianças — ou aos jovens, digamos — tais esclarecimentos sobre a vida sexual humana? Teme-se despertar prematuramente o seu interesse por essas coisas, antes que surja nelas de forma espontânea? Espera-se, com esse ocultamento, reter o instinto sexual até o momento em que ele possa tomar apenas o caminho que lhe é aberto pela ordem social burguesa? Acredita-se que as crianças não mostrariam interesse ou compreensão ante os fatos e enigmas da vida sexual se não fossem levadas a isso por influência externa? Crê-se possível que o conhecimento que lhes é negado não lhes seja trazido por outros meios? Ou se pretende seriamente que depois venham a julgar tudo relativo ao sexo algo inferior e abominável, de que os pais e educadores queriam mantê-los afastados tanto quanto possível?

Eu realmente não sei a qual dessas intenções devo atribuir o ocultamento das coisas sexuais às crianças, que é efetivamente realizado. Sei apenas que são todas igualmente insensatas, e que muito me custaria distingui-las com refutações sérias. Mas me recordo que encontrei, nas cartas familiares do grande pensador e filantropo Multatuli, algumas linhas que bem podem servir como resposta:[1]

"De modo geral, a meu ver, certas coisas são demasiadamente ocultadas. É correto manter pura a fantasia da criança, mas essa pureza não se conserva pela ignorância. Acho, isto sim, que quanto mais se esconder algo, mais o garoto e a garota suspeitarão a verdade. Por curiosidade, saímos a averiguar coisas

[1] *Briefe* [Cartas], W. Spohr (org.), 2 volumes, 1906, v. 1, p. 26. [Multatuli é o pseudônimo do escritor holandês E. D. Dekker (1820-87), conhecido sobretudo pelo romance *Max Havelaar*, um clássico da literatura de seu país. "*Multa tuli*" significa, em latim, "Suportei muita coisa"; cf. neste volume, "Resposta a uma enquete sobre leitura e bons livros".]

que, se nos fossem comunicadas sem rodeios, suscitariam em nós pouco ou nenhum interesse. Se tal ignorância pudesse ainda ser mantida, eu poderia me conciliar com ela, mas isso não é possível; a criança entra em contato com outras crianças, depara com livros que a fazem refletir; e justamente o mistério, com que os pais tratam o que ela ainda assim compreendeu, aumenta o desejo de saber mais. Tal desejo, satisfeito somente em parte, apenas secretamente, inflama o coração e estraga a fantasia; a criança já está pecando, e os pais ainda acreditam que ela não sabe o que é pecado."

Não sei o que poderia ser mais bem expresso, mas talvez se possa acrescentar algo. Certamente são a habitual hipocrisia e a própria má consciência em questões de sexualidade que levam os adultos a fazer mistério diante das crianças; mas é possível que influa nisso alguma ignorância teórica, contra a qual podemos agir mediante o esclarecimento dos adultos. Pois acredita-se que falta às crianças o instinto sexual, que somente na puberdade ele aparece, com o amadurecimento dos órgãos sexuais. Isso é um erro grosseiro, de sérias consequências para o conhecimento e para a prática. É tão fácil corrigi-lo pela observação, que nos admiramos que tenha surgido. Na verdade, o recém-nascido vem ao mundo com a sexualidade, determinadas sensações sexuais acompanham seu desenvolvimento no período da amamentação e da primeira infância, e pouquíssimas crianças deixariam de ter atividades e sensações sexuais antes da puberdade. Quem quiser uma exposição detalhada dessas afirmações poderá encontrá-la nos meus *Três ensaios sobre a teoria da sexualidade* (1905), já mencionados. Neles verá que os órgãos reprodutivos não são as únicas partes do corpo a transmitir sensações sexuais prazerosas, e que a natureza dispôs as coisas de maneira tal que mesmo estímulos dos genitais sejam inevitáveis durante a infância. Esse período da vida, em que certo montante de indubitável prazer sexual é produzido pela excitação de diferentes áreas da pele (zonas *erógenas*), pela atividade de certos instintos biológicos e como excitação que acompanha muitos estados afetivos, é denominado — com uma expressão introduzida por Havelock Ellis — período do *autoerotismo*. O que a puberdade faz é conferir aos genitais a primazia entre todas as zonas e fontes geradoras de prazer, forçando o erotismo a pôr-se a serviço da função reprodutiva, um processo que naturalmente pode sofrer certas inibições e que em muitos indivíduos, os futuros pervertidos e neuróticos, efetua-se apenas de modo incompleto. Por outro lado, bem antes de alcançar a puberdade a criança é capaz da maioria das atividades psíquicas da vida amorosa (ternura, dedicação, ciúme) e, com alguma frequência, a irrupção desses estados psíquicos vem acompanhada das sensações físicas da excitação sexual, de maneira que a criança não tem dúvida quanto à relação entre as duas coisas. Em suma, bem antes da puberdade a criança é, tirando a capacidade de reprodução, uma criatura amorosa completa, e podemos afirmar que, ao fazer mistério, as pessoas apenas a privam da capacidade de apreender intelectualmente as atividades para as quais ela se acha psiquicamente preparada e fisicamente ajustada.

O interesse intelectual da criança pelos enigmas da vida sexual, sua curiosidade sexual, manifesta-se insuspeitadamente cedo, portanto. Os pais devem ser como que tomados de cegueira ante esse interesse da criança, ou logo se empenham em sufocá-lo, para que observações como a que comunicarei em seguida não sejam realizadas mais frequentemente. Conheço um esplêndido garoto de quatro anos de idade, cujos pais compreensivos se abstiveram de suprimir brutalmente uma parte do seu desenvolvimento. O pequeno Hans, que certamente não foi exposto à sedução por parte de uma babá, há algum tempo já mostra um vivo interesse pela parte de seu corpo que chama de "faz-pipi". Com três anos ele já perguntava à mãe: "Você também tem um faz-pipi?". Ao que ela respondeu: "Claro! O que você pensou?". A mesma pergunta ele fez ao pai, repetidas vezes. Na mesma idade, quando foi levado a um estábulo, viu uma vaca sendo ordenhada e exclamou, admirado: "Olha, sai leite do faz-pipi!". Aos três anos e nove meses, estava a ponto de descobrir por si próprio, com suas observações, categorias exatas. Viu água escapando de uma locomotiva e falou: "Olha, a locomotiva está fazendo pipi; cadê o faz-pipi dela?". Mais tarde acrescentou, meditando: "O cachorro e o cavalo têm faz-pipi; a mesa e a cadeira, não". Pouco tempo antes, vendo que davam banho à sua irmãzinha de uma semana de vida, tinha notado: "O faz-pipi dela ainda é pequeno. Quando ela crescer, ele vai ficar maior." (A mesma atitude ante o problema das diferenças sexuais me foi relatada em outros garotos da mesma idade). Quero afirmar expressamente que o pequeno Hans não é um garoto sensual, ou mesmo de disposição patológica; digo apenas que ele não foi intimidado, não é atormentado por uma consciência de culpa e, por isso, informa candidamente o que sucede em sua cabeça.[2]

O segundo grande problema a ocupar o pensamento da criança — em idade algo posterior, no entanto — é a questão da origem das crianças, geralmente ligada ao aparecimento não desejado de um irmãozinho ou irmãzinha. É a mais antiga e mais candente questão dos jovens humanos; quem sabe como interpretar mitos e tradições pode escutá-la no enigma que a esfinge de Tebas propõe a Édipo. As respostas habitualmente dadas às crianças ferem o seu honesto instinto de pesquisa e, em geral, também abalam pela primeira vez a sua confiança nos pais. Então elas começam a desconfiar dos adultos e a ocultar deles os seus mais íntimos interesses. Um pequeno documento pode mostrar como, muitas vezes, essa curiosidade se torna algo martirizante em crianças mais velhas; é a carta de uma garota de onze anos e meio, órfã de mãe, que especulou sobre esse problema junto com sua irmã mais nova:

---

[2] [Nota acrescentada em 1924:] Ver, sobre a posterior neurose e o restabelecimento desse "pequeno Hans", a *Análise da fobia de um garoto de cinco anos* (1909). [Quando esse artigo foi publicado, o garoto chamava-se "pequeno Herbert" — que era seu nome verdadeiro. Apenas na edição de 1924 o nome foi mudado para "pequeno Hans".]

"Querida tia Mali,
"Pode fazer o favor de me escrever, dizendo como teve Christel e Paul? Você deve saber, já que é casada. Ontem à noite discutimos sobre isso e queremos saber a verdade. Não temos ninguém mais a quem perguntar. Quando vocês vêm a Salzburg? Sabe, tia Mali, não podemos compreender como a cegonha traz os bebês. Trudel achou que a cegonha traz eles numa camisa. Então gostaríamos de saber também se ela os pega no lago e por que nunca vemos bebês no lago. Por favor, diga também como se sabe quando eles vêm. Escreva e me diga tudo.
"Com mil lembranças e beijos de todos nós,
Sua Lilli curiosa."

Não creio que essa carta comovente tenha obtido para as duas irmãs o esclarecimento solicitado. A remetente veio a adoecer daquela neurose que deriva de perguntas inconscientes não respondidas, da mania de reflexão obsessiva.[3]

Não creio que haja uma razão sequer para recusar às crianças o esclarecimento que a sua ânsia de saber exige. Certamente que, se a intenção do educador é sufocar na criança, o mais rapidamente possível, a capacidade para o pensamento independente, em prol da tão louvada "boa conduta", o melhor caminho para isso é a desorientação no âmbito sexual e a intimidação na esfe-

---

[3] Anos depois, no entanto, a mania de reflexão deu lugar a uma *dementia praecox*.

ra religiosa. Mas as naturezas mais fortes resistem a essas influências e se tornam rebeldes, primeiro à autoridade dos pais, depois a qualquer outra autoridade. Se as crianças não obtêm as explicações pelas quais se dirigiram aos mais velhos, continuam a atormentar-se com o problema em segredo e fazem tentativas de solução em que se mesclam, do modo mais extraordinário, o corretamente suspeitado e o errado e grotesco, ou sussurram uma à outra informações em que, devido à consciência de culpa dos jovens investigadores, imprime-se à vida sexual a marca de algo horrível e nojento. Essas teorias sexuais infantis bem que mereceriam ser reunidas e examinadas.* A partir dessa época, a maioria das crianças perde a única atitude correta ante as questões sexuais, e muitas delas não a reencontram.

Parece que a grande maioria dos autores que escreveram sobre o esclarecimento sexual das crianças, tanto homens como mulheres, concluiu a favor dele. Mas, pela inépcia de muitas das sugestões de como e quando isso deve ocorrer, tendemos a achar que não foi fácil chegarem a essa conclusão. Algo raro, segundo o que conheço da literatura sobre o tema, é a encantadora carta de esclarecimento que uma senhora de nome Emma Eckstein imagina escrever ao filho de dez anos de idade.[4] O modo como geralmente se faz, privando as crianças de todo conhecimento da sexualidade o maior tempo possível,

---

* Cf. "Sobre as teorias sexuais infantis" (1908).
4 E. Eckstein, *Die Sexualfrage in der Erziehung des Kindes* [A questão sexual na educação da criança], 1904.

para de repente brindá-las com uma meia-revelação em termos solenes e empolados — não é, evidentemente, o correto. A maioria das respostas à pergunta "Como dizer isso a meu filho?" causa uma impressão tão lamentável — a mim, pelo menos — que seria preferível que os pais não se preocupassem com esse esclarecimento. O que importa, isto sim, é as crianças não pensarem que os adultos querem fazer mais segredo sobre os fatos da vida sexual do que sobre qualquer outro não acessível ao seu entendimento. Para alcançar isso, é necessário que desde o início a sexualidade seja tratada como outras coisas dignas de serem sabidas. É tarefa da escola, sobretudo, não evitar a menção da sexualidade, incluir os fatos principais da reprodução e sua importância nas aulas sobre o mundo animal e, ao mesmo tempo, enfatizar que o ser humano partilha com os animais superiores tudo o que é essencial em sua organização. Então, se o ambiente familiar não atua de maneira intimidante sobre o pensamento, provavelmente sucederá com maior frequência aquilo que entreouvi certa vez num quarto de crianças, quando um menino falou à sua irmãzinha: "Como você pode achar que a cegonha é que traz os bebês? Você sabe que o homem é um mamífero; você pensa que a cegonha traz os filhotes dos outros mamíferos?". A curiosidade da criança jamais alcançará um nível elevado se encontrar satisfação correspondente em cada estágio do aprendizado. O esclarecimento sobre as condições especificamente humanas da vida sexual e a significação social desta deveria ser dado ao fim da escola fundamental (antes do ingresso na escola média), ou seja, antes dos dez anos de idade. Por fim, a época da Confirmação seria a mais apropriada para explicar à criança, já esclarecida acerca de tudo relativo ao corpo, as obrigações morais ligadas ao exercício do instinto. Esse esclarecimento sobre a vida sexual, gradual, progressivo, jamais interrompido, no qual a escola toma a iniciativa, parece-me ser o único a levar em conta o desenvolvimento da criança, evitando com êxito o perigo existente.

Vejo como o progresso mais significativo na educação das crianças o fato de o Estado francês haver introduzido, no lugar do catecismo, uma cartilha que fornece à criança os primeiros conhecimentos sobre o seu papel de cidadão e os deveres éticos que sobre ele incidirão. Mas essa instrução elementar é gravemente incompleta se não abrange também a esfera da sexualidade. Eis a lacuna que educadores e reformadores deveriam se empenhar em preencher! Nos Estados que deixaram a educação da juventude nas mãos do clero, no todo ou em parte, certamente não se pode fazer essa reivindicação. Um sacerdote jamais admite a igualdade de natureza entre o homem e o animal, porque não pode abnegar a alma imortal, de que necessita para fundamentar as exigências morais. Assim, mais uma vez se comprova como é tolo costurar um remendo de seda num casaco esfarrapado, como é impossível executar uma reforma isolada, sem mudar os alicerces do sistema!

# O ESCRITOR E A FANTASIA (1908)

TÍTULO ORIGINAL: "DER DICHTER UND DAS PHANTASIEREN". PUBLICADO PRIMEIRAMENTE EM *NEUE REVUE*, V. 1, N. 10, PP. 716-24. TRADUZIDO DE *GESAMMELTE WERKE* VII, PP. 213-23. TAMBÉM SE ACHA EM *STUDIENAUSGABE* X, PP. 169-79.

Nós, leigos, sempre fomos muito curiosos de saber de onde esta singular personalidade, o escritor,* retira seu material — exatamente como aquele cardeal que fez uma pergunta semelhante a Ariosto** —, e como logra nos tocar tão fortemente com ele, provocando em nós emoções de que talvez não nos julgássemos capazes. Nosso interesse ainda aumenta pelo fato de o próprio escritor, quando lhe perguntamos acerca disso, não nos dar uma resposta, ou responder insatisfatoriamente, e tampouco é enfraquecido pelo fato de sabermos que nem a melhor compreensão dos determinantes de sua escolha do material e da natureza da arte poética poderia contribuir para fazer de nós mesmos escritores.

Se ao menos pudéssemos encontrar em nós ou em pessoas como nós uma atividade que fosse de algum modo aparentada à criação literária! Investigá-la poderia nos dar a esperança de chegar a uma explicação inicial do fazer poético. E, de fato, essa possibilidade existe — afinal, os próprios escritores amam diminuir a distância entre a sua categoria e os homens comuns; frequentemente nos garantem que em cada indivíduo se esconde um poeta e que o último poeta desaparecerá com o último homem.

Não deveríamos buscar já na infância os primeiros traços de atividade criativa? A ocupação mais querida

---

* *Dichter*; ver nota sobre o significado do termo, no início deste volume (p. 15).
** Diz-se que o cardeal Ippolito d'Este, a quem Ariosto dedicou *Orlando Furioso*, perguntou ao poeta: "Mas onde encontrou tantas tolices, sr. Ludovico? [*Ma dove avete trovato tante corbellerie, messer Lodovico?*]".

e mais intensa da criança é a brincadeira. Talvez possamos dizer que toda criança, ao brincar, se comporta como um criador literário, pois constrói para si um mundo próprio, ou, mais exatamente, arranja as coisas de seu mundo numa ordem nova, do seu agrado. Seria errado, portanto, pensar que ela não toma a sério esse mundo; pelo contrário, ela toma sua brincadeira muito a sério, nela gasta grandes montantes de afeto. O oposto da brincadeira não é a seriedade, mas sim — a realidade. Não obstante todo o investimento de afeto, a criança distingue muito bem da realidade o seu mundo de brincadeira, e gosta de basear nas coisas palpáveis e visíveis do mundo real os objetos e situações que imagina. É esse apoio na realidade que distingue o seu "brincar" do "fantasiar".

O escritor faz o mesmo que a criança ao brincar; constrói um mundo de fantasia que leva bastante a sério, ou seja, dota de grandes montantes de afeto, ao mesmo tempo que o separa claramente da realidade. E a língua conservou esse parentesco entre brincadeira infantil e criação poética, ao designar como *Spiele* [jogos, brincadeiras] as produções literárias que requerem o apoio em objetos palpáveis, que são passíveis de representação: *Lustspiel* [comédia; *Lust* = prazer], *Trauerspiel* [tragédia; *Trauer* = tristeza, luto], e o indivíduo que as representa, como *Schauspieler* [ator; *Spieler* = aquele que joga ou brinca; *Schau* = vista, exibição, equivalente ao inglês *show*]. Mas a irrealidade do mundo imaginário traz consequências importantes para a técnica artística, pois muitas coisas que, sendo reais, não poderiam dar prazer, podem proporcioná-lo no jogo da fantasia, muitas emoções que são dolorosas em si mesmas podem se tornar fonte de fruição para os ouvintes e espectadores do escritor.

Há outra consideração que leva a nos determos um pouco mais na oposição entre realidade e brincadeira. Quando a criança se torna um adulto e para de brincar, após haver se empenhado psiquicamente, durante décadas, em apreender as realidades da vida com a seriedade necessária, ela pode, um dia, encontrar-se numa disposição psíquica que volta a eliminar a oposição entre jogo e realidade. O adulto pode se recordar da grande seriedade com que brincava na infância, e, equiparando suas ocupações pretensamente sérias àquelas brincadeiras infantis, livra-se do pesado fardo imposto pela vida e alcança o elevado ganho de prazer proporcionado pelo *humor*.

Portanto, o indivíduo em crescimento para de brincar, aparentemente renuncia ao ganho de prazer que retirava da brincadeira. Quem conhece a vida psíquica do ser humano, porém, sabe que nada é tão difícil para ele quanto renunciar a um prazer que já experimentou. Na verdade, não podemos renunciar a nada, apenas trocamos uma coisa por outra; o que parece ser uma renúncia é, na realidade, uma formação substitutiva ou um sucedâneo. Assim, também a pessoa em crescimento, quando para de brincar, apenas abandona o apoio em objetos reais; em vez de *brincar*, ela *fantasia*. Constrói castelos no ar, cria o que se chamam "devaneios".* Creio que

---

* No original, *Tagträume*: literalmente, "sonhos diurnos" — versão que também será utilizada aqui.

a maioria das pessoas constrói fantasias em momentos de sua vida. Isso é um fato que durante muito tempo foi negligenciado e cuja relevância, portanto, não foi devidamente apreciada.

O ato de fantasiar, nas pessoas, não pode ser observado tão facilmente quanto o ato de brincar das crianças. É certo que a criança brinca também sozinha, ou forma com outras crianças um sistema psíquico fechado para os fins de uma brincadeira, mas também quando não brinca na frente dos adultos não lhes esconde a sua brincadeira. O adulto, porém, envergonha-se de suas fantasias e as oculta dos outros, acalenta-as como seu bem mais íntimo, geralmente preferiria confessar suas transgressões a comunicar suas fantasias. Pode acontecer, por causa disso, que ele se considere o único a ter essas fantasias e não faça ideia de que criações similares são comuns nos outros indivíduos. Essa diferença na conduta daquele que brinca e daquele que fantasia acha explicação nos motivos das duas atividades, uma das quais dá prosseguimento à outra, porém.

As brincadeiras das crianças são guiadas por desejos, mais precisamente por um desejo específico, que é de grande ajuda na sua educação: o de ser grande e adulto. Elas sempre brincam de "ser grande", imitam nas brincadeiras o que sabem da vida das pessoas grandes. Não têm motivo para esconder esse desejo. Com os adultos é diferente: eles sabem, por um lado, que deles se espera que não brinquem mais ou que não fantasiem, que atuem no mundo real; por outro lado, entre os desejos que geram suas fantasias há alguns que é necessário ocultar — por isso eles se envergonham do seu fantasiar, como algo infantil e ilícito.

Os senhores* perguntarão de que modo temos informação tão precisa sobre as fantasias das pessoas, se estas as cobrem de tanto segredo. Ora, há um tipo de pessoas às quais não um deus, mas uma deusa severa — a Necessidade — impôs a tarefa de dizer o que sofrem e que coisas lhes dão alegrias. São os neuróticos, que têm de comunicar também suas fantasias ao médico do qual esperam ser curados pelo tratamento psíquico. É dessa fonte que veio nosso melhor conhecimento, e logo tivemos boas razões para supor que nossos doentes nada nos diziam que não pudéssemos vir a saber também dos indivíduos sãos.

Vejamos algumas das características da atividade da fantasia. Pode-se dizer que somente a pessoa insatisfeita fantasia, jamais aquela feliz. Desejos não satisfeitos são as forças motrizes das fantasias, e cada fantasia é uma realização de desejo, uma correção da realidade insatisfatória. Os desejos impulsores diferenciam-se conforme o sexo, o caráter e as circunstâncias de vida da personalidade que fantasia; mas se dividem naturalmente em dois grupos principais: ou são desejos ambiciosos, que servem à exaltação da personalidade, ou eróticos. Na mulher jovem predominam quase exclusivamente os desejos eróticos, pois sua ambição é geralmente absor-

---

* Freud se dirige a uma plateia, pois este trabalho foi originalmente uma palestra, apresentada na editora de Hugo Heller, em Viena, em dezembro de 1907.

vida pelo empenho amoroso; no homem jovem, ao lado dos desejos eróticos sobressaem os egoístas e ambiciosos. Mas vamos enfatizar a frequente união desses dois grupos, em vez da oposição entre eles. Assim como em muitas pinturas de altares se vê, num canto, a imagem do doador, na maioria das fantasias ambiciosas podemos encontrar, num ponto qualquer, a dama para quem o fantasiador realiza todos aquelas façanhas, a cujos pés ele deposita todos os seus triunfos. Como veem os senhores, aqui há bons motivos para o ocultamento; na mulher bem educada não se admite mais que um mínimo de necessidades eróticas, e o homem jovem deve aprender a suprimir o excesso de autoestima que traz consigo da infância mimada, para integrar-se numa sociedade cheia de indivíduos com exigências iguais.

Não devemos pensar nos produtos dessa atividade imaginativa, as fantasias, castelos no ar e devaneios, como rígidos e imutáveis. Eles se adaptam às impressões cambiantes que a vida nos traz, alteram-se a cada oscilação na vida, recebem a chamada "marca do tempo" de cada nova impressão eficaz. A relação da fantasia com o tempo é muito significativa. Pode-se dizer que uma fantasia "paira" entre três tempos — os três momentos de nossa atividade ideativa. O trabalho psíquico parte de uma impressão atual, uma ocasião no presente que foi capaz de despertar um dos grandes desejos do indivíduo, daí retrocede à lembrança de uma vivência anterior, geralmente infantil, na qual aquele desejo era realizado, e cria então uma situação ligada ao futuro, que se mostra como realização daquele desejo — justamente o devaneio ou fantasia, que carrega os traços de sua origem na ocasião e na lembrança. Assim, passado, presente e futuro são como que perfilados na linha do desejo que os atravessa.

Um exemplo banal pode esclarecer o que digo. Tomem os senhores o caso de um garoto pobre e órfão, ao qual deram o endereço de um homem que talvez o empregue. Indo para lá, ele pode se entregar a um devaneio apropriado à situação em que surge. O teor dessa fantasia será, provavelmente, que ele é recebido, agrada ao novo chefe, torna-se imprescindível no negócio, é acolhido na família do patrão, casa-se com a atraente filha deste e passa a dirigir os negócios, primeiro como sócio e depois como sucessor. Com isso, este sonhador readquiriu o que tivera em sua infância feliz: uma casa protetora, pais amorosos e os primeiros objetos de suas inclinações afetuosas. Os senhores veem, nesse exemplo, como o desejo faz uso de um ensejo do presente para esboçar, segundo o modelo do passado, uma imagem do futuro.

Haveria muito mais a dizer sobre as fantasias; eu me limitarei a mencionar algumas coisas. O excesso de crescimento e de intensidade das fantasias produz as condições para a caída numa neurose ou psicose. As fantasias são também as precursoras psíquicas imediatas dos sintomas patológicos de que se queixam nossos doentes — deste ponto sai uma ampla via lateral que conduz à patologia.

Não posso omitir a relação das fantasias com o sonho, porém. Também os nossos sonhos noturnos não são outra coisa do que fantasias assim, como pudemos evidenciar com a interpretação dos sonhos.[1] A linguagem, em sua inigualável sabedoria, há muito resolveu a questão da natureza dos sonhos, ao chamar de "sonhos diurnos" as etéreas criações daqueles que fantasiam. Se, apesar dessa indicação, o sentido de nossos sonhos permanece geralmente obscuro para nós, isso vem do fato de que à noite também despertam em nós desejos de que nos envergonhamos e que temos de ocultar de nós mesmos, que justamente por isso foram reprimidos, empurrados para o inconsciente. Tais desejos reprimidos e seus derivados não podem ter expressão que não seja bastante deformada. Depois que o trabalho científico logrou esclarecer a *deformação onírica*, já não foi difícil perceber que os sonhos noturnos são realizações de desejos exatamente como os sonhos diurnos, as nossas conhecidas fantasias.

Isso quanto às fantasias; tomemos agora o escritor. Podemos realmente comparar o escritor ao "sonhador em pleno dia", e suas criações a devaneios? Aqui já se impõe talvez uma distinção; é preciso diferenciar entre os escritores que utilizam material já existente, como os épicos e trágicos antigos, e aqueles que parecem criar livremente seu material. Atenhamo-nos a esses últimos e procuremos, para a nossa comparação, não os escritores mais exaltados pela crítica, mas os autores de romances, histórias e contos menos pretensiosos, que têm os leitores e leitoras mais numerosos e ávidos. Nas obras desses

[1] Cf. deste autor, *A interpretação dos sonhos*, 1900.

narradores, uma característica nos chama a atenção sobretudo: todas têm um herói que é o centro do interesse, para o qual o autor busca granjear nossa simpatia por todos os meios e que parece proteger com uma providência especial. Se, no final de um capítulo, o herói está inconsciente, sangrando de sérias feridas, no início do próximo nós o encontraremos bem cuidado e a caminho do restabelecimento, e se o primeiro volume termina com o naufrágio, numa tempestade, do navio em que se acha o herói, no começo do segundo volume nós seremos informados de sua milagrosa salvação, sem a qual o romance não teria prosseguimento. O sentimento de segurança com que acompanhamos o herói através de suas perigosas vicissitudes é o mesmo com que um herói real se joga na água para salvar alguém que se afoga, ou se expõe ao fogo inimigo para atacar uma bateria; é o verdadeiro sentimento de herói, que um de nossos melhores escritores expressou magnificamente: "Nada pode te acontecer" (Anzengruber).* Mas acho que nessa reveladora característica da invulnerabilidade reconhecemos, sem maior esforço, Sua Majestade o Eu, o herói de todos os devaneios e de todos os romances.

Outros traços típicos dessas histórias egocêntricas apontam para o mesmo parentesco. Quando todas as mulheres do romance se apaixonam pelo herói, isso

---

* No original: *Es kann dir nix g'schehen*, frase que o herói de uma comédia de Ludwig Anzengruber (1839-89) diz a si mesmo; também é citada em "Nossa atitude perante a morte", a segunda das "Considerações atuais sobre a guerra e a morte", de 1915.

não pode ser visto como retrato da realidade, deve ser compreendido como elemento necessário do devaneio. O mesmo quando as outras personagens do livro se diferenciam nitidamente entre boas e más, negligenciando a variedade de caracteres humanos que se observa na realidade. Os "bons" são os favoráveis; os "maus", os inimigos e rivais do Eu que se tornou herói.

De maneira nenhuma ignoramos que muitas criações literárias se distanciam bastante do modelo do "sonho diurno" ingênuo, mas não posso suprimir a conjectura de que mesmo os desvios extremos poderiam ser ligados a ele por uma série contínua de casos de transição. Notei que em muitos dos chamados "romances psicológicos" somente uma personagem — o herói, mais uma vez — é retratada do interior; o autor como que se coloca em sua alma e olha as outras personagens de fora. Em geral, o romance psicológico deve sua peculiaridade à tendência de o escritor moderno cindir seu Eu em Eus parciais, mediante a auto-observação, e, em consequência, personificar em vários heróis as correntes conflitantes de sua vida psíquica. Em contraste muito especial com o sonho diurno parecem estar os romances que poderíamos denominar "excêntricos", em que a personagem apresentada como herói tem o mínimo papel ativo, vendo passar à sua frente, como um espectador, os atos e sofrimentos das demais pessoas. Desse tipo são vários dos últimos romances de Zola. Mas devo dizer que a análise psicológica de indivíduos que não são escritores, e que se afastam em alguns aspectos da assim chamada norma, revelou-nos variações análogas dos devaneios, em que o Eu se contenta com o papel de observador.

Para que tenha valor a nossa equiparação do escritor ao "sonhador diurno", da criação literária ao devaneio, ela deverá se mostrar fecunda de alguma maneira. Procuremos aplicar às obras dos escritores a nossa tese, já explicitada, sobre a relação da fantasia com os três tempos e o desejo que os percorre, e estudar, por meio dela, as relações entre a vida do escritor e suas criações. Em geral, não se soube com que ideias antecipatórias abordar esse problema; frequentemente essa relação foi imaginada de forma demasiado simples. Partindo da percepção adquirida com as fantasias, devemos esperar o seguinte estado de coisas: uma forte vivência atual desperta no escritor a lembrança de uma vivência anterior, geralmente da infância, da qual vem o desejo que se realiza na criação literária; nessa mesma podemos discernir elementos tanto da nova ocasião como da velha lembrança.

Não se assustem com a natureza complicada dessa fórmula. Creio que na realidade ela se mostrará um esquema precário, mas poderá conter uma primeira aproximação ao real estado de coisas, e, após alguns ensaios que fiz, tendo a julgar que essa forma de considerar as produções literárias não será infecunda. Não esqueçam que a ênfase, talvez estranha, na recordação de infância do escritor é consequência, afinal, da premissa de que tanto a obra literária como o devaneio são prosseguimento e substituição do que um dia foi brincadeira infantil.

E não deixemos de retomar aquele tipo de obras em que não vimos criações originais, mas elaborações de material já existente e conhecido. Também nelas o escritor conserva alguma independência, que pode se manifestar na escolha do material e nas alterações que faz nele, frequentemente substanciais. Quando o material já é dado, porém, ele tem origem no tesouro popular dos mitos, lendas e fábulas. Não excluímos absolutamente a investigação desses produtos da psicologia dos povos, mas é bastante provável que os mitos, por exemplo, correspondam a vestígios deformados de fantasias-desejos de nações inteiras, a *sonhos seculares* da jovem humanidade.

Os senhores dirão que lhes falei bem mais das fantasias que dos escritores, embora tenha posto estes em primeiro lugar no título de minha conferência. Estou ciente disso, e procuro escusá-lo invocando o presente estado de nosso conhecimento. Pude apenas oferecer-lhes alguns estímulos e sugestões que, a partir do estudo das fantasias, relacionam-se ao problema da escolha do material poético. Quanto ao outro problema, o dos meios com os quais o escritor alcança os efeitos emocionais que são provocados em nós por suas criações — este não chegamos a abordar. Eu gostaria de apontar-lhes ao menos o caminho que leva de nossa discussão das fantasias aos problemas do efeito poético.

Como devem se lembrar os senhores, afirmamos que o "sonhador diurno" esconde cuidadosamente dos outros indivíduos as suas fantasias, pois sente que há motivos para envergonhar-se delas. Eu acrescentaria agora que, mesmo que ele as comunicasse, não nos daria prazer com tais revelações. Ao saber dessas fantasias, ficamos chocados ou, quando muito, permanecemos frios. Mas, quando um escritor nos brinda com suas "peças" ou nos conta aquilo que nos inclinamos a considerar seus devaneios pessoais, sentimos elevado prazer, provavelmente oriundo de muitas fontes. Como o escritor consegue fazer isso é seu segredo mais íntimo; na técnica de superar aquele sentimento de choque, que indubitavelmente está ligado às barreiras que separam cada Eu e os demais, é que se acha propriamente a *ars poetica*. Podemos imaginar dois recursos dessa técnica: o escritor atenua o caráter do devaneio egoísta por meio de alterações e ocultamentos, e nos cativa pelo ganho de prazer puramente formal, ou seja, estético, que nos oferece na apresentação de suas fantasias. Esse ganho de prazer, que nos é oferecido para possibilitar a liberação de um prazer maior, de fontes psíquicas mais profundas, é denominado *brinde incentivador*\* ou *prazer preliminar*. A meu ver, todo o prazer estético que o escritor nos propicia tem o caráter de um prazer preliminar desse tipo, e a autêntica fruição da obra literária vem da libertação de tensões em nossa psique. E talvez contribua para isso, em não pequena medida, o fato de que o escritor nos permite desfrutar nossas próprias fantasias sem qualquer recriminação e sem pudor. Com isso estamos no limiar de novas investigações, interessantes e complicadas, mas, ao menos por agora, chegamos também ao fim de nossa discussão.

\* No original, *Verlockungsprämie*, composto de *Verlockung*, "atração" e *Prämie*, "prêmio"; cf. *O chiste e sua relação com o inconsciente* (1905), cap. IV, e *"Autobiografia"* (1925), cap. VI.

# AS FANTASIAS HISTÉRICAS E SUA RELAÇÃO COM A BISSEXUALIDADE (1908)

TÍTULO ORIGINAL: "HYSTERISCHE PHANTASIEN UND IHRE BEZIEHUNG ZUR BISEXUALITÄT". PUBLICADO PRIMEIRAMENTE EM *ZEITSCHRIFT FÜR SEXUALWISSENSCHAFT*, V. 1, N. 1, PP. 21-34. TRADUZIDO DE *GESAMMELTE WERKE* VII, PP. 191-99. TAMBÉM SE ACHA EM *STUDIENAUSGABE* VI, PP. 187-95.

## FANTASIAS HISTÉRICAS E BISSEXUALIDADE

Já são conhecidas as delirantes criações dos paranoicos, que têm por conteúdo a grandeza e os sofrimentos do seu próprio Eu e que aparecem em formas típicas, quase monótonas. Numerosos relatos também nos deram a conhecer as estranhas performances com que certos pervertidos encenam a sua satisfação sexual, em ideia ou na realidade. Por outro lado, para alguns leitores talvez seja uma novidade saber que formações psíquicas análogas se encontram regularmente em todas as psiconeuroses, em especial na histeria, e que estas — as chamadas fantasias histéricas — mostram importantes relações com a origem dos sintomas neuróticos.

Uma fonte comum e modelo normal de todas essas criações fantasiosas são os chamados devaneios* dos jovens, que na literatura especializada já foram objeto de atenção razoável, embora ainda insuficiente.[1] Talvez tenham igual frequência nos dois sexos, mas nas garotas e mulheres parecem ser de natureza sempre erótica e, nos homens, erótica ou ambiciosa. Mas não se deve pôr em segundo plano a relevância do elemento erótico nos homens também: observando-se mais detidamente

---

* Ou, literalmente, "sonhos diurnos", *Tagträume*.
1 Cf. Breuer e Freud, *Estudos sobre a histeria*, 1895 (4ª ed., 1922); P. Janet, *Névroses et idées fixes I* (*Les rêveries subconscientes*), 1898; Havelock Ellis, *Geschlechtstrieb und Schamgefühl* [Instinto sexual e sentimento de vergonha] (trad. alemã de Kötscher), 1900; Freud, *Interpretação dos sonhos*, 1900, 7ª ed. 1922; A. Pick, "Über pathologische Träumerei und ihre Beziehung zur Hysterie" [Sobre os devaneios patológicos e sua relação com a histeria], *Jahrbuch für Psychiatrie und Neurologie*, XIV, 1896.

o devaneio do homem, nota-se que geralmente as façanhas todas são realizadas, os sucessos todos são obtidos, apenas a fim de agradar a uma mulher e ser por ela preferido a outros homens.[2] Essas fantasias são satisfações de desejos, nascidas da privação e do anseio; são denominadas "sonhos diurnos" com razão, pois fornecem a chave para a compreensão dos sonhos noturnos, em que não são senão tais fantasias diurnas complicadas, deformadas e mal-entendidas pela instância psíquica consciente que constituem o núcleo da formação onírica.[3]

Tais sonhos diurnos são investidos de grande interesse pelo indivíduo, são cultivados com esmero e, em geral, guardados com muito pudor, como se estivessem entre as coisas mais íntimas de sua personalidade. Mas na rua é fácil reconhecer quem se acha entregue ao devaneio, pelo sorriso repentino e como que ausente, por falar sozinho ou pelo aceleramento do andar, que marca o apogeu da situação imaginada. — Todos os ataques histéricos que pude investigar até hoje mostraram ser tais devaneios que irrompem involuntariamente. A observação não deixa dúvida de que existem, dessas fantasias, tanto as inconscientes como as conscientes, e que estas, tão logo se tornem inconscientes, podem também vir a ser patogênicas, ou seja, manifestar-se em sintomas e ataques. Em circunstâncias favoráveis, é possível flagrar uma fantasia inconsciente desse tipo na consciência.

---

[2] O mesmo julga H. Ellis, op. cit., pp. 185 ss.
[3] Cf. Freud, *Interpretação dos sonhos*, 8ª ed., pp. 185 ss. [cap. VI, seção 1].

Uma de minhas pacientes, depois que lhe chamei a atenção para suas fantasias, contou-me que certa vez havia se encontrado subitamente em lágrimas na rua, e, ao refletir rapidamente sobre o que a fazia chorar, logrou pilhar a fantasia de que se envolvera com um pianista famoso na cidade (mas que não conhecia pessoalmente), tivera com ele um filho (ela não tinha filhos), e depois fora por ele abandonada na miséria, juntamente com o filho. Foi nessa altura do romance que ela rompeu em lágrimas.

As fantasias inconscientes foram desde sempre inconscientes, formadas no inconsciente, ou — o que sucede com maior frequência — um dia foram fantasias conscientes, devaneios, sendo então propositalmente esquecidas, caindo no inconsciente graças à "repressão". Seu conteúdo permaneceu então o mesmo ou sofreu alterações, de modo que a fantasia agora inconsciente representa um derivado daquela que outrora foi consciente. A fantasia inconsciente tem um nexo muito importante com a vida sexual da pessoa: ela é idêntica à fantasia que serviu a esta para obter satisfação sexual num período de masturbação. O ato masturbatório (no sentido mais amplo)* compunha-se então de duas partes, da evocação da fantasia e da operação concreta de autossatisfação no auge daquela. Tal composição é, sabidamente, o resultado de uma soldagem.[4] Originalmente, a ação era uma medida puramente autoeró-

---

* Isto é, não apenas no sentido literal de fricção manual.
4 Cf. Freud, *Três ensaios sobre a teoria da sexualidade*, 1905, 5ª ed., 1922 [Parte I, final da seção A].

tica, para a obtenção de prazer de determinada parte do corpo, que denominamos erógena. Mais tarde, esta ação fundiu-se com uma representação de desejo\* da esfera do amor objetal e serviu para a realização parcial da situação em que culminou essa fantasia. Quando, depois, a pessoa renuncia a tal espécie de satisfação masturbatória-fantasiosa, a ação é omitida, mas a fantasia consciente se torna inconsciente. Se não houver nenhuma outra forma de satisfação sexual, se a pessoa ficar em abstinência e não conseguir sublimar sua libido, isto é, desviar sua excitação sexual para uma meta mais elevada, estarão dadas as condições para que a fantasia inconsciente seja reavivada, cresça e, com toda a força da necessidade amorosa, imponha-se como sintoma patológico, ao menos numa parte de seu conteúdo.

Desse modo, as fantasias inconscientes são os precursores psíquicos imediatos de toda uma série de sintomas histéricos. Estes não são outra coisa senão as fantasias inconscientes exteriorizadas mediante a "conversão", e, na medida em que são sintomas somáticos, frequentemente são tomadas da esfera das mesmas sensações sexuais e inervações motoras que originalmente acompanharam a fantasia então consciente. Dessa maneira, o abandono da masturbação retrocede e o objetivo final

---

\* No original, *Wunschvorstellung* — nas versões estrangeiras consultadas: *representación optativa* [sic], *representación-deseo*, *rappresentazione di desiderio*, *wishful idea*. Às vezes uma palavra composta alemã pode ser traduzida por um termo simples, como é lembrado no apêndice B de *As palavras de Freud*, op. cit., pp. 285--9; o termo, nesse caso, seria "desejo".

de todo o processo patológico, a obtenção da satisfação sexual primária, é alcançado — embora jamais inteiramente, sempre numa espécie de aproximação.

Logo o interesse de quem estuda a histeria se volta dos sintomas desta para as fantasias das quais eles procedem. A técnica da psicanálise permite chegar primeiramente a essas fantasias inconscientes, a partir dos sintomas, e depois torná-las conscientes para o paciente. Dessa forma descobriu-se que as fantasias inconscientes dos histéricos correspondem inteiramente, em seu conteúdo, às situações conscientemente criadas pelos pervertidos para obter sua satisfação; e, se alguém tem dificuldade em arranjar exemplos desse tipo, basta recordar as performances mundialmente famosas dos imperadores romanos, cuja insânia, naturalmente, era condicionada apenas pelo ilimitado poder dos autores das fantasias. As criações delirantes dos paranoicos são fantasias do mesmo tipo, mas tornadas imediatamente conscientes: ligam-se aos componentes sádico-masoquistas do instinto sexual e também podem achar suas contrapartidas plenas em determinadas fantasias inconscientes dos histéricos. Conhece-se igualmente o caso — de importância também prática — em que histéricos exprimem suas fantasias não como sintomas, mas em forma de realizações conscientes, e, assim, inventam e encenam atentados, maus tratos, agressões sexuais.

Por essa via da investigação psicanalítica, que leva dos sintomas importunos às fantasias inconscientes ocultas, descobre-se tudo o que é possível saber sobre a sexualidade dos psiconeuróticos, inclusive o fato cuja exposição deve passar a primeiro plano nesta pequena publicação preliminar.

Provavelmente graças às dificuldades que as fantasias inconscientes encontram em seu esforço de adquirir expressão, a relação das fantasias com os sintomas não é simples, mas complicada em vários sentidos.[5] Em geral, isto é, no pleno desenvolvimento e após longa existência da neurose, um sintoma não corresponde a uma única fantasia inconsciente, mas a várias delas, e não de maneira arbitrária, mas num padrão regular. No início da doença, provavelmente essas complicações não se acham todas desenvolvidas.

Levando em conta o interesse geral, ultrapasso aqui os limites desta comunicação e apresento uma série de fórmulas que tentam descrever cada vez mais exaustivamente a natureza dos sintomas histéricos. Elas não se contradizem; algumas correspondem a abordagens mais completas e precisas, e outras, à aplicação de diferentes pontos de vista.

1) O sintoma histérico é o símbolo mnêmico de determinadas impressões e vivências (traumáticas) atuantes.

2) O sintoma histérico é o substituto, produzido por "conversão", para o retorno associativo dessas vivências traumáticas.

3) O sintoma histérico é — como outras formações psíquicas — expressão do cumprimento de um desejo.

---

5 O mesmo vale para a relação entre os pensamentos oníricos "latentes" e os elementos do conteúdo onírico "manifesto". Ver a seção sobre o "trabalho do sonho" na *Interpretação dos sonhos* [cap. VI].

4) O sintoma histérico é a realização de uma fantasia inconsciente que serve ao cumprimento de um desejo.

5) O sintoma histérico serve à satisfação sexual e representa uma parte da vida sexual da pessoa (que corresponde a um dos componentes do seu instinto sexual).

6) O sintoma histérico corresponde ao retorno de uma maneira da satisfação sexual, que foi real na vida infantil e desde então foi reprimida.

7) O sintoma histérico surge como compromisso entre dois impulsos afetivos ou instintuais, dos quais um se empenha em dar expressão a um instinto parcial ou um componente da constituição sexual, e o outro, em suprimi-lo.

8) O sintoma histérico pode assumir a representação de diferentes impulsos inconscientes, não sexuais, mas não pode prescindir de um significado sexual.

Entre essas diferentes definições, a sétima é a que exprime da maneira mais completa a natureza do sintoma histérico, como realização de uma fantasia inconsciente, e que, junto com a oitava, aprecia corretamente a importância do fator sexual.

Devido a esse nexo entre sintomas e fantasias, não é difícil chegar, a partir da psicanálise dos sintomas, ao conhecimento dos componentes do instinto sexual que governam o indivíduo, como expus nos *Três ensaios de uma teoria sexual*. Tal investigação, porém, traz um resultado inesperado em alguns casos. Ela mostra que em muitos sintomas não é suficiente a dissolução numa fantasia sexual inconsciente ou numa série de fantasias, mas que a solução do sintoma requer duas fantasias sexuais, uma delas tendo caráter masculino, a outra, feminino, de modo que uma dessas fantasias se origina de um impulso homossexual. A tese expressa na fórmula número 7 não é afetada por essa novidade, de maneira que um sintoma histérico representa necessariamente um compromisso entre um impulso libidinal e um repressivo, mas, ao mesmo tempo, pode corresponder à união de duas fantasias libidinais de caráter sexual oposto.

Abstenho-me de dar exemplos em apoio dessa tese. A experiência me ensinou que análises breves, condensadas num extrato, jamais têm o efeito comprobatório em virtude do qual foram apresentadas. Mas a comunicação de casos patológicos plenamente analisados deve ficar para outro local.

Então devo contentar-me em propor a tese e explicar seu significado:

9) Um sintoma histérico é expressão, por um lado, de uma fantasia sexual inconsciente masculina e, por outro, de uma feminina.

Devo registrar que não posso atribuir a essa tese uma validade geral, como fiz com as outras fórmulas. Até onde vejo, ela não se aplica nem a todos os sintomas de um caso nem a todos os casos. Pelo contrário, não é difícil apontar casos em que os impulsos sexuais opostos tiveram expressão sintomática separada, de modo que os sintomas da heterossexualidade e da homossexualidade podem ser tão claramente diferenciados como as fantasias ocultas atrás deles. Mas a relação expressa na fórmula número 9 é frequente o bastante e, ali onde se acha, significativa o bastante para merecer uma ênfase especial. Parece-me representar o mais alto nível de complexidade a que pode chegar a determinação de um sintoma histérico e, portanto, deve-se encontrá-lo apenas numa neurose que dura muito tempo e na qual houve enorme trabalho de organização.[6]

A significação bissexual dos sintomas histéricos, demonstrável em numerosos casos, é certamente uma interessante prova da afirmação, por mim sustentada,* de que a disposição bissexual que supomos nos seres humanos pode ser vista com particular clareza nos psiconeuróticos, mediante a psicanálise. Algo inteiramente análogo, no mesmo âmbito, ocorre quando um indivíduo que se masturba procura, em fantasias conscientes, colocar-se tanto no lugar do homem como no da mulher, na situação imaginada, e ainda outras contrapartidas se acham em determinados ataques histéricos, em que a paciente faz simultaneamente os dois papéis da fantasia sexual subjacente; por exemplo, num caso que observei, com uma mão ela segurou o vestido em seu corpo (como mulher), e com a outra buscou afastá-lo (como homem). A simultaneidade desses atos contraditórios torna pouco inteligível a situação — representada bem plasticamente no ataque, aliás — e, portanto, serve muito bem para ocultar a fantasia inconsciente atuante.

6 I. Sadger, que há pouco descobriu a tese aqui discutida em psicanálises próprias, de forma independente ("Die Bedeutung der psychoanalytischen Methode nach Freud", *Zentralblatt für Nervenheilkunde und Psychiatrie*, N.F., v. 18, p. 41 [1907]), defende sua validade geral, porém.

* *Três ensaios sobre a teoria da sexualidade* [1905].

É muito importante, no tratamento psicanalítico, estar preparado para o significado bissexual do sintoma. Assim, não precisaremos nos surpreender e nos confundir se um sintoma prosseguir aparentemente inalterado, embora já tenhamos solucionado um de seus significados sexuais. Então ele ainda se escora no significado sexual oposto, talvez não conjecturado. No tratamento desses casos também é possível observar como o paciente, durante a análise de um dos significados sexuais, lança mão da conveniência de desviar continuamente suas associações para o âmbito do significado oposto, como para um trilho vizinho.

# CARÁTER E EROTISMO ANAL (1908)

TÍTULO ORIGINAL: "CHARAKTER UND
ANALEROTIK". PUBLICADO PRIMEIRAMENTE
EM *PSYCHIATRISCH-NEUROLOGISCHE
WOCHENSCHRIFT*, V. 9, N. 52, PP. 465-67.
TRADUZIDO DE *GESAMMELTE WERKE* VII,
PP. 233-39. TAMBÉM SE ACHA
EM *STUDIENAUSGABE* VII, PP. 23-30.

# CARÁTER E EROTISMO ANAL

Entre as pessoas que procuramos ajudar com o trabalho psicanalítico, frequentemente deparamos com um tipo marcado pela conjunção de determinados traços de caráter, ao mesmo tempo em que chama a atenção, na infância desses indivíduos, o comportamento de uma certa função corporal e dos órgãos nela envolvidos. Já não saberia indicar que ensejos despertaram em mim a impressão de que há um nexo orgânico entre esse caráter e este comportamento de um órgão, mas posso assegurar que a expectativa teórica não influiu nesta impressão.

Devido à experiência acumulada, minha crença neste nexo fortaleceu-se de tal modo que me atrevo a comunicá-lo.

As pessoas que me proponho descrever são dignas de nota por mostrarem, regularmente combinadas, as características seguintes: elas são particularmente ordeiras, parcimoniosas e obstinadas. Cada um desses termos abrange, na verdade, um pequeno grupo ou série de traços de caráter relacionados entre si. "Ordeiro" compreende tanto o asseio corporal como a escrupulosidade na execução de pequenos deveres e a confiabilidade; o contrário seria "desordenado, negligente". A parcimônia pode aparecer exacerbada em forma de avareza; a obstinação pode se transmutar em teimosia, à qual se ligam facilmente o pendor à raiva e a ânsia de vingança. As duas últimas características — parcimônia e obstinação — relacionam-se mais firmemente entre si do que com a primeira, com o "ordeiro"; são também a parte mais constante de todo o complexo, mas parece-me inegável que de algum modo as três se associam.

A história da primeira infância dessas pessoas revela que precisaram de um tempo relativamente longo para dominar a *incontinentia alvi* [incontinência fecal] infantil, e que mesmo em momentos posteriores da infância tiveram que lamentar o insucesso ocasional dessa função. Parecem ter sido um daqueles bebês que se recusam a evacuar o intestino quando são colocados no "trono", porque obtêm um prazer colateral na defecação;[1] pois afirmam que mesmo depois tinham prazer em reter as fezes, e se lembram — tendo os irmãos como atores, em geral — de toda espécie de ocupação indecorosa com o excremento apresentado. Esses indícios nos levam a concluir que há, em sua constituição sexual, um nítido acento erógeno da região anal; mas como, decorrida a infância, nelas não se encontra mais nenhuma dessas fraquezas e peculiaridades, temos de supor que a zona anal perdeu a significação erógena no curso do desenvolvimento, e presumimos então que a constância desse trio de qualidades no seu caráter pode ser ligada ao desaparecimento do erotismo anal.

Sei que ninguém se arrisca a crer num fato enquanto ele parece ininteligível, enquanto não oferece um ponto de apoio à explicação. Ao menos o que nele é fundamental podemos aproximar à nossa compreensão, com ajuda das premissas que foram expostas nos *Três ensaios sobre a teoria da sexualidade*, de 1905. Ali eu tento mostrar que o instinto sexual do ser humano é altamente complexo e composto, resultado das contribuições de numerosos componentes e instintos parciais. Para a "excitação se-

1 Cf. *Três ensaios sobre a teoria da sexualidade* [1905; parte II, seção 4].

xual" contribuem de maneira considerável as excitações periféricas de certas partes delimitadas do corpo (genitais, boca, ânus, uretra), que assim merecem o nome de "zonas erógenas". Mas as quantidades de excitação que vêm desses lugares não sofrem todas o mesmo destino, em todos os períodos da vida. Em termos gerais, somente uma parte delas é aproveitada na vida sexual; outra parte é desviada dos objetivos sexuais e dirigida para outros fins, num processo que é pertinente chamar de "sublimação". No período que podemos designar como de "latência sexual", do quinto ano completo às primeiras manifestações da puberdade (por volta dos onze anos), são criadas na vida psíquica, até mesmo à custa das excitações trazidas pelas zonas erógenas, formações reativas ou forças contrárias como vergonha, nojo e moral, que se opõem como barragens à atividade posterior dos instintos sexuais. Como o erotismo anal se inclui entre os componentes do instinto que no curso do desenvolvimento, e conforme a educação exigida em nossa cultura, tornaram-se inutilizáveis para fins sexuais, não seria despropositado reconhecer, nos traços de caráter dos que foram erótico-anais — preocupação com a ordem, parcimônia e obstinação — os resultados primeiros e mais constantes da sublimação do erotismo anal.[2]

---

[2] Como foram as observações sobre o erotismo anal dos lactentes, nos *Três ensaios sobre a teoria da sexualidade* [1905], que chocaram particularmente os leitores incompreensivos, permito-me intercalar neste ponto um relato, que devo a um paciente bastante inteligente: "Um conhecido que leu seus ensaios sobre teoria sexual fala do livro e o aprova inteiramente, apenas *uma* passagem lhe pareceu tão gro-

tesca e cômica — embora também a entendesse e concordasse com ela — que ele se sentou e riu por quinze minutos. A passagem diz: 'Um dos melhores indícios de excentricidade ou nervosismo futuro ocorre quando um lactente se recusa obstinadamente a evacuar o intestino ao ser colocado sobre o vaso — isto é, quando a pessoa que dele cuida assim deseja — e guarda essa função até que ele próprio assim deseje. Naturalmente, não lhe interessa sujar a cama; apenas cuida de não se privar do ganho de prazer que obtém na defecação.' A ideia desse bebê sentado no vaso, refletindo se deveria aceitar essa restrição do seu livre-arbítrio, e além disso preocupado em não se privar do ganho de prazer ao defecar, isso o divertiu bastante.

Cerca de vinte minutos depois, quando lanchávamos, meu conhecido se pôs a dizer subitamente: 'Sabe, com esta xícara de chocolate à minha frente me vem à cabeça algo que eu sempre pensava, quando era criança. Sempre imaginava que era o fabricante de chocolate Van Houten (ele pronunciou "Van Hauten") e tinha um grande segredo ligado à preparação desse chocolate, e então as pessoas todas se empenhavam em me tirar este segredo que eu mantinha, que era uma dádiva para a humanidade. Por que fui pensar em Van Houten, não sei. Provavelmente o seu anúncio me impressionava mais que os outros.' Rindo, e ainda sem ver nisso uma intenção mais profunda, eu disse: '*Wann haut'n die Mutter?* [Quando a mãe dá palmadas?]'. Somente pouco depois percebi que meu trocadilho continha realmente a chave daquela súbita recordação infantil, que então compreendi como sendo um brilhante exemplo de fantasia encobridora, que, conservando o elemento factual (o processo de alimentação) e com base em associações fonéticas (*Kakao* [chocolate, semelhante a *Kaka*, "cocô" em alemão], *Wann haut'n*), mitigava o sentimento de culpa mediante uma *completa subversão* do teor da recordação. (Deslocamento de trás para a frente, a deposição de alimento que se torna ingestão de alimento, o conteúdo vergonhoso, a ser escondido, que se torna um segredo bom para a humanidade). Para mim, foi interessante ver como, após uma defesa por parte dele — que, é verdade, assumiu a forma mais branda de uma objeção formal —, de seu próprio inconsciente lhe surgiu, um quarto de hora depois, independente da sua vontade, a prova mais convincente."

A necessidade interior desse nexo não é clara sequer para mim, sem dúvida, mas posso oferecer elementos que talvez tenham valia para a sua compreensão. Limpeza, ordem e confiabilidade dão exatamente a impressão de ser uma formação reativa contra o interesse pelo que é sujo, perturbador e não pertencente ao corpo (*"Dirt is matter in the wrong place"* ["Sujeira é matéria no lugar errado"]). Relacionar a obstinação com o interesse pela defecação não é tarefa simples, mas recordemos que já o bebê pode se comportar teimosamente na hora de evacuar (ver acima), e que estímulos dolorosos na pele das nádegas, que é unida à zona erógena do ânus, são comumente usados na educação para dobrar a teimosia da criança e torná-la mais dócil. Para expressar desafio e escárnio se ouve ainda entre nós, como antigamente, uma solicitação que tem por conteúdo o acariciamento do ânus, na realidade um ato de ternura atingido pela repressão. A exibição do traseiro significa abrandamento e transformação em gesto desse convite; em *Götz von Berlichingen*, de Goethe, tanto o convite como o gesto aparecem como expressão de desafio, no momento mais apropriado.

As relações mais numerosas são as que se estabelecem entre os complexos do interesse por dinheiro e da defecação, aparentemente tão distintos. Todo médico que praticou a psicanálise sabe que por meio dela pode-se eliminar, em pacientes neuróticos, as mais renitentes e duradouras manifestações do que se denomina prisão de ventre. A surpresa diante disso é minorada pela lembrança de que esta função demonstrou ser igualmente dócil ante a sugestão hipnótica. Mas na psicanálise só conseguimos esse efeito se tocamos, no indivíduo, em seu complexo relativo ao dinheiro, e o induzimos a levá-lo à consciência com todas as suas relações. Quase que se poderia dizer que a neurose, nesse ponto, segue apenas uma indicação da linguagem, que chama a pessoa que retém muito ansiosamente o dinheiro de "suja" [*schmutzig*] ou "felpuda" [*filzig*] (em inglês, *filthy* = sujo). Mas esta afirmação seria superficial. Na verdade, em toda parte onde predominou ou continua predominando o modo de pensar arcaico, nas velhas culturas, nos mitos, contos folclóricos e superstições, no pensamento inconsciente, no sonho e na neurose, o dinheiro é posto em relação íntima com a sujeira. Sabe-se que o ouro que o Diabo oferece aos seus amantes se transforma em excremento após sua partida, e o Diabo nada mais é, certamente, do que a personificação da inconsciente vida instintual reprimida.[3] Também é familiar a superstição que une a descoberta de tesouros à defecação, e todos conhecem a figura do "*Dukatenscheisser*".[*] Já na antiga Babilônia o ouro é o cocô do Demônio, *Mammon* = *ilu manman*.[4] Portanto, se

---

3 Cf. a possessão histérica e as epidemias demoníacas. [Ver "Uma neurose do século XVII envolvendo o demônio", 1923, cap. III]

* Literalmente, "cagador de ducados": designação vulgar para alguém rico e esbanjador.

4 A. Jeremias, *Das Alte Testament im Licht des alten Orients* [O Antigo Testamento à luz do antigo Oriente], 2ª ed., 1906, p. 216, e *Babylonisches im Neuen Testament* [Elementos babilônicos no Novo Testamento], 1906, p. 96: "*Mamon* (*Mammon*) é *man-man* em babilônico, outro nome de Nergal, o deus do mundo subterrâneo. O ouro é, segundo um mito oriental que passou para as lendas e fá-

a neurose obedece à linguagem, ela toma as palavras no sentido original, pleno de significado, e onde parece usar figuradamente um termo, via de regra está restaurando o seu velho sentido.

É possível que a oposição entre a coisa mais valiosa que o ser humano conheceu e a mais desprezível, que ele afasta de si como sendo lixo (*"refuse"*), tenha levado a essa específica identificação entre ouro e fezes.

No pensamento neurótico, uma outra circunstância contribui para essa equação. O interesse erótico original pela defecação está destinado a se extinguir em época mais madura, como sabemos; e nessa época surge o interesse pelo dinheiro, como algo novo, que não havia na infância; isso torna mais fácil para o antigo ímpeto, que se acha a ponto de perder sua meta, ser transferido para a nova meta que aparece.

Se houver de fato um fundamento para as relações que aqui fizemos entre o erotismo anal e aquele trio de características da personalidade, será difícil encontrar o "caráter anal" de forma acentuada em pessoas que mantêm na vida adulta a qualidade erógena da zona anal, como certos homossexuais, por exemplo. Se não estou muito enganado, a experiência harmoniza bastante com esta conclusão.

Seria preciso considerar, sobretudo, se outros complexos de caráter nao se revelam afiliados às excitações

---

bulas dos povos, excremento do Inferno; ver: *Monotheistische Strömungen innerhalb der babylonischen Religion* [Correntes monoteístas no interior da religião babilônica], p. 16n."

de zonas erógenas determinadas. Até agora conheço apenas a desmedida e "ardente" ambição dos que sofreram de enurese na infância. De todo modo é possível deixar uma fórmula de como o caráter definitivo se constrói a partir dos instintos formadores: os traços de caráter que permanecem são continuações inalteradas dos instintos originais, sublimações deles ou formações reativas a eles.

# A MORAL SEXUAL "CULTURAL" E O NERVOSISMO MODERNO (1908)

TÍTULO ORIGINAL: "DIE 'KULTURELLE' SEXUALMORAL UND DIE MODERNE NERVOSITÄT". PUBLICADO PRIMEIRAMENTE NA REVISTA *SEXUAL-PROBLEME*, V. 4, N. 3, PP. 107-29. TRADUZIDO DE *GESAMMELTE WERKE* VII, PP. 143-67. TAMBÉM SE ACHA EM *STUDIENAUSGABE* IX, PP. 9-32.

# A MORAL SEXUAL "CULTURAL"

Em sua *Ética sexual*,[1] recentemente publicada, Von Ehrenfels se detém na diferenciação entre moral sexual "natural" e "cultural".* Por moral sexual natural se entenderia aquela sob cujo domínio um povo se conserva duradouramente sadio e capaz; por cultural, aquela cuja observância estimula os homens a um trabalho cultural mais intenso e produtivo. O que melhor ilustraria tal oposição seria a comparação entre o patrimônio *constitutivo* e o patrimônio *cultural* de um grupo humano. Para uma consideração mais aprofundada dessa significativa argumentação, remeto ao próprio texto de Von Ehrenfels, pois aqui destacarei apenas o que dele me é útil como ensejo para minha própria contribuição.

É plausível supor que, sob o domínio de uma moral sexual cultural, a saúde e a capacidade vital dos indivíduos estariam sujeitas a danos, e que essa injúria das pessoas, causadas pelos sacrifícios a elas impostos, alcançaria um grau tão elevado que, por essa via indireta, também o objetivo cultural final estaria comprometido. Von Ehrenfels realmente atribui à moral sexual que governa a sociedade ocidental de hoje uma série de males pelos quais não pode deixar de responsabilizá-la, e, embora reconheça que ela se presta otimamente para promover a

---

[1] *Sexualethik*, em *Grenzfragen des Nerven- und Seelenleben*, LVI, Viena, 1907. [Christian von Ehrenfels (1859-1932) foi filósofo e professor da Universidade de Praga].

* Versão literal do adjetivo empregado por Freud, *kulturell*, que também será traduzido por "civilizada" neste ensaio; cf. nota sobre a tradução do termo *Kultur* no volume 18 destas *Obras completas*, pp. 48-9.

## A MORAL SEXUAL "CULTURAL"

civilização, conclui por julgá-la necessitada de reforma. Seria próprio da nossa moral sexual cultural a transferência para a vida sexual do homem de exigências feitas à mulher, e a proscrição de toda relação sexual exceto as do casamento monogâmico. Porém, a consideração pela natural diferença dos sexos obrigaria a punir menos rigorosamente as transgressões do homem, assim admitindo, efetivamente, uma *dupla* moral para o homem. Mas uma sociedade que aceita essa dupla moral não pode ir além de certa medida, muito restrita, de "amor à verdade, honestidade e humanidade",[2] tem de induzir seus membros ao ocultamento da verdade, ao otimismo raso, ao engano de si próprio e dos outros. O efeito da moral sexual cultural é tanto mais nocivo porque, ao glorificar a monogamia, ela inutiliza o fator da *seleção viril*, o único a poder influir na melhora da constituição humana, dado que a *seleção vital* foi reduzida a um mínimo nos povos civilizados, por razões de humanidade e higiene.[3]

Entre os efeitos nocivos que Von Ehrenfels atribui à moral sexual cultural, o médico sente a falta de um, cuja importância será aqui discutida em detalhe. Refiro-me ao incremento — que pode ser relacionado a ela — do nervosismo* moderno, isto é, que rapidamente se difunde na sociedade atual. Ocasionalmente, um doente dos

---

2 *Sexualethik*, pp. 32 ss.
3 Id., ibid., p. 35.
\* O termo "nervosismo" deixa a desejar como equivalente do original, *Nervosität*, que no presente contexto pode ser entendido como "doença nervosa" (e assim chegou a ser traduzido na edição *Standard* inglesa).

nervos chama ele próprio a atenção do médico para o antagonismo entre constituição e exigência cultural a ser observado na causação do seu mal, ao dizer: "Em nossa família nos tornamos todos nervosos, pois queremos ser mais do que o que podemos ser pela nossa origem". Com frequência, também, é motivo de reflexão para o médico a observação de que sucumbem ao nervosismo justamente os descendentes de pais que, vindos de condições camponesas simples e sadias, rebentos de famílias grosseiras mas robustas, chegam à grande cidade como conquistadores e, em curto espaço de tempo, fazem seus filhos elevar-se a um alto nível cultural. Mas os próprios médicos de nervos anunciaram enfaticamente o nexo entre "o nervosismo crescente" e a moderna vida civilizada. Algumas passagens extraídas de manifestações de observadores eminentes podem mostrar onde buscam eles os motivos dessa dependência:

W. Erb:[4]

"A questão originalmente colocada é se as causas do nervosismo que lhes foram expostas se acham presentes em tão alto grau, em nossa vida moderna, que podem explicar um aumento considerável do mesmo — e a essa questão podemos responder 'sim', sem hesitação, como mostra um rápido olhar sobre a nossa existência moderna e as formas que ela assume.

"Por uma série de fatos gerais isto se torna evidente: as extraordinárias conquistas da época mo-

---

4 *Über die wachsende Nervosität unserer Zeit* [Sobre o crescente nervosismo de nosso tempo], 1893.

## A MORAL SEXUAL "CULTURAL"

derna, as descobertas e invenções em todas as áreas, a manutenção do progresso diante da crescente competição foram obtidas apenas mediante enorme trabalho intelectual e podem ser mantidas apenas com este. As exigências feitas à capacidade do indivíduo na luta pela existência aumentaram sensivelmente, e apenas empregando todas as duas forças intelectuais ele pode satisfazê-las; ao mesmo tempo, as necessidades do indivíduo, as exigências de fruição da vida cresceram em todos os círculos, um luxo inaudito disseminou-se em camadas da população que antes o desconheciam; a ausência de religião, a insatisfação e a cobiça aumentaram em amplos círculos do povo; graças às comunicações, que atingiram crescimento incomensurável, graças às redes de fios do telégrafo e do telefone, que envolvem o mundo, as condições do comércio mudaram inteiramente: tudo se faz com pressa e agitação, a noite é utilizada para viajar, o dia, para os negócios, até mesmo as 'viagens de lazer' tornam-se fatigantes para o sistema nervoso; grandes crises políticas, industriais e financeiras levam sua agitação a esferas da população bem mais amplas; tornou-se generalizada a participação na vida política: lutas políticas, religiosas e sociais, as lidas partidárias, as campanhas eleitorais, o desmesurado aumento das associações inflamam as mentes e obrigam os espíritos a envidar esforços sempre novos; a vida nas grandes cidades tornou-se cada vez mais inquieta e refinada. Os nervos exaustos procuram a recuperação em estímulos exacerbados, em prazeres bastante condimentados, apenas para cansar-se ainda mais; a literatura moderna se ocupa predominantemente dos mais delicados problemas, que revolvem todas as paixões, que encorajam a sensualidade e a ânsia do prazer, o desprezo de todos os princípios éticos e todos os ideais; ela apresenta ao espírito do leitor figuras patológicas, problemas psicopático-sexuais, revolucionários e outros mais; nossos ouvidos são estimulados e superexcitados por uma música ministrada em grandes doses, importuna e ruidosa, os teatros capturam todos os nossos sentidos com suas apresentações excitantes; também as artes plásticas se voltam preferentemente para o que é repulsivo, feio e excitante, e não se pejam de pôr ante os nossos olhos, com revoltante verismo, também o que a realidade oferece de mais terrível.

"Assim, esse quadro geral já mostra um série de perigos em nossa moderna evolução cultural; e ainda é possível acrescentar-lhe alguns detalhes!"

Binswanger:[5]

"Em especial a neurastenia foi designada como uma doença inteiramente moderna, e Beard,* a quem devemos a primeira descrição abrangente da mesma, acreditou que tinha descoberto uma nova doença nervosa, originada especificamente no solo americano. Tal suposição, naturalmente, foi equivocada;

---

[5] *Die Pathologie und Therapie der Neurasthenie*, 1896.
* George. M. Beard (1839-83): neurologista norte-americano; cunhou o termo "neurastenia".

entretanto, o fato de um médico *americano* haver primeiramente, com base numa rica experiência, apreendido e estabelecido os traços peculiares dessa enfermidade, denota as estreitas relações que com ela têm a vida moderna, a desenfreada busca por dinheiro e posses, os tremendos progressos na área técnica, que tornaram ilusórios todos os empecilhos temporais e espaciais às comunicações."

Von Krafft-Ebing:[6]

"O modo de vida de inúmeras pessoas civilizadas apresenta, nos dias de hoje, uma quantidade de fatores anti-higiênicos que permitem entender como o nervosismo cresce fatalmente, pois esses fatores nocivos agem antes de tudo e geralmente sobre o cérebro. Nas condições políticas e sociais — especialmente naquelas mercantis, industriais e agriculturais — das nações civilizadas, ocorreram, no curso das últimas décadas, mudanças que atingiram violentamente as profissões, as posições sociais, as posses, e isso à custa do sistema nervoso, que precisa estar à altura das acrescidas exigências sociais e econômicas, com maior dispêndio de energia e, muitas vezes, insuficiente recuperação."

O que tenho a objetar a esses pontos de vista — e outros semelhantes — não é que sejam equivocados, mas que se revelem insuficientes para explicar as particularidades do fenômeno dos distúrbios nervosos, e que

---

6 "Nervosität und neurasthenische Zustände", 1895, p. 11 (em *Handbuch der speziellen Pathologie und Therapie*, de Nothnagel).

não considerem precisamente o mais significativo dos fatores etiológicos atuantes. Se deixamos de lado as formas mais vagas de ser "nervoso" e consideramos aquelas específicas da doença nervosa, a influência danosa da civilização se reduz essencialmente à repressão* nociva da vida sexual das populações (ou camadas) civilizadas, devido à moral sexual "cultural" nelas vigente.

Procurei aduzir as provas para essa afirmação numa série de trabalhos especializados.[7] Não posso repeti-las aqui, mas exporei os argumentos mais importantes que resultaram de minhas investigações.

A observação clínica cuidadosa nos permite diferenciar dois grupos de estados patológicos nervosos: as *neuroses* propriamente ditas e as *psiconeuroses*. Nas primeiras, os transtornos (sintomas), manifestem-se eles nas funções físicas ou nas psíquicas, parecem ser de natureza *tóxica*: agem exatamente como os fenômenos que ocorrem quando há excesso ou privação de certos venenos nervosos. Tais neuroses — geralmente agrupadas sob o nome de "neurastenia" — podem ser produzidas por certas influências danosas na vida sexual, sem que haja necessariamente a contribuição de uma tara he-

---

* No original, *Unterdrückung*; da mesma forma, o verbo *unterdrücken* é traduzido por "reprimir" neste ensaio. Ver as notas sobre o termo *Unterdrückung* e sua versão no v. 12 destas *Obras completas*, pp. 83 e 223 e o capítulo dedicado a *Verdrängung* em *As palavras de Freud*, op. cit. Na única ocasião em que o verbo *verdrängen* aparece no presente texto, isso é indicado numa nota.

7 *Sammlung kleiner Schriften zur Neurosenlehre* [Reunião de pequenos textos sobre a teoria das neuroses], Viena, 1906 (4ª ed., 1922).

reditária, e a forma da doença corresponde à natureza desses agentes nocivos, de modo que frequentemente se pode utilizar o quadro clínico para inferir a etiologia sexual específica. Mas não existe essa correspondência invariável entre a forma do adoecimento nervoso e as outras influências culturais danosas da civilização, que os autores acusam de patogênicas. É lícito, portanto, proclamar o fator sexual como o essencial na causação das neuroses propriamente ditas.

Nas psiconeuroses a influência hereditária é mais significativa, e a causação, menos transparente. Mas um método peculiar de investigação, conhecido como psicanálise, permitiu ver que os sintomas desses transtornos (histeria, neurose obsessiva etc.) são *psicogênicos*, dependem da atuação de complexos ideativos inconscientes (reprimidos). O mesmo procedimento nos levou a conhecer tais complexos inconscientes e nos mostrou que, de modo bastante geral, eles têm conteúdo sexual; originam-se das necessidades sexuais de pessoas insatisfeitas e representam uma espécie de satisfação substitutiva para elas. Assim, em todos os elementos que prejudicam a vida sexual, reprimem a atividade sexual e deslocam suas metas temos de enxergar fatores patogênicos também das psiconeuroses.

O valor da distinção teórica entre as neuroses tóxicas e as psicogênicas não é, naturalmente, diminuído pelo fato de na maioria das pessoas nervosas serem observados distúrbios que têm as duas procedências.

Quem se dispuser a buscar, assim como eu, a etiologia do nervosismo sobretudo nas influências nocivas sobre a vida sexual, também gostará de acompanhar a discussão seguinte, que se destina a inserir o tema do nervosismo crescente num contexto mais amplo.

Em termos bem gerais, nossa civilização está baseada na repressão dos instintos. Cada indivíduo renunciou a um quê do que possuía, à plenitude de seu poder, às tendências agressivas e vingadoras de sua personalidade; dessas contribuições originou-se o patrimônio cultural comum de bens materiais e ideais. Além das necessidades da vida, foram provavelmente os sentimentos ligados à família, derivados do erotismo, que levaram os indivíduos a essa renúncia. Ela foi progressiva no curso da evolução cultural; seus avanços graduais foram sancionados pela religião; a parcela de satisfação instintual a que cada um renunciara foi oferecida à divindade como sacrifício; o bem comum assim adquirido foi declarado "sagrado". Aquele que, devido à sua constituição inflexível, não pode acompanhar essa repressão de instintos, torna-se um "criminoso", um *outlaw* [fora da lei] perante a sociedade, a menos que sua posição social e suas capacidades extraordinárias lhe permitam se impor como um grande homem, um "herói".

É provável que o instinto sexual — ou, melhor dizendo, os instintos sexuais, pois a investigação analítica ensina que o instinto sexual é feito de muitos componentes, de instintos parciais — se ache mais fortemente desenvolvido no ser humano que na maioria dos animais superiores e, de toda forma, seja mais constante, pois superou quase completamente a periodicidade a que se mostra ligado nos animais. Ele coloca à disposição do trabalho da cultura montantes imensos de energia, graças à característica, que nele é pronunciada, de poder deslocar sua meta sem moderar significativamente sua intensidade. Essa capacidade de trocar a meta originalmente sexual por outra, não mais sexual, mas àquela aparentada psiquicamente, chama-se capacidade de *sublimação*. Contrastando com essa possibilidade de deslocamento, na qual reside seu valor cultural, o instinto sexual é também suscetível de tenazes fixações, que o tornam inaproveitável e ocasionalmente o fazem degenerar nas assim chamadas anormalidades. A força original do instinto sexual provavelmente varia conforme o indivíduo; certamente oscila o montante que dele se presta à sublimação. Imaginamos que a organização inata do indivíduo decide primeiramente o quanto do instinto sexual se revelará sublimável e aproveitável; além disso, as influências da vida e o influxo intelectual sobre o aparelho psíquico conseguem levar à sublimação mais uma parcela dele. Mas tal processo de deslocamento não pode prosseguir indefinidamente, não mais do que a transformação de calor em trabalho mecânico nas nossas máquinas. Uma certa medida de satisfação sexual direta parece indispensável na maioria das organizações, e a ausência\* desse montante, que é individualmente variável, é punida com fenômenos que, devido a seus efeitos nocivos sobre o funcionamento e a seu caráter subjetivo desprazeroso, temos de considerar patológicos.

\* No original, *Versagung*, que em textos posteriores de Freud será traduzida por "frustração".

A perspectiva se amplia ainda mais se levamos em conta o fato de que o instinto sexual humano não serve originalmente aos fins da procriação, tendo por meta, isto sim, determinadas formas de ganho de prazer.[8] Assim ele se manifesta na infância do indivíduo, quando obtém prazer não só com os genitais, mas com outras áreas do corpo (as zonas erógenas), e, por isso, pode dispensar outros objetos que não esses, tão convenientes. A essa etapa denominamos *estágio do autoerotismo*, e atribuímos à educação a tarefa de restringi-lo, pois a permanência nele tornaria o instinto sexual incontrolável e inaproveitável mais adiante. Portanto, o desenvolvimento do instinto sexual vai do autoerotismo ao amor objetal e da autonomia das zonas erógenas à sua subordinação, sob o primado dos genitais postos a serviço da procriação. Durante esse desenvolvimento, uma parte da excitação sexual fornecida pelo próprio corpo é inibida, por ser inutilizável para a função procriadora, e, em casos favoráveis, é levada à sublimação. Assim, as energias utilizáveis no trabalho da cultura são obtidas, em grande parte, pela repressão dos chamados elementos *perversos* da excitação sexual.

Relativamente a essa evolução do instinto sexual, poderíamos diferenciar três estágios culturais. O primeiro, em que a atividade do instinto sexual ultrapassa livremente as metas da reprodução; o segundo, em que tudo no instinto sexual é reprimido, excetuando o que serve à reprodução; e o terceiro, em que apenas se admite como

[8] Cf. *Três ensaios sobre a teoria da sexualidade* [1905].

meta sexual a reprodução legítima. Esse terceiro estágio corresponde à nossa presente moral sexual "cultural".

Se tomamos o segundo desses estágios como termo médio, é preciso constatar inicialmente que um bom número de indivíduos não se acha, devido à própria organização, à altura de suas exigências. Em muitíssimas pessoas, o mencionado desenvolvimento do instinto sexual — do autoerotismo ao amor objetal, com o objetivo da união dos genitais — não se efetuou de modo correto e suficientemente amplo, e desses transtornos no desenvolvimento resultam dois desvios nocivos da sexualidade normal, isto é, proveitosa para a cultura, os quais se relacionam entre si quase como o positivo e o negativo. Há, primeiramente — não considerando as pessoas com instinto sexual excessivamente forte e não suscetível de inibição —, as diversas classes de *pervertidos*, em que uma fixação infantil numa meta sexual provisória estorvou o primado da função reprodutora, e os *homossexuais* ou *invertidos*, em que, de forma ainda não inteiramente esclarecida, a meta sexual foi desviada do sexo oposto. Se a nocividade desses dois tipos de transtorno do desenvolvimento resulta menor do que se poderia esperar, tal atenuação se explicaria justamente pela composição complexa do instinto sexual, que possibilita uma configuração final ainda útil da vida sexual, mesmo quando um ou mais componentes do instinto foram excluídos do desenvolvimento. A constituição daqueles afetados pela perversão, dos homossexuais, distingue-se até mesmo, com frequência, por uma especial aptidão do instinto sexual para a sublimação cultural.

No entanto, formas mais intensas e exclusivas das perversões e da homossexualidade tornam os seus portadores socialmente inutilizáveis e infelizes, de sorte que mesmo as exigências culturais do segundo estágio devem ser reconhecidas como uma fonte de sofrimento para determinada parcela da humanidade. O destino dessas pessoas que divergem constitucionalmente das outras é variado, conforme sejam dotadas de um instinto sexual absolutamente forte ou mais fraco. Nesse último caso, sendo o instinto sexual geralmente fraco, os pervertidos conseguem reprimir por inteiro as tendências que os põem em conflito com as exigências morais do seu estágio cultural. Mas isso também é, idealmente considerado, a única realização em que têm êxito, pois para tal repressão dos instintos sexuais eles gastam as forças que utilizariam no trabalho da cultura. Eles são como que inibidos* para dentro e paralisados para fora. Aplica-se a eles o que mais adiante voltaremos a dizer sobre a abstinência requerida de homens e mulheres no terceiro estágio cultural.

Sendo o instinto sexual mais pronunciado, porém perverso, dois desenlaces são possíveis. O primeiro, que não será discutido, é aquele em que os afetados ficam pervertidos e têm de suportar as consequências de seu desvio do padrão da cultura. O segundo caso é bem mais interessante — consiste em que, sob a in-

---

* Sobre a tradução de *hemmen* por "inibir" e *Hemmung* por "inibição", ver nota no volume 17 destas *Obras completas*, p. 15. No parágrafo seguinte, o termo original para "reprimido" é *verdrängt*.

fluência da educação e das exigências sociais, é obtida uma repressão dos instintos perversos, mas um tipo de repressão que não o é propriamente, que seria mais bem designado como um fracasso da repressão. Os instintos sexuais inibidos não se manifestam como tais; nisso consiste o êxito — mas se manifestam de outras formas, que para o indivíduo são igualmente nocivas e que o tornam tão inutilizável para a sociedade como ele ficaria com a satisfação inalterada dos instintos reprimidos; nisso está o malogro do processo, que, a longo prazo, mais que contrabalança o êxito. Os fenômenos substitutivos que surgem devido à repressão instintual são o que descrevemos como nervosismo ou, mais precisamente, psiconeuroses (ver acima). Os neuróticos são aquele tipo de pessoas que, devido a uma organização recalcitrante, conseguem, sob o influxo das exigências culturais, uma repressão dos instintos apenas aparente e cada vez menos bem-sucedida, e que, por isso, mantêm sua colaboração nas obras da cultura somente com enorme dispêndio de forças, com empobrecimento interior, ou às vezes têm de suspendê-la por estarem doentes. Descrevi as neuroses como o "negativo" das perversões, porque nelas os impulsos perversos se manifestam, após a repressão, a partir do inconsciente da psique, porque contêm, em estado "reprimido" as mesmas tendências que as perversões positivas.

A experiência ensina que há, para a maioria das pessoas, um limite, além do qual sua constituição não pode acompanhar as exigências da civilização. Todas as que querem ser mais nobres do que sua constituição lhes permite sucumbem à neurose; elas estariam melhores, se lhes fosse possível ser piores. O entendimento de que perversão e neurose se relacionam como positivo e negativo é, com frequência, confirmado inequivocamente pela observação de familiares de uma mesma geração. Frequentemente, o irmão é um pervertido sexual; a irmã, que, sendo mulher, possui o instinto sexual mais fraco, é uma neurótica, mas seus sintomas expressam as mesmas tendências que as perversões do irmão sexualmente mais ativo, e, de modo correspondente, em muitas famílias os homens são sadios, mas imorais num grau socialmente indesejável, e as mulheres são nobres e muito refinadas, mas — gravemente neuróticas.

É uma evidente injustiça da sociedade que o padrão cultural exija de todas as pessoas a mesma condução da vida sexual, que algumas, devido à sua organização, conseguem sem maior esforço, mas que a outras impõe enormes sacrifícios psíquicos — uma injustiça que, a bem dizer, geralmente é compensada pela não observância dos preceitos morais.

Até agora nossas considerações foram baseadas na exigência, própria do segundo estágio cultural que supusemos, de que toda atividade sexual denominada perversa é proibida, enquanto é permitida relação sexual designada como normal. Vimos que, mesmo delimitando dessa forma entre liberdade e restrição sexual, certo número de indivíduos é posto à margem como pervertidos; outros, que se esforçam em não ser pervertidos, quando constitucionalmente deveriam sê-lo, são impelidos ao nervosismo. Ora, é fácil prever o que acontecerá se a liberdade sexual continuar sendo restringida e a exigência cultural for elevada ao nível do terceiro estágio, em que é proibida toda atividade sexual que não se dê no casamento legítimo. O número dos indivíduos fortes, que se opõem abertamente à exigência cultural, aumentará num grau extraordinário, e assim também o número daqueles mais fracos, que, em seu conflito entre a pressão das influências da cultura e a resistência de sua constituição, refugiam-se na doença neurótica.

Busquemos agora responder a três perguntas que se apresentam: 1. Que tarefa a exigência cultural do terceiro estágio coloca para o indivíduo? 2. A satisfação sexual legítima que é admitida pode oferecer uma compensação aceitável para as outras renúncias? 3. Que relação têm os eventuais danos causados por essa renúncia com seu aproveitamento cultural?

A resposta à primeira questão toca num problema abordado com frequência e que não pode ser tratado exaustivamente aqui: o da abstinência sexual. O que nosso terceiro estágio cultural requer do indivíduo é a abstinência para os dois sexos até o matrimônio, e a abstinência por toda a vida para quem não contrai o casamento legítimo. A afirmação, grata às autoridades, de que a abstinência sexual não é danosa e pode ser mantida sem dificuldade, também foi defendida várias vezes por médicos. Mas pode-se dizer que dominar um impulso tão poderoso como o do instinto sexual por outra via que não a da satisfação é uma tarefa que talvez solicite todas as forças do indivíduo. Dominá-lo pela sublimação, desviando as forças instintuais sexuais da meta sexual para metas culturais mais elevadas, é conseguido apenas por uma minoria, e, mesmo assim, só temporariamente, e mais dificilmente na época do ardente vigor juvenil. A maioria das outras pessoas torna-se neurótica ou sofre algum outro dano. A experiência mostra que a maior parte dos indivíduos que compõem a nossa sociedade não está, em sua constituição, à altura da tarefa da abstinência. Quem adoeceria com restrições sexuais mais brandas adoece antes e mais gravemente com as exigências de nossa atual moral sexual civilizada, pois não conhecemos melhor garantia contra a ameaça ao empenho sexual normal, em virtude de predisposições defeituosas e distúrbios do desenvolvimento, do que a satisfação sexual mesma. Quanto mais alguém é predisposto à neurose, menos tolera a abstinência; de fato, os instintos parciais que se subtraíram ao desenvolvimento normal, no sentido registrado acima, tornaram-se, ao mesmo tempo, menos suscetíveis de inibição. Mas também as pessoas que teriam permanecido sãs ante as exigências do segundo estágio cultural sucumbem à neurose em grande número. Pois o valor psíquico da satisfação sexual aumenta com a sua frustração; a libido represada é posta em condições de detectar algum dos pontos mais débeis — que jamais faltam — na estrutura da *vita sexualis*, para ali irromper e obter satisfação substitutiva neurótica sob forma de sintomas patológicos. Quem é capaz de penetrar nos determinantes da doença neurótica, logo adquire a convicção de que o seu aumento em nossa sociedade vem do crescimento das restrições sexuais.

## A MORAL SEXUAL "CULTURAL"

Cabe-nos agora perguntar se a relação sexual no casamento legítimo pode oferecer plena compensação pelas restrições anteriores ao casamento. É tão abundante o material que leva a uma resposta negativa dessa questão, que somos obrigados a dar um resumo bastante sumário dele. Lembremos, antes de tudo, que a nossa moral sexual cultural restringe também a relação sexual no casamento, já que os cônjuges são obrigados a contentar-se com certo número — em geral, pequeno — de procriações. Devido a essa consideração, apenas por alguns anos há relações sexuais satisfatórias no casamento, subtraindo-se igualmente, é claro, os períodos em que a mulher é poupada por razões higiênicas. Após esses três, quatro ou cinco anos, o casamento fracassa enquanto promessa de satisfação das necessidades sexuais; pois todos os meios até agora utilizados para prevenir a concepção reduzem o prazer sexual, ferem a sensibilidade das duas partes ou agem de forma diretamente patogênica. O medo das consequências do ato sexual faz desaparecer, primeiramente, a afeição física entre os cônjuges, e depois, em geral, também o apego psíquico, que deveria suceder à tempestuosa paixão inicial. Com a decepção psíquica e a privação física, que vêm a ser o destino da maioria dos casamentos, os dois cônjuges são lançados de volta ao estado anterior ao matrimônio, empobrecidos com a perda de uma ilusão e precisando novamente recorrer à própria firmeza para dominar e desviar o instinto sexual. Não examinaremos em que medida o homem, então numa idade mais madura, é bem-sucedido nessa tarefa. A experiência nos diz que ele frequentemente se serve da alguma liberdade sexual que lhe é concedida mesmo pela mais severa ordem sexual, embora de maneira tácita e relutante. A moral sexual "dupla", vigente em nossa sociedade no tocante aos homens, é a melhor confissão de que a própria sociedade não acredita na viabilidade das normas que estabeleceu. Mas a experiência também mostra que as mulheres, a quem, como as verdadeiras portadoras dos interesses sexuais do ser humano, só em pequeno grau foi concedido o dom da sublimação instintual, e a quem pode bastar, como substituto do objeto sexual, o bebê, mas não a criança mais crescida — as mulheres, com as desilusões do casamento, adoecem de neuroses graves que as incomodam por toda a vida. Nas atuais condições culturais, há muito o casamento deixou de ser a panaceia para as doenças nervosas da mulher; e se nós, médicos, ainda o recomendamos nesses casos, sabemos que, na verdade, uma garota precisa ser muito sadia para "aguentar" o casamento, e desaconselhamos vivamente nossos clientes homens de tomar por esposa uma garota com problemas nervosos antes do casamento. O remédio para a doença nervosa resultante do matrimônio seria antes a infidelidade conjugal; porém, quanto mais severamente uma mulher foi educada, quanto mais seriamente ela se submeteu às exigências da cultura, tanto mais ela teme essa saída, e no conflito entre seus desejos e o sentimento do dever busca refúgio, mais uma vez, na neurose. Nada protege sua virtude tão seguramente como a enfermidade. Portanto, o estado de casado, esperança e consolo do instinto sexual do homem civilizado em sua juventude, não pode corresponder às exigências do seu próprio período; está fora de questão que possa compensar a renúncia anterior.

Mesmo quem admite esses danos causados pela moral sexual cultural pode alegar, em resposta à nossa terceira pergunta, que o ganho cultural decorrente da ampla restrição sexual mais que compensa, provavelmente, essas enfermidades, que atingem de forma grave apenas uma minoria. Devo declarar-me incapaz de sopesar corretamente os ganhos e perdas nessa questão, mas poderia acrescentar algumas coisas para a avaliação das perdas. Retornando ao tema da abstinência, em que já toquei de passagem, devo afirmar que ela traz outros danos além das neuroses, e que a importância dessas neuroses não é, em geral, devidamente apreciada.

O adiamento da evolução sexual e da atividade sexual, buscado por nossa educação e nossa cultura, certamente não é danoso num primeiro instante; torna-se uma necessidade quando se considera que apenas com certa idade os jovens das classes instruídas chegam à independência e ao sustento próprio. Isso nos adverte, aliás, sobre a íntima relação entre todas as instituições de nossas cultura e a dificuldade de mudar parte delas sem atentar para o conjunto. Mas a abstinência, conservada muito além dos vinte anos de idade, não é inofensiva para o homem jovem, e conduz a outros danos, mesmo quando não leva ao nervosismo. Diz-se que a luta contra o instinto poderoso, com a necessária ênfase em todas as forças éticas e estéticas da psique, "tempera" o caráter; isso é correto para algumas naturezas de organização particularmente favorável. Deve-se admitir também que a diferenciação dos caracteres individuais, tão pronunciada em nosso tempo, tornou-se possível apenas com as restrições sexuais. Na grande maioria dos casos, porém, a luta contra a sensualidade consome a energia disponível para um caráter, e isso justamente numa época em que o homem jovem precisa de todas as suas energias para conquistar seu lugar e seu quinhão na sociedade. Naturalmente, a relação entre a sublimação possível e a atividade sexual necessária oscila bastante, conforme os indivíduos e até mesmo as profissões. Dificilmente se concebe um artista abstinente; mas um jovem *scholar* abstinente não é coisa rara. Esse pode, mediante a continência, adquirir novas energias para seu estudo, enquanto aquele teria sua realização artística poderosamente estimulada pelas vivências sexuais. De modo geral, não tenho a impressão de que a abstinência sexual contribua para formar homens de ação enérgicos e independentes, ou originais homens de pensamento, ousados reformadores e libertadores; com bem maior frequência, parece-me que forma indivíduos fracos e bem-comportados, que depois se tornam parte da multidão que costuma seguir, relutantemente, os impulsos dados por homens fortes.

O fato de o instinto sexual se comportar, em geral, de modo voluntarioso e inflexível também se mostra nos resultados do esforço da abstinência. A educação civilizada almejaria apenas reprimi-lo temporariamente, até o casamento, propondo-se depois liberá-lo, para dele se servir. Mas as tentativas de influência extremas são mais bem-sucedidas contra o instinto do que as moderadas; frequentemente, a repressão vai longe demais e tem a indesejável consequência de, após a liberação, o instinto sexual revelar-se permanentemente lesado. Por isso, muitas vezes a total abstinência durante a juventude não é a melhor preparação para o casamento, no tocante ao homem jovem. As mulheres intuem isso, e preferem aqueles pretendentes que já demonstraram sua masculinidade com outras mulheres. Particularmente evidentes são os danos que a severa obrigação de abstinência até o matrimônio produzem na natureza da mulher. Claramente, a educação não subestima a tarefa de reprimir a sensualidade da garota até que esta se case, pois utiliza os meios mais rigorosos para isso. Não apenas proíbe as relações sexuais e estabelece elevados prêmios para a conservação da inocência feminina, como priva da tentação a garota em crescimento, mantendo-a ignorante de todos os fatos relativos ao papel que lhe é destinado e não tolerando nenhum impulso amoroso que não leve ao casamento. A consequência disso é que as garotas, quando subitamente as autoridades parentais lhes permitem se apaixonar, não são capazes dessa realização psíquica e contraem o matrimônio inseguras dos seus próprios sentimentos. Devido ao adiamento artificial da função amorosa, propiciam apenas decepções aos maridos, que para elas pouparam todo o seu desejo; em seus sentimentos[*] ainda se apegam aos pais, cuja au-

---

[*] O original diz *seelische Gefühle*, que literalmente significa "sentimentos [ou sensações] psíquicos, 'da alma' [*Seele*]".

toridade produziu nelas a repressão da sexualidade, e no comportamento físico mostram-se frígidas, o que impede todo prazer sexual mais intenso por parte do homem. Não sei se esse tipo de mulher "anestésica" também acontece fora da educação civilizada, mas considero provável. De toda forma, ele é praticamente cultivado pela educação, e as mulheres que concebem sem prazer não se mostram muito dispostas a frequentemente parir com dores. Assim, a preparação para o casamento contraria os objetivos do próprio casamento. Quando, depois, o adiamento da evolução da mulher se encontra superado e, no auge de sua existência feminina, a plena capacidade amorosa é nela despertada, sua relação com o marido se deteriorou há muito tempo; resta-lhe, como paga pela docilidade anterior, a escolha entre desejo insaciado, infidelidade e neurose.

O comportamento sexual de uma pessoa é, com frequência, *modelar* para todas as suas outras formas de reação na vida. Se um homem conquista energicamente seu objeto sexual, acreditamos que terá a mesma inconsiderada energia na perseguição de outras metas. Se um outro, por considerações diversas, renuncia à satisfação de seus fortes instintos sexuais, também em outras áreas ele será antes conciliador e resignado do que ativo. Uma aplicação especial dessa tese do caráter modelar da vida sexual para o exercício de outras funções pode ser constatada facilmente no sexo feminino. A educação não deixa que as mulheres se ocupem intelectualmente dos problemas sexuais, embora sejam dotadas de enorme curiosidade em relação a eles, e busca atemorizá-las, condenando essa curiosidade como pouco feminina e sinal de uma disposição pecaminosa. Assim elas são desencorajadas de pensar absolutamente, o saber é desvalorizado a seus olhos. A proibição de pensar extrapola a esfera sexual, em parte graças a conexões inevitáveis, em parte automaticamente, com efeito semelhante à proibição de pensar sobre a religião entre os homens e à de pensar sobre a vassalagem entre súditos leais. Não creio que a oposição biológica entre trabalho intelectual e atividade sexual explique a "debilidade mental fisiológica" da mulher, como sustentou Moebius em seu controvertido livro.* Penso, isto sim, que a indubitável inferioridade intelectual de muitas mulheres deve se relacionar à inibição do pensamento necessária à repressão sexual.

Ao se abordar a questão da abstinência, não se distingue com suficiente rigor entre duas formas delas, a abstenção de qualquer atividade sexual e a abstenção do contato sexual com o outro sexo. Muitas pessoas que se gabam de conseguir a abstinência só o fazem com o auxílio da masturbação e de satisfações similares, que se ligam às atividades sexuais autoeróticas da primeira infância. Mas justamente por causa dessa relação não são inócuos esses meios substitutivos para a satisfação sexual; eles predispõem às inúmeras formas de neuroses e psicoses, que têm por condição a regressão da vida sexual a suas formas infantis. A masturbação também

---

* Referência ao livro *Über den physiologischen Schwachsinn* [Sobre a debilidade mental fisiológica], de P. J. Moebius, 5ª ed., 1903.

não corresponde às exigências ideais da moral sexual cultural, e por isso impele os indivíduos jovens para os mesmos conflitos, com o ideal da educação, aos quais pretendiam escapar mediante a abstinência. Além disso, ela corrompe o caráter pela *indulgência excessiva*, em mais de um sentido; primeiro, ensinando a alcançar metas significativas sem esforço, por vias cômodas, em vez de mediante enérgica aplicação de força — conforme o princípio de que a sexualidade é *modelar* para o comportamento; em segundo lugar, elevando o objeto sexual, nas fantasias que acompanham a satisfação, a um grau de excelência que não se encontra facilmente na realidade. Um escritor espirituoso (Karl Kraus,[*] na revista *Die Fackel* [A Tocha], de Viena) exprimiu essa verdade pelo avesso, afirmando cinicamente: "O coito é apenas um sucedâneo insatisfatório da masturbação".

O rigor das exigências da civilização e a dificuldade da tarefa da abstinência se combinaram para tornar o impedimento da união dos genitais dos sexos opostos o âmago da abstinência e para favorecer outros tipos de atividade sexual, que equivalem a uma meia obediência, por assim dizer. Desde que o intercurso sexual normal é perseguido implacavelmente pela moral — e, devido às possibilidades de infecção, também pela higiene —, adquiriram maior importância social as formas denominadas perversas de intercurso entre os sexos, em que outras partes do corpo assumem o papel dos genitais.

[*] Karl Kraus (1874-1936): célebre ensaísta, crítico e dramaturgo vienense.

Mas essas práticas não podem ser julgadas tão inofensivas como extensões análogas no intercurso amoroso,* elas são eticamente reprováveis, pois degradam as relações amorosas entre duas pessoas, transformando algo sério num jogo fácil, sem perigo e sem participação psíquica. Como outra consequência do agravamento das dificuldades para a vida sexual normal mencione-se a propagação da satisfação homossexual; a todos aqueles que são homossexuais por sua organização ou que assim se tornaram na infância deve-se acrescentar o grande número daqueles nos quais, em anos mais maduros, a obstrução da corrente principal da libido faz com que seja aberto o canal secundário homossexual.

Todas essas consequências inevitáveis e indesejadas da prescrição de abstinência convergem para um só resultado: o de estragar completamente a preparação para o casamento — que, conforme a intenção da moral sexual cultural, deveria ser o único herdeiro dos desejos sexuais. Todos os homens que, devido a uma prática sexual masturbatória ou perversa, adequaram sua libido a situações e condições de satisfação diferentes das normais, vêm a apresentar uma potência diminuída no casamento. Também as mulheres que puderam conservar a virgindade apenas com expedientes similares mostram-se "anestésicas" para o intercurso normal no matrimônio. Um casamento iniciado com a capacidade amorosa diminuída dos dois lados sucumbe ainda mais

---

* Cf. *Três ensaios sobre a teoria da sexualidade*, seção 2 do primeiro ensaio (1905).

rapidamente que outros ao processo de dissolução. Devido à escassa potência do marido, a mulher não é satisfeita, permanece "anestésica" mesmo quando a predisposição à frigidez, que lhe vem da educação, poderia ser superada mediante fortes vivências sexuais. Um casal assim também encontra maior dificuldade em evitar a concepção do que um normal, pois a enfraquecida potência do marido não tolera bem a utilização de meios anticoncepcionais. Nessa desorientação, logo é interrompido o intercurso sexual, fonte de todo embaraço, e com isso é abandonado o fundamento da vida conjugal.

Solicito aos bem informados sobre o tema que confirmem que não estou exagerando, e sim descrevendo um estado de coisas que pode ser observado à vontade, sempre com a mesma gravidade. É realmente incrível, para os não iniciados, que seja tão rara a potência normal no marido, e tão frequente a frigidez na metade feminina dos casais que se acham sob o domínio de nossa moral sexual civilizada, as privações a que está ligado o casamento, muitas vezes para ambas as partes, aquilo a que se reduz a vida conjugal, a felicidade tão ansiosamente buscada. Já argumentei que nessas condições a doença nervosa é a saída mais óbvia; quero acrescentar de que maneira um casamento assim repercute nos filhos — poucos, ou um só — que dele resultam. À primeira vista, parece haver uma transmissão hereditária, que, a um exame mais apurado, dá lugar ao efeito de poderosas impressões infantis. A mulher neurótica, não satisfeita pelo marido, é uma mãe excessivamente terna e ansiosa, que transfere para o filho sua necessidade de amor e nele desperta a precocidade sexual. O desacordo entre os pais estimula a vida afetiva da criança, faz com que sinta amor, ódio e ciúme numa idade tenra. A educação severa, que não tolera nenhuma atividade sexual precocemente despertada, proporciona o poder repressor, e esse conflito, nessa idade, traz tudo o que é necessário para causar a doença nervosa que persiste por toda a vida.

Agora retornarei à minha afirmação de que, ao julgar as neuroses, geralmente não se considera toda a sua importância. Não me refiro à subestimação desses estados, que se patenteia no leviano descuido por parte dos familiares e nas jactanciosas asseverações, por parte dos médicos, de que algumas semanas de tratamento hidroterápico ou uns tantos meses de repouso e convalescença poderão eliminar o problema. Estas são apenas opiniões de médicos e leigos inscientes, palavras geralmente destinadas a fornecer um efêmero consolo ao doente. Sabe-se, isto sim, que uma neurose crônica, mesmo quando não incapacita inteiramente para a vida, constitui um sério fardo na existência da pessoa, talvez no nível de uma tuberculose ou uma deficiência cardíaca. A coisa ainda seria tolerável se as enfermidades neuróticas excluíssem do trabalho da cultura apenas certo número de indivíduos fracos de toda forma, permitindo aos outros participar dele ao custo de transtornos puramente subjetivos. Mas devo insistir no ponto de vista de que a neurose, não importando o seu alcance e a quem atinja, sempre consegue fazer malograr as intenções da cultura, assim realizando efetivamente o trabalho das forças psíquicas reprimidas hostis à cultura, de modo que a sociedade não pode alegar que obtém ganhos em troca de sacrifícios, não pode alegar ganho nenhum, na verdade, quando paga a obediência a suas amplas restrições com o aumento do nervosismo. Tomemos o caso frequente de uma mulher que não ama seu marido, pois, devido às condições em que se casou e às experiências de sua vida conjugal, não tem motivos para amá-lo; mas que bem gostaria de amar seu marido, pois isso corresponde ao ideal de casamento em que foi educada. Então ela reprimirá em si todos os impulsos que tendem a expressar a verdade e que contradizem seu empenho pelo ideal, e envidará muitos esforços para fazer o papel de esposa dedicada, terna e amorosa. A consequência dessa autorrepressão será o adoecimento neurótico, e em pouco tempo essa neurose se vingará do marido não amado, nele provocará tanta insatisfação e aborrecimento quanto causaria a confissão do verdadeiro estado das coisas. Esse é um exemplo típico dos efeitos da neurose. Um fracasso semelhante da compensação pode ser visto após a repressão de impulsos não diretamente sexuais, hostis à cultura. Por exemplo, se um indivíduo, reprimindo violentamente uma tendência constitucional à dureza e à crueldade, torna-se *extremamente* bom, com frequência lhe é subtraída tanta energia ao fazê-lo, que não pode realizar tudo o que corresponde a seus impulsos compensatórios e, afinal, faz menos coisas boas do que teria feito sem a repressão.

Se juntarmos a isso que a limitação da atividade sexual de um povo é geralmente acompanhada de um aumento da ansiedade perante a vida e da angústia em relação à morte, que interfere na capacidade de fruição do indivíduo e anula sua disposição de enfrentar a morte por algum objetivo, e que se manifesta numa menor inclinação a gerar filhos, excluindo esse povo ou esse grupo de pessoas da participação no futuro, será lícito perguntar se a nossa moral sexual "civilizada" é digna do sacrifício que nos impõe, sobretudo quando ainda não nos livramos do hedonismo a ponto de não incluir entre os objetivos de nossa evolução cultural certo grau de satisfação da felicidade individual. Certamente não cabe a um médico apresentar-se com propostas de reforma; mas achei que podia enfatizar a urgência de tais reformas, complementando a exposição de Ehrenfels sobre os danos gerados por nossa moral sexual "cultural" com esta indicação do seu significado na difusão do nervosismo moderno.

# SOBRE AS TEORIAS SEXUAIS INFANTIS (1908)

TÍTULO ORIGINAL: "ÜBER INFANTILE SEXUALTHEORIEN". PUBLICADO PRIMEIRAMENTE NA REVISTA *SEXUAL-PROBLEME*, V. 4, N. 12, PP. 763-79. TRADUZIDO DE *GESAMMELTE WERKE* VII, PP. 171-88. TAMBÉM SE ACHA EM *STUDIENAUSGABE* V, PP. 169-84.

O material em que se baseia esta síntese vem de fontes diversas. Primeiro, da observação direta das manifestações e atividades das crianças; em segundo lugar, das comunicações de neuróticos adultos, que durante o tratamento psicanalítico relatam o que lembram conscientemente da infância; em terceiro lugar, das inferências, construções e lembranças inconscientes traduzidas para o consciente, que resultam da psicanálise de neuróticos.

O fato de a primeira dessas fontes não fornecer, por si só, tudo o que é relevante saber, justifica-se pelo comportamento dos adultos ante a sexualidade infantil. Eles não atribuem à criança nenhuma atividade sexual, não fazem nenhum esforço para observá-la e, por outro lado, suprimem* as manifestações dessa atividade que seriam dignas de atenção. Assim, é bastante restrita a oportunidade de aproveitar essa fonte, a mais direta e fecunda. O que vem das comunicações espontâneas que os adultos fazem de suas lembranças infantis conscientes está sujeito, no máximo, à objeção de haver sido falseado em retrospecto, mas deverá ser avaliado levando-se em conta que os informantes vieram a se tornar neuróticos. O material da terceira fonte estará sujeito a todas as críticas que costumam ser feitas à confiabilidade da psicanálise e à certeza das conclusões dela extraídas. Assim, não cabe procurar justificá-lo aqui; posso apenas assegurar que quem conhece e utiliza a técnica psicanalítica adquire grande confiança nos seus resultados.

* Ou "reprimem", *unterdrücken*; cf. as notas sobre o termo *Unterdrückung* e sua versão, no v. 12 destas *Obras completas*, pp. 83 e 223.

## SOBRE AS TEORIAS SEXUAIS INFANTIS

Não posso garantir a perfeição de meus resultados, apenas o cuidado com que procurei obtê-los.

Uma questão difícil é decidir até onde podemos pressupor para todas as crianças, ou seja, para cada criança individualmente, o que aqui se diz sobre as crianças em geral. O peso da educação e a diferente intensidade do instinto sexual possibilitam, sem dúvida, fortes variações individuais no comportamento sexual das crianças, influindo sobretudo quanto ao momento em que surge o interesse sexual infantil. Por isso não dividi minha exposição em épocas sucessivas da infância, mas sintetizei o que em crianças diferentes sucede ora mais cedo, ora mais tarde. É minha convicção que nenhuma criança — nenhuma com plenas faculdades, ao menos, ou intelectualmente dotada — pode escapar ao interesse pelos problemas do sexo nos anos *anteriores* à puberdade.

Não faço caso da objeção de que os neuróticos seriam uma classe especial de gente, caracterizados por uma predisposição degenerada, cuja infância não permitiria conclusões sobre a vida infantil das demais pessoas. Os neuróticos são indivíduos como os outros, não há como separá-los nitidamente dos normais, na sua infância não é fácil distingui-los dos que permanecerão sadios depois. Um dos mais valiosos resultados de nossas investigações psicanalíticas é que as suas neuroses não têm um conteúdo psíquico especial, próprio apenas deles, mas que, na expressão de C. G. Jung, eles adoecem dos mesmos complexos com que nós, indivíduos sadios, lutamos. A única diferença é que os sadios conseguem dominar esses complexos sem danos graves, reconhecíveis na vida prática, enquanto os neuróticos\* obtêm a supressão desses complexos apenas ao preço de custosas formações substitutivas, ou seja, malogram na prática. Naturalmente, neuróticos e normais se acham ainda mais próximos na infância do que depois, de forma que não vejo um erro metodológico no fato de usar as comunicações dos neuróticos sobre a sua infância para tirar conclusões, por analogia, sobre a vida infantil normal. Mas, como os futuros neuróticos trazem frequentemente, em sua constituição, um instinto sexual bastante forte e uma tendência ao amadurecimento prematuro, à manifestação precoce daquele, eles nos permitirão reconhecer muita coisa da atividade sexual infantil de maneira mais aguda e clara do que nossa capacidade de observação — embotada, de toda forma — poderia fazê-lo nas outras crianças. No entanto, o real valor dessas comunicações procedentes de neuróticos adultos poderá ser apreciado apenas quando, seguindo o exemplo de Havelock Ellis,\*\* considerarmos que também as lembranças infantis de adultos saudáveis são dignas de serem reunidas.

Devido a circunstâncias pouco favoráveis, tanto de natureza externa como interna, as comunicações seguintes dizem respeito sobretudo ao desenvolvimento sexual de um sexo apenas — o masculino. Mas o valor

---

\* *Nervösen*, no original; mas a tradução literal seria enganosa, pois "nervoso" tem conotação mais leve em português.
\*\* Cf. Havelock Ellis, *Studies in the Psychology of Sex*, v. III, apêndice B (3ª ed., Filadélfia, 1910).

de uma compilação, tal como a que agora ofereço, não deve ser apenas descritivo. O conhecimento das teorias sexuais infantis, tais como se configuram no pensamento das crianças, pode ser interessante em vários sentidos, também — de modo surpreendente — na compreensão dos mitos e fábulas. Ele é imprescindível, porém, para o entendimento das neuroses mesmas, no interior das quais essas teorias infantis ainda vigoram, tendo influência decisiva na configuração dos sintomas.

Se, despojados da nossa natureza corpórea, pudéssemos observar as coisas da Terra com olhos frescos, como seres puramente pensantes de algum outro planeta, talvez nada nos atraísse mais a atenção do que a existência de dois sexos entre os seres humanos, que, embora muito semelhantes em outros aspectos, marcam sua diferença com patentes sinais exteriores. Mas as crianças, ao que parece, não elegem esse fato fundamental como ponto de partida para suas indagações sobre os problemas do sexo. Dado que conhecem o pai e a mãe desde que podem se lembrar, tomam a presença deles como uma realidade que não requer maior investigação, e assim também se comporta o menino para com uma irmãzinha que seja apenas um ou dois anos mais nova do que ele. O impulso de saber das crianças não desperta aí de forma espontânea, como que por uma inata necessidade de causalidade, mas sob o aguilhão dos instintos egoístas que as governam, quando, aproximadamente ao atingir o segundo ano de vida, são defrontadas com a chegada de uma nova criança. Também as crianças que não tiveram a família aumentada podem colocar-se em tal situação, pelas observações que fazem em outras famílias. A diminuição do cuidado por parte dos genitores, experimentada ou justamente receada, e o pressentimento de que, a partir de então, sempre terá de partilhar tudo com o recém-chegado, instigam a vida emocional da criança e aguçam-lhe a capacidade de pensamento. A criança mais velha manifesta franca hostilidade para com o rival, em opiniões pouco amáveis sobre ele e em anseios de que "a cegonha o leve de volta", eventualmente chegando a pequenos atentados contra aquele que jaz desamparado no berço. Uma maior diferença de idade costuma atenuar a expressão dessa hostilidade primária; e mais tarde, não aparecendo irmãos, pode predominar o desejo de ter um companheiro de jogos, tal como a criança pôde observar em outros lares.

É sob o estímulo desses sentimentos e preocupações que a criança vem a se ocupar do primeiro, formidável problema da vida, colocando-se a questão: *De onde vêm os bebês?*, que deve significar, antes de tudo, de onde veio esse bebê que a incomoda. Acreditamos perceber um eco dessa primeira questão enigmática em inumeráveis enigmas dos mitos e das lendas. A questão mesma é, como toda indagação, um produto das necessidades da vida, como se ao pensamento fosse dada a tarefa de prevenir a repetição de tão temidos eventos. Vamos supor, contudo, que o pensamento infantil logo se liberte desse estímulo e continue a trabalhar como instinto de investigação independente. Quando a criança não foi muito intimidada, cedo ou tarde toma o caminho mais próximo, que é pedir uma resposta a seus pais ou os que dela cuidam, que para ela são a fonte de todo saber. Mas esse caminho falha. A criança obtém uma resposta evasiva, ou uma repreensão pela curiosidade, ou é despachada com a informação, relevante em termos de mitologia, que nos países germânicos diz: "A cegonha traz os bebês que tira da água". Tenho razões para supor que muito mais crianças do que os pais imaginam estão insatisfeitas com essa resposta e abrigam sérias dúvidas quanto a ela, apenas não as expressando abertamente. Sei de um garoto de três anos que, após receber tal esclarecimento, desapareceu, para horror da babá, e foi encontrado à beira do lago do castelo, aonde havia ido para observar os bebês que deviam estar na água; e sei de outro que só pôde exprimir timidamente sua incredulidade, afirmando que sabia mais, que não é a cegonha que traz os bebês, mas sim... a garça-real. Muitas comunicações me parecem indicar que as crianças não creem na teoria da cegonha e, após essa primeira decepção e recusa, passam a nutrir desconfiança dos adultos, a ter o pressentimento de algo proibido que os "grandes" lhes ocultam, e por isso dão continuidade a suas pesquisas em segredo. Mas nisso elas também têm a primeira ocasião de viver um "conflito psíquico", pois certas opiniões pelas quais sentem uma predileção instintual, mas que não são "corretas" para os adultos, entram em choque com outras que são sustentadas pela autoridade dos "grandes" e não são aceitáveis para elas. Logo esse "conflito psíquico" pode se tornar uma "dissociação psíquica"; a opinião que está ligada a "ser uma boa criança", mas também à suspensão da reflexão, torna-se dominante e consciente; a outra, para a qual o trabalho de investigação trouxe novas provas no meio-tempo, que não devem contar, torna-se suprimida,* "inconsciente". Dessa maneira é constituído o complexo nuclear** da neurose.

Recentemente, a análise de um garoto de cinco anos, que o pai realizou com ele e depois me cedeu para publicação, trouxe-me a prova irrefutável de uma concepção a que a psicanálise de adultos vinha me conduzindo já desde muito tempo. Agora sei que as mudanças sofridas pela mãe durante a gravidez não escapam ao atento olhar da criança, e que esta é perfeitamente capaz de, após algum tempo, estabelecer o nexo correto entre o maior volume do corpo da mãe e o aparecimento do bebê. No caso mencionado, o garoto tinha três anos e meio quando nasceu a irmã, e quatro anos e nove meses quando deu a entender, por alusões inconfundíveis,

---

* Ou "reprimida", *unterdrückt*. Cf. as notas sobre o termo *Unterdrückung* e sua versão, no v. 12 destas *Obras completas*, pp. 83 e 223. A alternância — não pretendida inicialmente — entre "repressão" e "supressão" e verbos correspondentes, para traduzir esse substantivo alemão e seu verbo, veio a resultar em mais exemplos de como está longe de ser clara a distinção entre esse termo e *Verdrängung*, como argumentamos em *As palavras de Freud*, op. cit., pp. 112 ss.
** Segundo Strachey, aparece aqui pela primeira vez essa expressão, ainda num sentido mais amplo; pouco depois, no "Homem dos ratos" e em "Cinco lições de psicanálise" (ambos de 1909), ela será equivalente ao que ele chamaria de "complexo de Édipo" (em "Um tipo especial de escolha de objeto", 1910).

que sabia algo mais. Mas este conhecimento precoce é sempre mantido em segredo, e depois reprimido e esquecido, conforme o destino posterior da pesquisa sexual infantil.

Portanto, a "história da cegonha" não se inclui entre as teorias sexuais infantis; pelo contrário, é a observação dos animais, que não ocultam sua vida sexual, e aos quais a criança se sente aparentada, que reforça a descrença desta. Com o conhecimento, obtido de forma independente, de que o bebê cresce no corpo da mãe, a criança estaria no caminho certo para resolver o problema, no qual testa primeiramente sua capacidade de pensar. Mas é inibida, nos passos seguintes, por um desconhecimento que não pode remediar, e por teorias erradas que o estado de sua sexualidade lhe impõe.

Essas teorias sexuais erradas, que agora discutirei, possuem todas uma característica muito peculiar. Embora se enganem de forma grotesca, cada uma delas contém um quê de verdade, nisto semelhando as tentativas dos adultos, consideradas "geniais", de solucionar os problemas demasiado difíceis que o universo traz à compreensão humana. O que é correto e certeiro nessas teorias se explica por sua proveniência dos componentes do instinto sexual que já atuam no organismo da criança; pois não é o arbítrio psíquico ou impressões ocasionais que fazem surgir tais suposições, mas as necessidades da constituição psicossexual, e por causa disso podemos falar de teorias sexuais típicas das crianças, por isso encontramos as mesmas opiniões equivocadas em todas as crianças a cuja vida sexual tivemos acesso.

A primeira dessas teorias liga-se à não consideração das diferenças entre os sexos, que destaquei inicialmente como algo característico das crianças. Ela consiste em *atribuir a todas as pessoas, também às do sexo feminino, um pênis*, como o que o menino conhece de seu próprio corpo. Precisamente na constituição sexual que devemos ver como "normal", o pênis é, já na infância, a zona erógena diretriz, o principal objeto sexual autoerótico, e sua alta estima se reflete logicamente na incapacidade de imaginar uma pessoa igual a si que não tenha esse constituinte essencial. Quando o menino vê o genital da irmãzinha, o que ele diz mostra que seu preconceito já é forte o suficiente para subjugar a percepção; ele não constata a ausência do membro, e sim afirma, *regularmente*, como que atenuando e consolando: "Mas ele... ainda é pequeno; quando ela crescer, ele vai aumentar." A ideia da mulher com um pênis retorna mais adiante na vida, nos sonhos do adulto; em excitação sexual noturna, ele derruba uma mulher, tira-lhe a roupa e se prepara para o coito — então enxerga um membro desenvolvido no lugar dos genitais femininos, interrompendo o sonho e a excitação. Os numerosos hermafroditas da Antiguidade clássica reproduzem fielmente essa representação infantil, antes universal; pode-se observar que ela não ofende a maioria das pessoas normais, enquanto as formações hermafroditas realmente admitidas na natureza despertam, quase sempre, enorme aversão.

Se tal ideia da mulher com o pênis é "fixada" no garoto, resistindo a todas as influências da vida posterior e tornando o adulto incapaz de renunciar ao pênis em seu objeto sexual, esse indivíduo, ainda com uma vida sexual normal em outros aspectos, deverá se tornar um homossexual, buscando seus objetos sexuais entre os homens que, por outras características somáticas e psíquicas, recordam-lhe a mulher. A mulher real, como depois ele vem a conhecer, permanece-lhe impossível como objeto sexual, pois não tem o encanto sexual essencial, podendo mesmo, ligada a outra impressão da vida infantil, tornar-se um horror para ele. O menino, dominado sobretudo pela excitação do pênis, habitualmente obteve prazer estimulando-o com a mão, foi flagrado nisso pelos pais ou a babá e aterrorizado com a ameaça de lhe cortarem o membro. O efeito dessa "ameaça de castração" é, proporcionalmente ao valor dado a essa parte do corpo, bastante profundo e duradouro. Há mitos e lendas que dão testemunho da agitação na vida emocional infantil, do pavor que se liga ao complexo da castração — que depois será lembrado pela consciência também com repugnância. A genitália da mulher, depois percebida e vista como mutilada, recorda essa ameaça, e por isso desperta horror no homossexual, em vez de prazer. Essa reação já não pode ser mudada quando o homossexual é informado pela ciência de que a hipótese infantil, segundo a qual também a mulher possui um pênis, não é tão equivocada, enfim. A anatomia reconheceu o clitóris, no interior da vulva feminina, como um órgão homólogo ao pênis, e a fisiologia dos processos sexuais acrescentou que esse pênis pequenino, que jamais cresce, realmente se comporta como um pênis genuíno na infância da mulher, que ele se torna a sede de excitações que induzem a tocá-lo, que sua sensibilidade confere à atividade sexual da menina um caráter masculino, e que é necessária uma onda de repressão na época da puberdade, para que seja removida essa sexualidade masculina e surja a mulher. Ora, como em muitas mulheres a função sexual se atrofia pelo fato de esta excitabilidade clitoridiana persistir tenazmente, de modo que permanecem anestésicas no coito, ou pelo fato de a repressão ocorrer excessivamente, de modo que seu efeito é parcialmente cancelado por uma formação substitutiva histérica — tudo isso dá alguma razão à teoria sexual infantil de que a mulher possui um pênis como o homem.

Pode-se observar, com facilidade, que a menina compartilha inteiramente o apreço do irmão. Ela desenvolve um grande interesse por essa parte do corpo do menino, interesse, no entanto, que logo é comandado pela inveja. Ela se sente prejudicada, faz tentativas de urinar na postura que é possibilitada ao menino pelo pênis grande, e, quando manifesta o desejo de que "preferia ser um garoto", sabemos que falta esse desejo pretende remediar.

Se as crianças pudessem seguir as indicações dadas pela excitação do pênis, estariam mais próximas da solução do problema. O fato de o nenê crescer dentro do corpo da mãe não basta como explicação, evidentemente. De que modo ele chega ali dentro? O que provoca seu desenvolvimento? Que o pai tenha alguma relação com isso é algo provável; ele próprio diz que o nenê também é seu.[1] Por outro lado, certamente o pênis par-

---

[1] Cf., a propósito, a *Análise da fobia de um garoto de cinco anos* [1909, parte II, neste volume p. 143].

ticipa desses eventos incompreensíveis, o que é atestado por sua excitação em todo esse trabalho do pensamento. Ligados a essa excitação estão impulsos que a criança não sabe interpretar, obscuros ímpetos a fazer algo violento, a penetrar, destroçar, abrir um buraco em algum lugar. Mas, quando a criança parece estar a caminho de postular a existência da vagina e de atribuir ao pênis do pai a ação de penetrar na mãe, como o ato mediante o qual o bebê se forma no corpo da mãe, nesse ponto a pesquisa se interrompe, confusa, pois em seu caminho se acha a teoria de que a mãe possui um pênis como o homem, e a existência da cavidade que acolhe o pênis permanece desconhecida para a criança. De bom grado suporemos que o insucesso de seus esforços intelectuais torna mais fácil a rejeição e o esquecimento deles. Mas essas dúvidas e cogitações se tornarão o modelo para todo posterior trabalho de pensar sobre problemas, e o primeiro fracasso tem um efeito paralisante que prosseguirá por todo o tempo.

O desconhecimento da vagina também permite às crianças se convencerem da segunda de suas teorias sexuais. Se o bebê cresce no corpo da mãe e depois é removido, a única via pela qual isso pode ocorrer é a abertura anal. *O bebê deve ser evacuado como os excrementos*. Alguns anos mais tarde, quando a mesma questão é objeto da reflexão solitária da criança, ou da conversa com outra, as soluções encontradas são, provavelmente, de que o bebê sai pelo umbigo que se abre, ou que a barriga é cortada e o bebê, retirado, como acontece ao lobo na fábula do Chapeuzinho Vermelho. Essas teorias são expressas em voz alta e depois lembradas conscientemente; já não contêm nada de chocante. As mesmas crianças esqueceram completamente que anos atrás acreditavam em outra teoria do nascimento, que agora encontra o obstáculo da repressão dos componentes sexuais anais, ocorrida nesse meio-tempo. Naquela época, excrementos eram algo de que se falava sem temor no quarto das crianças, elas ainda não estavam distantes de suas tendências coprófilas constitucionais; não era uma degradação vir ao mundo como um monte de fezes, que ainda não era condenado pelo nojo. A teoria da cloaca, que tem validade para tantos animais, era a mais natural e a única que a criança podia ver como provável.

Então era apenas coerente que as crianças recusassem à mulher o doloroso privilégio de dar à luz. Se os bebês nascem pelo ânus, também o homem pode parir. Portanto, o menino pode fantasiar que ele próprio gera filhos, sem que por isso o acusemos de tendências femininas. Nisso ele apenas aciona o erotismo anal que nele ainda se acha vivo.

Quando a teoria cloacal do nascimento é mantida na consciência nos anos posteriores da infância, o que eventualmente ocorre, ela traz consigo uma solução — que já não é aquela primária, claro — do problema da origem dos bebês. É como numa fábula. A pessoa come algo específico e depois tem um filho. A doente mental reaviva essa teoria infantil do nascimento. A maníaca, por exemplo, leva o médico visitante ao pequeno monte de fezes que depositou num canto de sua cela e lhe diz, sorridente: "Este é o bebê que eu tive hoje".

A terceira das teorias sexuais típicas ocorre quando as crianças, por algum dos acasos domésticos, testemunham o ato sexual dos pais, o qual, porém, percebem de maneira incompleta. Não importando a parte dele que vêm a observar, seja a posição relativa das duas pessoas, sejam os ruídos ou outras circunstâncias, elas sempre chegam ao que podemos chamar *concepção sádica do coito*, enxergam nele algo que o lado mais forte faz, com violência, ao mais fraco, e o comparam, sobretudo os meninos, a uma briga, tal como a conhecem de suas vivências com outros meninos, e à qual não deixa de se mesclar alguma excitação sexual. Não pude constatar se as crianças identificam nesse evento com os pais, por elas observado, a peça que faltava para a solução do problema dos bebês; com mais frequência, pareceu que tal relação foi ignorada pelas crianças justamente por haverem interpretado o ato amoroso como violento. Mas essa concepção mesma dá a impressão de ser um retorno daquele obscuro impulso à atividade cruel, que se ligava à excitação do pênis nas primeiras reflexões sobre o enigma da procedência dos bebês. E não se pode excluir a possibilidade de que esse precoce impulso sádico, que quase teria levado à ideia do coito, tenha surgido ele próprio por influência de lembranças extremamente obscuras do ato dos pais, para as quais a criança havia absorvido o material — sem dele se utilizar então — nos primeiros anos de vida, quando ainda dormia no quarto dos pais.[2]

---

[2] Na obra autobiográfica *Monsieur Nicolas*, publicada em 1794, Restif de La Brétonne confirma esse mal-entendido do coito como um ato sádico, ao relatar uma impressão tida aos quatro anos de idade.

A teoria sádica do coito, que, tomada separadamente, leva ao engano, quando poderia trazer confirmação, é novamente expressão de um dos componentes sexuais inatos — que podem estar acentuados em maior ou menor grau, conforme a criança — e, por isso, está correta até certo ponto, adivinha em parte a natureza do ato sexual e a "luta dos sexos" que o precede. Não raramente, a criança também pode basear sua concepção em percepções casuais, que compreende, em parte, corretamente, e em parte, de forma errada, até mesmo contrária. Em muitos casamentos, a mulher realmente se opõe ao ato conjugal, que não lhe traz prazer, mas sim o perigo de nova gravidez, e, desse modo, a mãe talvez dê ao filho que dorme (ou que parece dormir) uma impressão que só poderia ser interpretada como de defesa contra um ato violento. Outras vezes, o matrimônio oferece ao menino atento o espetáculo de uma luta incessante, que se expressa em altas vozes e gestos inamistosos, e ele não se surpreenderá se a luta prosseguir pela noite e, afinal, for decidida pelos mesmos métodos que ele costuma empregar nas relações com os irmãos ou companheiros de brincadeiras.

Mas o garoto também vê como uma confirmação do seu entendimento o fato de encontrar manchas de sangue no leito ou na roupa da mãe. Para ele, constituem prova de que durante a noite a mãe foi novamente atacada pelo pai, enquanto nós preferimos interpretar essa mancha como indício de um intervalo no relacionamento sexual. Vários casos de "horror a sangue", entre os neuróticos, têm explicação a partir desse nexo. Mais uma vez, o erro do menino esconde um quê de verdade; em certas circunstâncias conhecidas, uma marca de sangue é realmente vista como sinal de que teve início o relacionamento sexual.

Uma questão menos estreitamente ligada ao insolúvel problema da origem dos bebês também ocupa a criança: ela se pergunta qual a natureza e o conteúdo desse estado que chamam "ser casado", e responde a isso de maneiras diferentes, conforme as suas percepções casuais relativas aos pais coincidam com seus próprios instintos ainda matizados de prazer. O que parece comum a todas as respostas é que a criança espera, do estado de casado, satisfação do prazer e superação do pudor. A concepção que achei com maior frequência diz que *"um urina na frente do outro"*; uma variante, que pareceria querer indicar simbolicamente um conhecimento maior, é: *"o marido urina no vaso da mulher"*. Outras vezes o significado do casamento é posto no fato de *"um mostrar ao outro o bumbum"* (sem se envergonhar). Num caso em que a educação havia conseguido adiar bastante o conhecimento sexual, uma garota de quatorze anos, que já havia menstruado, chegou, por meio de leituras, à noção de que ser casado consiste numa *"mistura do sangue"*, e, como sua irmã ainda não menstruava, a voluptuosa garota tentou uma investida sobre uma visitante que confessara estar em seu período, para obrigá-la a fazer essa "mistura de sangue".

As opiniões infantis sobre a natureza do casamento, que não raramente são conservadas pela memória consciente, têm grande importância para a sintomatologia da doença neurótica posterior. Inicialmente elas acham expressão em brincadeiras, em que as crianças fazem entre si o que seria parte do casamento, e, mais tarde, o desejo de ser casado pode escolher a forma infantil de expressão, aparecendo numa fobia primeiramente irreconhecível ou em algum sintoma correspondente.[3]

Estas seriam as mais importantes das teorias sexuais típicas das crianças, produzidas espontaneamente nos primeiros anos da infância, apenas por influência dos componentes instintuais sexuais. Sei que não consegui oferecer um material completo nem estabelecer uma conexão sem lacunas com o restante da vida infantil. Mas posso acrescentar algumas outras observações, cuja ausência seria sentida por qualquer leitor informado. Há, por exemplo, a significativa teoria de que é possível ter um filho através do beijo, que naturalmente revela o predomínio da zona erógena da boca. Segundo minha experiência, essa teoria é exclusivamente feminina e às vezes se encontra, de forma patogênica, em garotas nas quais a pesquisa sexual experimentou fortes inibições na infância. Uma de minhas pacientes chegou, mediante uma observação casual, à teoria da *couvade*,* que, como se sabe, é costume em vários povos e cuja intenção é provavelmente contradizer as dúvidas quanto à paternidade, jamais inteiramente afastadas. Como um tio

---

[3] As brincadeiras mais significativas para a neurose posterior são "brincar de médico" e de "papai e mamãe".

* Palavra francesa que significa literalmente "choco, incubação", e designa o costume de o pai de um recém-nascido recolher-se durante certo período e comer apenas determinados alimentos.

um tanto excêntrico permaneceu dias em casa, após o nascimento do filho, recebendo as visitas em trajes de dormir, ela concluiu que os dois genitores tinham participação no nascimento e precisavam guardar o leito.

Por volta dos dez ou onze anos de idade, a criança ouve as primeiras informações sobre sexo. Se ela foi criada num ambiente social menos inibido ou teve boas oportunidades de observação, conta às outras o que sabe, pois isso a faz sentir-se madura e superior. O que as crianças assim aprendem é geralmente correto, ou seja, ficam a par da existência da vagina e de sua finalidade; mas esses esclarecimentos, que elas partilham entre si, às vezes também são misturados com noções erradas, são contaminados de vestígios das teorias sexuais infantis mais antigas. Quase nunca são completos e suficientes para a resolução daquele problema primordial. Antes era o desconhecimento da vagina, agora é o do sêmen que impede a compreensão do conjunto. A criança não imagina que o membro sexual masculino pode expelir outra substância além da urina, e ocasionalmente uma "garota inocente" ainda se mostra indignada pelo fato de o marido "urinar dentro dela" na noite de núpcias. As informações adquiridas na pré-puberdade são acompanhadas de um novo ímpeto na investigação sexual infantil. Mas as teorias então produzidas não têm mais o cunho típico e original que caracterizava aquelas primárias, do início da infância, quando os componentes sexuais infantis podiam alcançar expressão em teorias de maneira desinibida e inalterada. Esses novos esforços intelectuais para solucionar os enigmas do sexo não me pareceram dignos de serem recolhidos, e também já não podem reivindicar importância patogênica. Naturalmente, sua variedade depende sobretudo da natureza do esclarecimento recebido; sua importância está antes no fato de que reavivam os traços, tornados inconscientes, daquele primeiro período de interesse sexual, de modo que não é raro que uma atividade sexual masturbatória e algum afastamento emocional dos pais estejam ligados a eles. Daí o juízo condenatório dos educadores, segundo o qual o esclarecimento desse tipo, nessa idade, "corrompe" as crianças.

Uns poucos exemplos poderão mostrar que elementos aparecem frequentemente nessas últimas especulações infantis sobre o sexo. Uma menina soube, por coleguinhas da escola, que o homem dá à mulher um ovo, o qual ela choca dentro do corpo. Um menino, que também ouviu falar de um ovo, identifica-o com o testículo, que também recebe vulgarmente esse nome, e quebra a cabeça imaginando como é possível que o conteúdo da bolsa escrotal sempre se renove. Raramente as explicações bastam para prevenir incertezas fundamentais relativas aos fatos sexuais. Assim, garotas podem acreditar que o ato sexual acontece uma única vez, mas dura bastante tempo — vinte e quatro horas —, e que todos os filhos resultam, sucessivamente, dessa única ocasião. Poderíamos supor que essa criança* adquiriu conhecimento do processo reprodutivo em determina-

---

* No original, *dieses Kind*, "essa criança" — diferentemente da frase anterior, em que o sujeito ("garotas") está no plural.

dos insetos; mas tal suposição não se confirma, a teoria surge como criação independente. Outras meninas não percebem o tempo de gestação, a vida no ventre materno, e creem que o bebê surge imediatamente após a noite da primeira relação. Marcel Prévost utilizou esse erro de menina numa divertida história, numa das *Lettres de femmes*.[4] Esse tema das últimas investigações sexuais das crianças, ou dos adolescentes que permaneceram no estágio infantil, é vasto e talvez, de maneira geral, interessante, mas não está no centro de meu interesse; devo apenas ressaltar que nelas as crianças produzem muitas coisas equivocadas, destinadas a contradizer conhecimentos anteriores, melhores, mas que se tornaram inconscientes e são reprimidos.

Também é significativa a maneira como as crianças reagem às informações que lhes chegam. Em algumas, a repressão sexual avançou tanto que nada desejam escutar, e conseguem permanecer inscientes até tarde — aparentando não saber, ao menos —, até que, na psicanálise das pessoas neuróticas, vem à luz o conhecimento oriundo da infância anterior. Sei também de dois meninos entre dez e treze anos que escutaram o esclarecimento sexual que alguém lhes dava, mas rejeitaram-no dizendo: "Seu pai e outras pessoas podem fazer uma coisa dessas, mas sei muito bem que o *meu* pai nunca faria". Embora seja variada a atitude das crianças maiores ante a satisfação da curiosidade sexual, podemos

---

4 Prévost, "La nuit de Raymonde", em *Nouvelles lettres de femmes* [Novas cartas de mulheres, 1894].

supor um comportamento uniforme nos primeiros anos da infância e acreditar que todas elas, naquele tempo, empenhavam-se zelosamente em descobrir o que o pai e a mãe faziam juntos, para que então surgissem os bebês.

# CONSIDERAÇÕES GERAIS SOBRE O ATAQUE HISTÉRICO (1909)

TÍTULO ORIGINAL: "ALLGEMEINES ÜBER DEN HYSTERISCHEN ANFALL". PUBLICADO PRIMEIRAMENTE EM *ZEITSCHRIFT FÜR PSYCHOTHERAPIE UND MEDIZINISCHE PSYCHOLOGIE*, V. 1, N. 1, PP. 10-4. TRADUZIDO DE *GESAMMELTE WERKE* VII, PP. 235-40. TAMBÉM SE ACHA EM *STUDIENAUSGABE* VI, PP. 197-203.

## CONSIDERAÇÕES GERAIS SOBRE O ATAQUE HISTÉRICO

**A**
Quando submetemos à psicanálise uma histérica que manifesta sua doença em ataques, logo nos convencemos de que esses ataques não são outra coisa senão fantasias traduzidas para a esfera motora, projetadas na motilidade, representadas em forma de pantomima. Fantasias inconscientes, é verdade, mas, quanto ao resto, do mesmo tipo das que podemos perceber diretamente nos sonhos diurnos ou desenvolver, mediante interpretação, dos sonhos noturnos. Com frequência, um sonho substitui um ataque; mais frequentemente ainda, explica-o, dado que a mesma fantasia acha expressão diversa no sonho e no ataque. Seria de esperar que, observando um ataque, chegássemos ao conhecimento da fantasia nele representada; mas isso raramente acontece. Por via de regra, a representação pantomímica da fantasia experimenta, sob a influência da censura, deformações bastante análogas às deformações alucinatórias do sonho, de modo que tanto uma como outra se tornam inicialmente pouco inteligíveis para a própria consciência do indivíduo e para a compreensão do espectador. Portanto, o ataque histérico requer a mesma elaboração interpretativa que empreendemos com os sonhos noturnos. Mas não apenas as forças de que parte a deformação e o propósito desta são os mesmos de que tomamos conhecimento pela interpretação dos sonhos; também a sua técnica é a mesma.

1) O ataque se torna ininteligível pelo fato de representar simultaneamente várias fantasias no mesmo material, isto é, pela *condensação*. Os elementos comuns

às duas (ou mais) fantasias formam, como no sonho, o núcleo da representação. As fantasias assim sobrepostas são, com frequência, de natureza muito diversa; por exemplo, um desejo recente e uma impressão infantil reavivada. As mesmas inervações servem então aos dois propósitos, muitas vezes de maneira bem habilidosa. Histéricos que utilizam extensamente a condensação podem se limitar a uma única forma de ataque; outros expressam uma pluralidade de fantasias patogênicas pela multiplicação das formas de ataque.

2) O ataque se torna obscuro pelo fato de a doente empreender as atividades das duas pessoas que aparecem na fantasia, ou seja, pela *identificação múltipla*. Veja-se o exemplo que mencionei no artigo "Fantasias histéricas e sua relação com a bissexualidade", publicada na *Zeitschrift für Sexualwissenschaft*, de Hirschfeld (v. 1, nº 1 [1908]), em que a paciente arranca o vestido com uma mão (como homem), enquanto o segura ao corpo com a outra (como uma mulher).

3) Tem efeito extraordinariamente deformador a *inversão antagonística das inervações*, que é análoga à transformação de um elemento em seu oposto, habitual no trabalho do sonho; por exemplo, quando um abraço é representado, no ataque, puxando-se convulsivamente os braços para trás, até que as mãos se encontram sobre a coluna vertebral. — É possível que o notório *arc de cercle* dos grandes ataques histéricos não seja outra coisa senão tal recusa enérgica, mediante inervação antagonística, de uma postura corporal adequada para a relação sexual.

4) Efeito não menos desconcertante e enganador pode ter a *inversão da sequência temporal* dentro da fantasia representada, algo que também acha sua plena contrapartida em vários sonhos que começam com o final de uma ação e depois concluem com o seu início. Por exemplo, uma histérica tem uma fantasia de sedução em que está sentada num parque, lendo, com o vestido um pouco levantado, de modo que o pé se acha visível, e um homem se aproxima e lhe dirige a palavra; então ela vai com ele para outro local e eles têm uma relação amorosa. No ataque, ela encena essa fantasia de maneira que começa com o estágio convulsivo, que corresponde ao coito, depois se ergue, vai para outro cômodo, lá se senta para ler e, em seguida, responde a uma abordagem imaginária.

As duas deformações apresentadas por último podem nos dar uma ideia da intensidade das resistências que o material reprimido tem de levar em conta, ainda quando irrompe no ataque histérico.

# B

O surgimento dos ataques histéricos segue leis de fácil compreensão. Como o complexo reprimido consiste de investimento libidinal e conteúdo ideativo (fantasia), o ataque pode ser despertado: 1) *associativamente*, quando o conteúdo do complexo (suficientemente investido) é evocado por algo da vida consciente que a ele se liga; 2) *organicamente*, quando, por razões somáticas internas e mediante influência psíquica de fora, o investimento libidinal se eleva acima de determinada medida; 3) a serviço da *tendência primária*, como expressão da "fuga para a doença", quando a realidade se torna penosa ou assustadora, ou seja, como *consolo*; 4) a serviço das *tendências secundárias*, a que a enfermidade se alia tão logo é possível, mediante o ataque, alcançar uma finalidade útil ao doente. Nesse último caso, o ataque é calculado para certas pessoas, pode ser adiado para quando estejam presentes e dá a impressão de ser simulado conscientemente.

## C

A investigação da infância dos histéricos mostra que o ataque histérico se destina a substituir uma satisfação *autoerótica* praticada no passado e desde então abandonada. Em grande número de casos, tal satisfação (a masturbação através do toque ou pressionando as coxas, a movimentação da língua etc.) retorna no ataque mesmo, com o alheamento da consciência. O surgimento do ataque por elevação da libido e a serviço da tendência primária, como consolo, também repete exatamente as condições em que tal satisfação autoerótica, no passado, foi buscada intencionalmente pelo doente. A anamnese deste revela os seguintes estágios: a) satisfação autoerótica sem conteúdo ideativo; b) a mesma coisa, ligada a uma fantasia que acaba no ato de satisfação; c) renúncia ao ato, conservando a fantasia; d) repressão dessa fantasia, que então, ou inalterada ou modificada e adaptada a novas impressões trazidas pela vida, afirma-se no ataque histérico; e) eventualmente, ela chega a trazer de volta o ato de satisfação que lhe correspondia, supostamente abandonado. Um típico ciclo de atividade sexual infantil: repressão, malogro da repressão e retorno do reprimido.

A incontinência urinária certamente não deve ser considerada incompatível com o diagnóstico de ataque histérico; apenas repete a forma infantil da polução noturna. De resto, também se pode encontrar o ato de morder a língua em casos indubitáveis de histeria; ele não se acha em desacordo com a histeria, não mais que com os jogos amorosos; seu aparecimento no ataque é facilitado quando as perguntas do médico chamam a atenção da paciente para as dificuldades do diagnóstico diferencial. Pode ocorrer lesão de si próprio no ataque histérico (mais frequentemente nos homens) quando ela repete um acidente da infância (por exemplo, o resultado de uma briga).

A perda de consciência, a *ausência*, no ataque histérico, vem daquela passageira, mas inequívoca privação de consciência que se nota no auge de toda satisfação sexual intensa (também da autoerótica). Esse desenvolvimento pode ser acompanhado da maneira mais segura nas ausências histéricas que se originam de acessos de polução, em indivíduos jovens do sexo feminino. Os assim chamados estados hipnoides, as ausências durante os devaneios, tão frequentes em histéricos, indicam a mesma procedência. O mecanismo de tais ausências é relativamente simples. Primeiro, toda a atenção é concentrada no decurso do processo de satisfação; com a chegada da satisfação, todo esse investimento de atenção é suspenso repentinamente, de modo que surge um vazio de consciência momentâneo. Essa lacuna de consciência fisiológica, por assim dizer, é então ampliada a serviço da repressão, até ser capaz de acolher tudo o que a instância repressora expulsa.

## D

O que mostra à libido reprimida o caminho para a descarga motora no ataque [histérico] é o mecanismo reflexo do ato do coito, já predisposto em todo indivíduo, também na mulher, e que vemos tornar-se manifesto na entrega irrestrita à atividade sexual. Os antigos já diziam que o coito é uma "pequena epilepsia". Podemos modificar isso, dizendo que o ataque convulsivo histérico é um equivalente do coito. A analogia com o ataque epiléptico não nos ajuda muito, pois a gênese deste é ainda menos compreendida que a do ataque histérico.

No conjunto, o ataque histérico, como a histeria mesma, restabelece na mulher um quê de atividade sexual que existia na infância e que revelava, então, um caráter francamente masculino. Com frequência, observa-se que justamente garotas que até a puberdade mostravam natureza e inclinações de menino se tornam histéricas a partir da puberdade. Em toda uma série de casos, a neurose histérica corresponde apenas a uma acentuação excessiva daquela típica onda de repressão que, removendo a sexualidade masculina, faz surgir a mulher. (Cf. *Três ensaios sobre a teoria da sexualidade*, 1905.)

# O ROMANCE FAMILIAR DOS NEURÓTICOS (1909)

TÍTULO ORIGINAL: "DER FAMILIENROMAN DER NEUROTIKER". PUBLICADO PRIMEIRAMENTE NO LIVRO *DER MYTHUS VON DER GEBURT DES HELDEN* [O MITO DO NASCIMENTO DO HERÓI], DE OTTO RANK, PP. 64-8. TRADUZIDO DE *GESAMMELTE WERKE* VII, PP. 227-31. TAMBÉM SE ACHA EM *STUDIENAUSGABE* IV, PP. 221-6.

Desprender-se da autoridade dos pais é uma das realizações mais necessárias e também mais dolorosas do indivíduo em crescimento. É absolutamente necessário que ele o faça, e podemos presumir que isso foi alcançado, em alguma medida, por todo aquele que se tornou normal. De fato, o progresso da sociedade baseia-se nessa oposição entre as duas gerações. Por outro lado, há uma classe de neuróticos cuja condição, percebemos, foi determinada pelo fracasso nessa tarefa.

Para a criança pequena, os pais são inicialmente a única autoridade e a fonte de toda crença. Tornar-se como ele ou ela — como o genitor de seu próprio sexo —, ser grande como o pai e a mãe, é o desejo mais intenso e de mais graves consequências dessa época da vida. Com o progressivo desenvolvimento intelectual, porém, torna-se inevitável que a criança perceba gradualmente a que categorias pertencem os pais. Ela conhece outros pais, compara-os com os seus, e pode assim duvidar da natureza única e incomparável que lhes atribuiu. Pequenos acontecimentos na vida da criança, que nela provocam insatisfação, fornecem-lhe o ensejo para iniciar a crítica aos pais e empregar, nessa atitude contrária a eles, o recém-adquirido conhecimento de que outros pais são preferíveis em vários aspectos. Sabemos, com a psicologia das neuroses, que os mais fortes impulsos de rivalidade sexual, entre outros fatores, contribuem para isso. O que constitui a matéria desses ensejos é claramente o sentimento de ser preterido. Não são raras as ocasiões em que a criança é preterida, ou pelo menos sente que o é, que não recebe o inteiro amor dos pais e, sobretudo, em que lamenta precisar dividi-lo com os outros irmãos. A sensação de que os seus afetos não são correspondidos acha então desafogo na ideia, muitas vezes conscientemente lembrada da primeira infância, de que é um enteado ou um adotado. Inúmeras pessoas que não se tornaram neuróticas se recordam frequentemente de ocasiões assim, em que — geralmente influenciadas por leituras — compreenderam e responderam dessa forma ao comportamento hostil dos pais. Mas aqui já se mostra a influência do sexo, pois o garoto se inclina bem mais a ter impulsos hostis para com o pai do que com a mãe, e deseja muito mais livrar-se dele que dela. A atividade fantasiosa da garota pode mostrar-se bem mais fraca nesse ponto. Em tais impulsos psíquicos infantis conscientemente lembrados encontramos o fator que nos possibilita compreender os mitos.

Raramente lembrado de forma consciente, mas quase sempre revelado pela psicanálise é o estágio seguinte na evolução desse afastamento em relação aos pais, que podemos designar como *o romance familiar dos neuróticos*. Com efeito, é da natureza da neurose, e também de todo talento superior, uma atividade frequente bastante peculiar, que se manifesta primeiramente nos jogos infantis e depois, aproximadamente a partir da pré-puberdade, apodera-se do tema das relações familiares. Um exemplo característico dessa atividade imaginativa especial são os conhecidos *devaneios*,[*] que prosseguem muito além da puberdade.[1]

---

[*] Ou, literalmente, "sonhos diurnos".
[1] Cf. "As fantasias histéricas e sua relação com a bissexualidade" [1908], onde também se faz referência à literatura sobre o tema.

Uma observação cuidadosa desses devaneios mostra que eles servem à realização de desejos, à correção da vida, e têm dois objetivos sobretudo: um erótico e um relacionado à ambição (atrás do qual, no entanto, geralmente se esconde o objetivo erótico). Na época mencionada, a imaginação da criança se dedica à tarefa de livrar-se dos pais menosprezados e substituí-los por outros, normalmente de posição social mais elevada. Nisso ela se aproveita de coincidências trazidas por experiências reais (conhecer o senhor do castelo ou o proprietário das terras, se vive no campo, ou um membro da aristocracia, na cidade). Essas vivências casuais provocam a inveja da criança, que acha expressão numa fantasia que substitui os genitores por outros mais nobres. Na técnica de construção dessas fantasias — que naturalmente são conscientes nessa época — entram em conta a habilidade e o material de que a criança dispõe. Há também a questão de as fantasias serem elaboradas com maior ou menor empenho em obter a verossimilhança. Esse estágio é alcançado num momento em que a criança ainda não possui o conhecimento dos determinantes sexuais da procriação.

Depois, quando a criança vem a saber das diferentes funções sexuais do pai e da mãe, e compreende que *pater semper incertus est*, enquanto a mãe é *certissima*, o romance familiar experimenta uma restrição peculiar: contenta-se em elevar o pai, já não põe em dúvida a origem pelo lado da mãe, que não pode ser alterada. Esse segundo estágio (sexual) do romance familiar é sustentado por um segundo motivo, que faltava no primeiro estágio (assexual). Com o conhecimento dos fatos sexuais, surge o pendor a imaginar situações e relações eróticas, em que a força motriz é o desejo de colocar a mãe, o objeto da mais intensa curiosidade sexual, na situação de secreta infidelidade e secretos casos amorosos. Desse modo, aquelas primeiras fantasias assexuais, por assim dizer, são levadas à altura do conhecimento de então.

De resto, também se apresenta aqui o motivo da vingança e retaliação, que antes estava em primeiro plano. São geralmente essas crianças neuróticas as que foram castigadas pelos pais, devido a um mau comportamento sexual, e que mediante essas fantasias se vingam dos pais.

São particularmente as crianças mais jovens que buscam tirar de seus antecessores a prerrogativa mediante essas invenções (exatamente como nas intrigas históricas), que inclusive não se pejam de atribuir à mãe tantos casos amorosos quantos são seus próprios concorrentes. Uma variante interessante desse romance familiar ocorre quando o herói fantasiador reclama para si a legitimidade, enquanto afasta como ilegítimos seus irmãos e irmãs. Também algum interesse especial pode guiar o romance familiar, pois suas várias facetas e muitas possibilidades de aplicação o tornam receptivo a toda espécie de empenhos. Assim, por exemplo, o pequeno fantasiador elimina a relação de parentesco com uma irmãzinha que o atrai sexualmente.

Se alguém rejeitar horrorizado essa depravação do espírito infantil, ou mesmo contestar a possibilidade de que existam essas coisas, deve levar em conta que essas invenções, aparentemente tão hostis, não têm intenção verdadeiramente má, e conservam, sob ligeiro disfarce, a afeição original da criança por seus pais. Trata-se de aparente ingratidão e infidelidade; pois, ao examinar detidamente a mais frequente dessas fantasias romanescas — a substituição dos dois genitores, ou somente do pai, por indivíduos mais formidáveis — descobrimos que esses genitores novos, nobres, são dotados de traços que vêm de lembranças verdadeiras do pai e da mãe reais, inferiores, de modo que a criança não elimina propriamente o pai, e sim o eleva. Todo o empenho em substituir o pai verdadeiro por um mais nobre é apenas expressão da nostalgia da criança pelo tempo feliz perdido, em que o pai lhe parecia o homem mais forte e mais nobre, e a mãe, a mulher mais bela e adorável. O menino se afasta do pai que agora conhece, volta-se para aquele no qual acreditava nos primeiros anos da infância, e a fantasia é, na verdade, apenas expressão do lamento de que aqueles tempos felizes tenham passado. Portanto, a superestimação dos primeiros anos da infância vigora de novo nessas fantasias. Uma contribuição interessante a esse tema nos é dada pelo estudo dos sonhos. A interpretação destes ensina que, mesmo em anos posteriores, quando se sonha com o imperador e a imperatriz, essas augustas personagens representam o pai e a mãe.[2] Assim, a superestimação infantil dos pais também é conservada nos sonhos do adulto normal.

2 Cf. *Interpretação dos sonhos*, [1900], 8ª ed., p. 242 [cap. vi, "O trabalho do sonho", seção E].

# TEXTOS BREVES
# (1906-1909)

TEXTOS BREVES

# RESPOSTA A UMA ENQUETE SOBRE LEITURA E BONS LIVROS*

O senhor pede que eu indique "dez bons livros", e se recusa a acrescentar alguma palavra de explicação. Assim, deixa a meu encargo não apenas a escolha dos livros, mas também a interpretação do seu pedido. Acostumado a atentar para pequenos indícios, devo me apegar à letra de sua enigmática solicitação. O senhor não disse "os dez maiores livros" (da literatura mundial), caso em que eu deveria responder, como tantos outros: Homero, as tragédias de Sófocles, o *Fausto* de Goethe, *Hamlet* e *Macbeth*, de Shakespeare, e assim por diante. Também não disse "as dez obras mais significativas", entre as quais teriam lugar obras científicas como a de Copérnico, a do antigo médico Johannes Weier a respeito da crença em bruxas,** o *Descent of man*, de Darwin, entre outras. Não perguntou também sobre os livros preferidos, entre os quais eu não teria esquecido *O paraíso*

---

\* Título original: "Antwort auf eine Rundfrage *Vom Lesen und von guten Büchern*". Publicado primeiramente em *Neue Blätter für Literatur und Kunst*, revista editada por Hugo Heller (Viena, dez. 1906), que apresentava as respostas de 32 personalidades. Traduzido de *GW. Nachtragsband* [Volume suplementar], pp. 662-4. Também se acha em *Briefe 1873-1939* [Cartas 1873-1939], Frankfurt: Fischer, 1960, pp. 267-9. Sobre esses autores e o seu lugar na vida intelectual de Freud, ver o estudo de Sergio Paulo Rouanet, *Os dez amigos de Freud* (São Paulo: Companhia das Letras, 2 v., 2003).

\** Johannes Weier (1515-1588) lutou contra a condenação das "bruxas" à fogueira, sustentando, num célebre livro publicado em 1563, que eram apenas pessoas doentes.

*perdido*, de Milton, e *Lázaro*, de Heine. Acho, então, que na sua frase há uma ênfase particular sobre o adjetivo "bons", e que com esse atributo o sr. quer designar livros com os quais nos relacionamos como bons amigos, aos quais devemos algo de nosso conhecimento da vida e concepção do mundo, livros que nos deram prazer e que gostamos de recomendar a outras pessoas, mas sem que, nessa atitude, sobressaia o elemento de tímida reverência, a sensação de pequenez ante a grandeza da obra.

Portanto, mencionarei dez desses "bons livros", que me ocorrem sem muito pensar:

Multatuli, Cartas e obras*
Kipling, *Jungle Book* [Livro da selva]
Anatole France, *Sur la pierre blanche* [Sobre a pedra branca]
Zola, *Fécondité* [Fecundidade]
Merejkóvski, *Leonardo da Vinci*
Gottfried Keller, *Leute von Seldwyla* [Gente de Seldwyla]
C. F. Meyer, *Huttens letzte Tage* [Os últimos dias de Hutten]
Gomperz, *Griechische Denker* [Pensadores gregos]
Mark Twain, *Sketches* [Esboços]

Não sei o que o sr. pretende fazer com essa lista. A mim próprio ela parece peculiar, e não posso enviá-la sem um comentário. De modo algum pretendo abordar

---

* Pseudônimo do romancista holandês E. D. Dekker (1820-1887); cf., neste volume, "O esclarecimento sexual das crianças".

a questão de por que justamente *esses* e não *outros* livros igualmente bons; quero apenas esclarecer o nexo entre o autor e aquela obra. A relação não é sempre tão firme como no caso de Kipling e o *Livro da selva*. Na maioria das vezes, eu poderia ter escolhido outra obra do mesmo autor — de Zola, o *Docteur Pascale*, por exemplo. Com frequência, o mesmo indivíduo que nos deu um bom livro nos brindou com vários outros bons livros. No caso de Multatuli, não me senti capaz de preterir as cartas particulares em favor das "Cartas de amor", ou vice-versa, e por isso escrevi "Cartas e obras". Criações literárias de valor puramente poético foram excluídas dessa lista, provavelmente porque sua solicitação — bons livros — não parecia tê-las em vista de forma direta; pois no caso do *Hutten*, de C. F. Meyer, devo pôr a "bondade" bem acima da beleza, a "edificação" acima do prazer estético.

Com o seu pedido de lhe indicar "dez bons livros", o sr. tocou em algo de que se poderia falar indefinidamente. Então aqui concluo, para não me tornar ainda mais comunicativo.

## ANÚNCIO DA COLEÇÃO
## *ESCRITOS DE PSICOLOGIA APLICADA**

* Título original: "Anzeige der *Schriften zur angewandten Seelenkunde*". Publicado primeiramente no final de *O delírio e os sonhos na* Gradiva *de W. Jensen* (Viena: Hugo Heller, 1907), o livro inicial da coleção — na qual seriam publicados vinte volumes entre 1907 e 1925, incluindo o ensaio de Freud sobre Leonardo da Vinci e obras de Jung, Abraham, Rank, Jones e outros.

## A COLEÇÃO *ESCRITOS DE PSICOLOGIA APLICADA*

Os *Escritos de psicologia aplicada*, cujo primeiro volume é agora publicado, dirigem-se àquele amplo círculo de pessoas instruídas que, sem serem filósofos ou médicos, podem apreciar o significado da ciência da psique humana para a compreensão e o aprofundamento de nossas vidas. Os trabalhos aparecerão sem ordem predeterminada, e a cada vez trarão um só estudo, que buscará a aplicação de conhecimentos psicológicos a temas de arte e literatura, de história da civilização e da religião, e esferas análogas. Esses trabalhos poderão ter o caráter de uma pesquisa exata ou de um esforço especulativo, algumas vezes tentarão abraçar um problema maior, outras vezes, penetrar uma questão mais restrita. Em todos os casos, porém, terão a natureza de realizações originais, evitando semelhar simples resenhas ou compilações.

O coordenador se sente na obrigação de garantir a originalidade e, de forma geral, o mérito dos estudos a surgirem nesta coleção. De resto, não vai interferir na independência dos colaboradores nem será responsável pelo que exprimam. O fato de os primeiros números da coleção levarem especialmente em conta as teorias por ele defendidas na ciência não deve influir na orientação do empreendimento. A coleção está aberta a representantes de opiniões divergentes, e espera dar expressão à variedade de perspectivas e princípios da ciência de hoje.

O editor
O coordenador

# PREFÁCIO A *ESTADOS NERVOSOS DE ANGÚSTIA E SEU TRATAMENTO*, DE W. STEKEL*

Minhas investigações sobre a etiologia e o mecanismo psíquico das doenças neuróticas, que venho realizando desde 1893 e que inicialmente receberam pouca atenção dos colegas especialistas, obtiveram enfim o reconhecimento de certo número de pesquisadores médicos e também chamaram a atenção para o método psicanalítico de investigação e tratamento, ao qual devo meus resultados. O dr. Wilhelm Stekel — um dos primeiros colegas que pude iniciar no conhecimento da psicanálise, e atualmente familiarizado ele próprio com a técnica psicanalítica, após anos de prática — propõe-se agora elaborar um tópico da clínica dessas neuroses com base em minhas concepções e expor aos leitores da área médica as experiências que adquiriu com o método psicanalítico. Ao mesmo tempo que me disponho a assumir a responsabilidade por seu trabalho, no sentido indicado, parece-me justo explicitar que foi muito pequena a minha influência direta sobre este livro acerca dos estados nervosos de angústia. As observações e todos os particulares da concepção e da interpretação são do autor; apenas a designação "histeria de angústia" se deve à minha sugestão.

* Título original: "Vorwort zu *Nervöse Angstzustände und ihre Behandlung*, von Dr. Wilhelm Stekel, Verlag Urban & Schwarzenberg, Berlin und Wien, 1908". Traduzido de *GW* VII, pp. 467-8.

Posso afirmar que a obra do dr. Stekel se estriba em rica experiência e que deverá servir de estímulo para que outros médicos confirmem, por conta própria, nossas opiniões sobre a etiologia desses estados. Com frequência, este livro permite inesperados vislumbres das realidades que costumam se esconder por trás dos sintomas neuróticos, e bem poderá convencer nossos colegas de que a atitude que adotarem ante os esclarecimentos e indicações aqui oferecidos não deixará de influir em sua compreensão e em seu trabalho terapêutico.

## PREFÁCIO A *O ESTUDO DA ALMA: ENSAIOS NO ÂMBITO DA PSICANÁLISE*, DE S. FERENCZI[*]

A investigação psicanalítica das neuroses (várias formas de doença nervosa determinada psiquicamente) procurou descobrir a relação desses transtornos com a vida instintual, com os danos impostos a esta pelas exigências da civilização, com a atividade fantasiosa e onírica do indivíduo normal e com as criações da psique popular na religião, nos mitos e fábulas. O tratamento psicanalítico dos neuróticos, baseado nesse método de investigação, faz exigências bem mais elevadas, ao médico e ao paciente, do que aqueles até agora utilizados, com medica-

---

[*] Título original: "Vorwort zu *Lélekelemzés: értekezések a pszichoanalizis köreböl*, Dr. Ferenczi Sándor, Budapest, 1910". Traduzido de *GW* VII, p. 469.

mentos, dieta, hidroterapia e sugestão, mas proporciona ao doente muito mais alívio e duradouro fortalecimento para as tarefas da vida, de forma que não devemos nos surpreender com os contínuos progressos desse método terapêutico, apesar da veemente oposição a ele.

O autor dos ensaios deste volume, a mim ligado por estreita amizade, e conhecedor, como poucos, das dificuldades dos problemas psicanalíticos, é o primeiro húngaro que se propõe interessar os médicos e pessoas cultas de seu país na psicanálise, com trabalhos escritos na sua língua materna. Oxalá ele tenha êxito nesse empreendimento, e consiga atrair para o novo âmbito de trabalho novas forças entre os seus compatriotas.

# ÍNDICE REMISSIVO

AS INDICAÇÕES *NA* E *NT* DESIGNAM
AS NOTAS DO AUTOR E DO TRADUTOR,
RESPECTIVAMENTE.

## ÍNDICE REMISSIVO

Abraham, 231NA, 428NT
abstinência, 343, 372, 375-6, 379-81, 383-5
Acádia, 198NA
Adler, 240, 275-6, 289
adolescente(s), 47NT, 410
adulto(s), 124-5, 128NA, 135, 139, 158, 186, 202, 222, 234-8, 242, 247, 258, 278, 281-2, 298, 317, 320, 323, 328-9, 391, 393, 396-9, 424
afeto(s), afetiva, afetivos, 16, 33, 54, 81, 158, 170, 267, 272, 283, 291-2, 304, 318, 327, 346, 387, 421
*Affektivität, Suggestibilität, Paranoia* (Bleuler), 72NA
agorafobia, 249
"Agressionstrieb im Leben und in der Neurose, Der" (Adler), 240NA
agressividade, agressivas, agressivo(s), 55, 64, 271, 274-5, 368
*Além do princípio do prazer* (Freud), 275NA
Alemanha, 55, 132NT
Alexander, F., 128NA
alimentação, alimentos, 305, 354, 407
almas, 92; *ver também* espíritos
*Alte Testament im Licht des alten Orients, Das* (Jeremias), 356NA
amor, amoroso(s), amorosa(s), 35, 40, 45, 48, 50, 52, 55, 57, 67, 82, 87-8, 90-1, 97, 102, 106, 111-3, 115-6, 120-1, 135-7, 139, 168, 170, 196, 243-5, 247-8, 269-70, 276NA, 277, 279, 281, 318, 331-2, 343, 361, 370-1, 381--2, 385, 387-8, 404, 415, 417, 420, 423
*Análise da fobia de um garoto de cinco anos* (Freud), 320NA, 401NA
analogia(s), 57, 60, 69, 75, 262, 291, 301, 312, 393, 418
Andreas, L., 128NA
angústia, 22, 74, 76, 80NT, 81--2, 146-9, 151NA, 157-8, 163, 167-70, 184, 219, 233, 248-53, 271-5, 278, 302, 308-9, 311, 389, 430; *ver também* medo; temor(es)
animal, animais, 120, 128, 156--8, 169, 239, 241, 256, 261, 323-4, 368, 398, 403
anseio(s), 32, 87-9, 112, 133, 147-8, 229, 248, 253, 271, 341, 395
ânsia de saber, 129, 321
ansiedade, 389
*Antigo Testamento à luz do antigo Oriente* ver *Alte Testament im Licht des alten Orients, Das* (Jeremias)
Antiguidade, 14, 21, 25, 32, 47, 49, 53, 69, 119, 399
antissemitismo, 159
ânus, anal, anais, 350, 352-3, 355, 357, 402-3
Anzengruber, 334

## ÍNDICE REMISSIVO

aparelho psíquico, 61, 369; *ver também* psique; vida psíquica
Apolo, 22NT, 28, 38, 74, 88-9, 106
Ariosto, 326
arqueologia, 19, 49, 52, 68, 70, 107
arte, artístico, artística, 117, 196, 292, 327, 364, 380
asseio, 351
ataque epiléptico, 418
ataque(s) histérico(s), 310, 348, 413-8; *ver também* histeria, histérico(s), histérica(s)
atos obsessivos, 301-12; *ver também* cerimonial neurótico; obsessivo(s), obsessiva(s)
"atos sintomáticos", 288
Áustria, 132NT
"Autobiografia" (Freud), 338NT
autoconservação, 275
autoerotismo, autoerótico(s), autoerótica(s), 135, 227NA, 240, 242-3, 248, 267, 318, 370-1, 383, 399, 416-7; *ver também* masturbação, masturbatório, masturbatória
avareza, 351

babá, 145, 147-8, 153, 215, 319, 396, 400
Babilônia, 356
banheira, 193-4, 198, 231, 248, 262, 266
banho, 131, 134, 140, 143, 145, 154, 189, 193-5, 201, 262-3, 319
Basedow, doença de, 93

Beard, G. M., 364
bebê(s), 126, 196-8, 203-4, 215, 217, 219, 223-4, 226-8, 247-8, 263-7, 269, 321, 323, 352, 354-5, 378, 395-8, 402-4, 406, 410-1; *ver também* lactente(s); recém-nascido
"Bedeutung der psychoanalytischen Methode nach Freud, Die" (Sadger), 348NA
beijo, 220, 407
Bernheim, 235
bezerro, 221-2
bigode, 166, 174, 178-80, 224, 228, 231, 258
Binet, 64
biológica, função, 280
bissexualidade, bissexual, 348-9, 414
Bleuler, 72NA, 287-8
boca, 166, 174, 178-9, 197, 222, 258, 353, 407
bode, 219
boneca, 134, 215, 217, 265
borboleta, 31, 120
BorchJacobsen, 283NT
Breuer, 73, 113, 291, 340NA
brincadeira(s), 135, 137, 174, 176, 178, 207, 211, 217, 260-1, 267, 270, 286, 294, 327-9, 336, 405, 407
bronze, 21, 25, 49, 63, 111
bruxas, 426
bumbum, 127, 158, 201, 230-1, 406
Busch, W., 136NA

435

## ÍNDICE REMISSIVO

cachorro, 129, 319
carinho(s), 112, 124, 143-8, 154, 163, 248, 252
carneiro, 219, 220, 222
carruagem, carruagens, 89, 151-4, 156, 167, 170-9, 181, 185, 192-3, 196-7, 199, 205-12, 214-5, 219, 221-3, 228, 230, 258, 260-3, 265-6
"Cartas e obras" (Multatuli), 427-8
casamento, 26, 111, 306, 361, 375, 377-8, 380-2, 385-6, 388, 406-7
castigo, 153, 167, 252, 278, 308
castração, 128NA, 158, 239, 254-5, 266, 400; *ver também* complexo da castração
catártico, catártica, 113, 291
cavalo(s), 129, 132, 134, 143, 145-7, 149-54, 156-7, 163, 165-7, 169-72, 174-81, 184-7, 192-3, 195-7, 199, 203-7, 209-15, 222-3, 228, 233, 241, 245-6, 249, 253-61, 263-6, 271-4, 280, 319
cegonha, 130, 131NA, 133, 197, 199-200, 202-5, 208, 215-6, 218, 221, 226-7, 230, 263-4, 268-9, 321, 323, 395-6, 398
Ceres, 19, 46
cerimonial neurótico, 301-5, 307-8, 310-1
Chapeuzinho Vermelho, 402
Charcot, 73
*Chiste e sua relação com o inconsciente, O* (Freud), 245NT, 338NT

chocolate, 227NT, 354
ciência, científica(s), científico(s), 14-5, 21, 25, 28-9, 55, 61, 63-4, 67-8, 70-2, 85, 89, 102, 116, 124, 235, 237, 315, 333, 426, 429
"Cinco lições de psicanálise" (Freud), 397NT
ciúme, 38-9, 100, 102-3, 112, 131, 220-1, 318, 387
civilização, 361, 366-8, 373, 384, 429, 431
clitóris, 132, 400-1; *ver também* vagina
cloaca, 403
coação, 236
coerção, 126, 278
coito, 257, 274, 280, 384, 399, 401, 404-5, 415, 418
cômica, 304, 354
compaixão, 246
complexo da castração, 127, 128NA, 159, 233, 256, 400; *ver também* castração
complexo de Édipo, 397NT; *ver também* Édipo
"complexo", 287
compulsão, 54, 151, 305-7
condensação, 214, 413-4
confiabilidade, 351, 355
conflito(s), 40, 50, 71-3, 86, 170, 236, 268-9, 277-8, 310, 372, 375, 378, 384, 387, 396
consciência, 15, 24, 28, 65-6, 69, 78, 81, 83, 86, 102-3, 110, 113-5, 127, 132, 158, 255, 272, 274, 278, 280, 292, 296-8,

303, 307-8, 317, 320, 322, 341, 356, 400, 403, 413, 416-7
conscientes, atos e processos, 65--6, 68, 70-1, 78-82, 87, 89, 91, 98, 101-3, 107-9, 114, 117, 119, 132, 158, 237, 247--8, 258, 265, 279, 280NA, 296-7, 341-4, 348, 391, 397, 406, 415, 421-2
"Considerações atuais sobre a guerra e a morte" (Freud), 334NT
conteúdo manifesto, 80, 82, 104, 121
contrectação, 245
convalescença, 387
conversão, 250, 345
Copérnico, 426
*couvade*, 407
Crews, 283NT
criação literária, 119, 326, 335--6, 428
criança(s), 52, 63, 125-8, 132-3, 135, 137-9, 147, 167, 184, 186, 197NA, 204, 209, 213, 216-7, 225-7, 229-30, 231NA, 234-6, 238, 241-2, 244-7, 250, 252, 254, 267-8, 271, 276-8, 281-3, 286, 298, 315--24, 327-9, 354-5, 378, 387, 391-9, 401-10, 420, 422-4; *ver também* infância, infantil, infantis
criminoso(s), 291-2, 296-7, 368
crueldade, 388
culpa, 127, 286, 298-9, 308-9, 311, 320, 322, 354

cultura, cultural, culturais, 278, 313, 353, 360-2, 364, 366--79, 384-5, 387-9
cura, 34, 60, 90, 111-6, 118, 124, 251, 277, 282, 291, 293, 296

Darwin, 426
defecação, 193, 241, 352, 354-7; *ver também* evacuação
defesa, 255, 308, 310, 354, 405
deformação, 78-80, 95, 141, 256, 272, 279, 333, 413
Dekker, 316NT, 427NT
*Delírio e os sonhos na Gradiva de W. Jensen, O* (Freud), 428NT
delírio, delirante(s), 26, 29-31, 33-5, 37, 39-40, 43, 53-4, 56-7, 61-4, 67, 69-78, 80, 82-4, 86, 88-93, 99-104, 107-14, 116, 118, 340, 344
*dementia praecox*, 238, 321
*Descent of man, The* (Darwin), 426
desejo(s), 14-5, 47, 52, 82-3, 85, 102, 118-9, 125, 138, 142, 150, 153, 162, 169-70, 173-5, 177-8, 184, 196, 204, 214, 225, 231, 240-1, 245-6, 248, 252, 254-7, 260, 263-8, 270, 272, 281, 292, 317, 329-33, 336-7, 341, 343, 345-6, 378, 381-2, 385, 395, 401, 407, 414, 420, 422-3
deslocamento, 78, 103, 249, 311--2, 354, 369
desprazer, desprazeroso, 157-8, 297, 369

# ÍNDICE REMISSIVO

Deus, deuses, 19, 68, 122, 154, 167, 216, 218, 223-4, 279, 313, 330, 356NA

devaneio(s), 328, 331-6, 338, 340-2, 417, 421-2

*Dez amigos de Freud, Os* (Rouanet), 426NT

Diabo, 356

diagnóstico, 63, 417

*Diagnostischen Assoziationsstudien* (Jung), 72NA

dieta, 432

dinheiro, 153, 197, 306-7, 355-7, 365

*Docteur Pascale, Le* (Zola), 428

doença(s), doente(s), 54, 61, 73, 83, 93, 103, 110, 114, 124, 147, 152, 159, 229-30, 232, 234, 237, 241, 248-9, 251, 253-5, 259-61, 266, 271, 273, 276, 278, 281, 291-3, 296, 301-3, 307-8, 310, 312, 330, 332, 345, 361, 364, 366-7, 373, 375-6, 378, 386-7, 403, 407, 413-4, 416, 426, 430-2; *ver também* enfermidade(s)

Eckstein, 322

Édipo, 229, 245, 320

educação, 236, 276-8, 281, 324, 329, 353, 355, 370, 373, 379--82, 384, 386-7, 392, 406

educador(es), 282, 316, 321, 324, 409

egoísta(s), 311-2, 331, 338, 394

Eimer, 36

Ellis, H., 318, 340-1NA, 393

emoção, emoções, emocional, emocionais, 43, 70, 88, 92-3, 147, 246-7, 268-9, 326, 328, 337, 395, 400, 409; *ver também* vida emocional

empatia, 63

enfermidade(s), 61, 93, 159, 233-4, 250-1, 274-5, 293, 301, 315, 365, 378-9, 387, 416; *ver também* doença(s), doente(s)

enurese, 358

epilepsia, 418

*Epístolas* (Horácio), 50NT

Erb, W., 362

erotismo, erótico(s), erótica(s), 32, 50, 56, 63-4, 67-8, 70-1, 73, 82-3, 88, 102, 119, 138, 147, 248, 267, 318, 330-1, 340, 352-3, 357, 368, 403, 422-3

erotomania fetichista, 62

*Esboços* ver *Sketches* (Twain)

"Esclarecimento sexual das crianças, O" (Freud), 427NT

escolha de objeto, 135, 242-3, 277

escritores, 14-7, 73, 120, 326-8, 333-8, 384

esfinge de Tebas, 268, 320

espiritismo, 93

espíritos, 28-9, 92-3

Estado francês, 324

*Estados nervosos de angústia e seu tratamento* (Stekel), 249NA, 430

estímulos somáticos, 15

estômago, 166, 193, 231
*Estudo da alma: ensaios no âmbito da psicanálise, O* (Ferenczi), 431
*Estudos sobre a histeria* (Breuer e Freud), 73NA, 291NA, 340NA
*Ética sexual* (Von Ehrenfels), 360
éticas, 379
Eu, 158, 238, 241, 296, 313, 334-6, 338, 340
*Eu e o Id, O* (Freud), 275NA, 280NA
Eva, condessa de Baudissin, 121
evacuação, 180, 182, 242, 260, 268, 352, 354-5; *ver também* defecação
excentricidade, 354
excitação, excitações, 16, 81, 95, 253, 269, 271, 274, 318, 343, 352-3, 357, 370, 399-402, 404
excrementos, excreção, excretórias, 230, 238, 242, 352, 356-7, 402-3; *ver também* fezes

fábula(s), 37, 128, 264, 337, 394, 402-3, 431
*Fackel, Die* (revista), 384
família(s), 46, 48, 59, 69, 138, 149, 188, 247, 283, 332, 362, 368, 374, 395
fantasia(s), 16, 18-9, 21, 24-6, 28-9, 31, 33, 46, 48, 50, 54, 57-9, 62-3, 68-71, 76, 78-9, 91, 111, 116, 120, 133, 155, 161NA, 162-5, 178, 193-4, 200, 205, 212, 214, 224-5, 227, 230-1, 233, 235-6, 239, 241-2, 248, 254-7, 262, 264--7, 316-7, 327-33, 336-8, 340-8, 354, 384, 413-6, 422-4
"Fantasias histéricas e sua relação com a bissexualidade, As" (Freud), 414, 421NA
fantasmas, 29, 92; *ver também* espíritos
*Fausto* (Goethe), 426
*Fécondité* (Zola), 427
felicidade, 224, 229, 241, 386, 389
feminino(s), feminina(s), 21, 62, 143, 150, 219, 225, 243-4, 347, 381-3, 386, 399-400, 403, 407, 417; *ver também* mulher(es)
Ferenczi, 431
fetichismo, fetichista, 62, 64
fezes, 128NA, 262, 273, 352, 357, 403; *ver também* excrementos
filho(s), filha(s), 19, 42, 46, 55, 68-9, 98, 124, 126, 132-3, 135, 137, 140-1, 150, 152, 155, 165-6, 185, 196, 218, 221, 223-5, 227-30, 233, 241, 245, 247-8, 250, 254, 256, 266-8, 270, 273, 278-9, 322-3, 332, 342, 362, 386, 389, 403, 405, 407-9
fisiologia, fisiológica(s), fisiologia, fisiológico, 15, 78, 83, 383, 400, 418
Florença, 122
fobia(s), 128NA, 146-7, 149, 151-2, 167, 172, 177, 185-6, 204,

214-5, 234, 237, 242, 246, 249-52, 258-9, 261, 267, 270, 272-8, 282, 310, 407
forças psíquicas, 61, 66, 83, 388; *ver também* psique; aparelho psíquico; vida psíquica
*Fragmento da análise de um caso de histeria* (Freud), 73NA, 126NA
framboesa, 162, 232, 246NA
France, A., 427
*Fremdlinge unter den Menschen* (Jensen), 121
frigidez, frígidas, 382, 386
função biológica, 280NA
furadeira, 193, 231, 262
Fürst, 315

galinha(s), 216-7
genital, genitais, 128, 142-3, 145NA, 219, 241, 243-4, 267, 318, 353, 370-1, 384, 399
*Gente de Seldwyla* ver *Leute von Seldwyla* (Keller)
*Geschlechtstrieb und Schamgefühl* (Ellis), 340NA
gestação, 410
girafa(s), 133-4, 160-5, 256-7
Gmunden, 132-3, 137, 144, 148, 151, 154, 156-7, 170, 184, 188-9, 193-4, 198-200, 204--7, 209-12, 216-7, 219, 221--2, 225-6, 254, 261, 264, 267, 271-2, 284
Goethe, 355, 426
*Götz von Berlichingen* (Goethe), 355

*Gradiva* (Jensen), 18-22, 24, 26, 28-41, 43-6, 50, 53-4, 56-8, 60, 62, 68-9, 72-4, 76-80, 82-4, 86-102, 104-7, 109, 111-6, 118-22
Graf, H., 283NT, 320NA
gravidez, grávida(s), 199-200, 205, 211, 214, 263, 266, 272, 397, 405
*Griechische Denker* (Gomperz), 427
Groß, 290
"Guardachuva vermelho, O" (Jensen), 120-1
guerra, 68

*Hamlet* (Shakespeare), 16NT, 29, 426
Heine, H., 427
Heine, T. T., 266NA
Heller, H., 330NT, 426NT
herói(s), 16, 198NA, 334-5, 368, 423
hidroterapia, hidroterápico, 387, 432
Hietzing, 156
higiene, 361, 384
hipnótica, sugestão, 100, 356
Hirschfeld, 414
histeria, histérico(s), histérica(s), 62, 72-3, 242-3, 249--51, 291-2, 310, 340-1, 343--8, 356, 367, 401, 413-8, 430
"Homem dos ratos, O" (Freud), 397NT
homem, homens, 16, 36-7, 46-7, 55, 68, 95, 97, 100, 121, 125,

## ÍNDICE REMISSIVO

138, 192, 231, 258, 276-7,
305-6, 322-4, 326, 331-2,
340-1, 348, 360-1, 368, 372,
374, 377-83, 385, 400-3, 409,
414-5, 417, 424; *ver também*
masculino(s), masculina
Homero, 426
homossexualidade, homossexual, homossexuais, 136,
138, 142, 243-4, 347, 357,
371-2, 385, 400
Horácio, 50NT
Horas (deusas), 122
*Huttens letzte Tage* (Meyer), 247,
427-8

ideias antecipatórias, 237, 336
ilusão, 31, 42, 91, 377
"Im gotischen Hause" *ver* Na
casa gótica" (Jensen)
imperadores romanos, 344
impulso(s), 25, 28, 46, 70, 75,
85-6, 89, 92, 110, 115, 120,
125-6, 138, 214, 232, 257,
259, 269-71, 274, 301, 309-
-10, 346-7, 373, 375, 380-1,
388, 394, 402, 404, 420-1
incesto, 165
inconsciente, o, 72, 98, 101,
104, 108-10, 113-5, 117-9,
158, 194, 237, 255, 270, 272,
309, 333, 342, 373
inconscientes, atos e processos,
65-7, 70, 73, 80, 86, 92, 105,
118, 132, 167, 214, 254-5,
257-60, 266, 307, 321, 341-
-6, 367, 391, 409-10, 413

*incontinentia alvi*, 352
inervação somática, 250, 414
infância, infantil, infantis, 45-50,
52-4, 56-7, 63-7, 69-70, 91,
93, 103, 108-9, 113, 121, 124-
-6, 131, 140, 147, 149, 159,
218, 234, 238, 241, 243-4,
250, 266, 270, 277-8, 281-3,
286, 298, 308, 310, 317-8,
322, 326-8, 330-2, 336, 346,
351-2, 354, 357-8, 370-1, 383,
385-6, 391-5, 398-401, 403,
406-11, 414, 416-8, 421,
423-4; *ver também* criança(s)
inibição, inibições, inibido(s),
inibida, 89, 121, 251, 258-9,
283, 318, 370-3, 376, 383,
398, 407-8
insetos, 410
instinto(s), instintual, instintuais, 73, 112, 114-5, 124, 240,
243-5, 262, 274-6, 278-82,
309-13, 315, 317-8, 320, 324,
344, 346, 352-3, 358, 368-82,
392-6, 398, 406-7, 431; *ver*
*também* vida instintual
inteligência, 48, 92, 117, 246
*Interpretação dos sonhos, A*
(Freud), 14-6, 18, 77, 81NA,
106, 128, 131NA, 142, 245,
247, 252, 295NA, 311NA,
333NA, 340-1NA, 345NA,
424NA
intimidade, 245, 265
inveja, 401, 422
investimento(s), 84, 327, 415,
417

## ÍNDICE REMISSIVO

Ippolito d'Este, cardeal, 326NT
irmão(s), irmã(s), 38-9, 47, 93--4, 96-7, 112, 121, 131, 133-4, 154, 217, 247-8, 263, 267-8, 283, 305, 320-1, 352, 374, 395, 397, 401, 405-6, 421, 423
irracional, 92
isolamento, 25, 303
Itália, 25-6, 28, 44, 56, 84, 86, 88

Janet, 73, 340NA
Jensen, 18, 72, 118, 120-1
Jeremias, A., 356NA
Jones, 17NT, 428NT
judeus, 159
Jung, 17NT, 72, 287-8, 290NA, 392, 428NT
*Jungle Book, The* (Kipling), 427-8
Júpiter, 22

Keller, G., 427
Kipling, 427-8
Klein, 290
Kraus, K., 384

lactente(s), 128NA, 353NA, 354; *ver também* bebê(s)
lagarto(s), 29, 36, 38, 42, 94-9, 106-7, 119-20
Lainz, 151, 154-5, 164, 176, 191, 195, 212, 220, 225, 229, 264
lapsos, 288
latência sexual, 353
latente(s), 79-80, 88, 95, 102, 118, 121, 345NA

Lázaro (Heine), 427
lembrança(s), 28, 44, 49-50, 52, 57, 66, 69, 78-9, 82, 96, 113--4, 120, 133, 190, 222, 247-8, 284, 331-2, 336, 355, 391, 393, 404, 424; *ver também* (s) memória; recordação, recordações
leões, 128, 156NA
Leonardo da Vinci, 428NT
*Leonardo da Vinci* (Merejkóvski), 427
*Lettres de femmes* (Prévost), 410
*Leute von Seldwyla* (Keller), 427
libido, libidinal, libidinais, 81, 102, 147-50, 243, 248, 250-1, 261, 275NA, 276, 343, 347, 376, 385, 415-6, 418
Liébault, 235
limpeza, 242, 355
linguagem, 25, 27-8, 134, 161NA, 333, 356-7
literatura mundial, 426-8
Löffler, 286
Löwenfeld, 301NA

*Macbeth* (Shakespeare), 29, 426
mãe, 47, 52, 126-7, 128NA, 129--30, 132, 138-50, 154-6, 158, 163-6, 168, 170, 172, 175-6, 184, 190, 196, 199-200, 205, 211, 213-4, 219, 224-6, 229, 232-3, 240-2, 244-5, 248, 250, 252-4, 256-7, 260-1, 263-70, 272, 274-6, 279, 281, 319-20, 354, 386, 394, 397-8, 401-2, 405, 411, 420-4

## ÍNDICE REMISSIVO

mamífero(s), 127NA, 323
*Mammon*, 356
mãos, 161, 167NA, 195, 201, 324, 414
mármore, 21-2, 25, 29, 63, 74, 80, 82, 111
Mars Gradivus, 68
masculino(s), masculina, 102, 112, 126, 137, 143, 243, 244NA, 275, 347, 393, 401, 408, 418; *ver também* homem, homens
masoquista(s), 119, 344
masturbação, masturbatório, masturbatória, 140, 149, 152, 155, 227NA, 242, 253-4, 267, 271-3, 342-3, 383-5, 409, 416; *ver também* autoerotismo, autoerótico(s), autoerótica(s)
matemática, 52
material patogênico, 238-9, 250, 255, 258, 282
*Max Havelaar* (Multatuli), 316NT
medicina, médico(s), 60, 64, 67, 74, 93, 103, 110-1, 113, 115, 118, 124, 130, 149, 152, 233, 237-8, 249, 255, 258-9, 279, 292, 303, 315, 330, 355, 361--2, 365, 375, 378, 387, 389, 403, 417, 426, 429-32
medo, 40, 80, 143-6, 147NT, 148NA, 149-54, 156-8, 160, 163, 165-6, 168-79, 181, 186, 191, 193-5, 197, 200, 209-10, 212, 215, 222-3, 229, 231-3, 242, 245-6, 248-51, 253-4, 256-63, 266, 270, 272, 278, 311, 377; *ver também* angústia; temor(es)
Melusina, 303
memória, 18, 56, 288, 406; *ver também* lembrança(s); recordação, recordações
menina(s), 130, 136-7, 139-42, 154, 187, 203, 218, 226-7, 244, 401, 409-10
menino(s), 65, 124, 126, 130, 138, 145, 147, 149-50, 152, 158-9, 165-6, 168, 172-3, 177, 184, 203, 214, 218-9, 226-7, 229, 233-4, 236, 244, 252-3, 255, 257, 260, 265, 270-1, 274, 276-7, 279-80, 283, 323, 394, 399, 400-1, 403-6, 409-10, 418, 424
menstruação, 406
Merejkóvski, 427
Meyer, 247, 427-8
Milton, 427
*Mito do nascimento do herói, O* (Rank), 198NA, 419
mitologia, mitos, 128, 198NA, 320, 337, 356, 394-6, 400, 421, 431
Moebius, 383
Moll, 245
monogamia, monogâmico, 361
*Monsieur Nicolas* (Restif de La Brétonne), 404NA
moral, morais, 324, 353, 360-1, 366, 371-2, 374, 376-9, 384--6, 389
morte, 37, 43, 84, 102, 131NA, 197, 202, 245-6, 248, 265, 275, 389

movimento psicanalítico, 72
*Muito barulho por nada* (Shakespeare), 279
mulher(es), 18, 22, 34, 49, 51-2, 59, 63-4, 67-8, 88, 101-2, 111--2, 121, 126, 145, 151NA, 154--5, 159, 162, 176, 181-4, 192, 196, 211, 218-9, 228-9, 243, 254-5, 305-6, 322, 330-1, 334, 340-1, 348, 361, 372, 374, 377-8, 381-3, 385-6, 388, 399-401, 403, 405-6, 409, 414, 418, 424; *ver também* feminino(s), feminina(s)
Multatuli, 316, 427-8
mundo exterior, 17
Munique, 122

"Na casa gótica" (Jensen), 121
nádegas, 355
nascimento, ato do, 67, 128-9, 131, 200, 204, 217, 231NA, 238, 247, 250, 262-5, 267--8, 403, 408
Nergal, 356NA
nervosismo, 277, 354, 361-2, 365, 367-8, 373-4, 379, 388-9
"Nervosität und neurasthenische Zustände" (Von Krafft--Ebing), 365NA
*Neue Blätter für Literatur und Kunst* (revista), 426NT
neurastenia, 81NA, 364, 366
neurologistas, 235, 364NT
neurose(s), neurótico(s), neurótica(s), 25, 73, 81, 120, 124-5, 127, 140, 149-50, 159, 166, 214, 234, 238, 244, 247--50, 267, 270-79, 281-3, 296, 298, 301, 303-4, 309--12, 315, 318, 320NA, 321, 330, 332, 340, 345, 348, 355--7, 366-7, 373-6, 378-9, 382-3, 386-8, 391-4, 397, 405, 407, 410, 418, 420-1, 423, 430-1
*Névroses et idées fixes I* (*Les rêveries subconscientes*) (Janet), 340NA
nojo, 182-4, 190, 242, 260, 273, 353, 403
Nordbahn, 214
"Nossa atitude perante a morte" (Freud), 334NT
"Novas observações sobre as neuropsicoses de defesa" (Freud), 73NA
"Nuit de Raymonde, La" (Prévost), 410NA
núpcias, noite de, 306

obsessivo(s), obsessiva(s), 259, 291, 301-7, 309-12, 321, 367
obstinação, 351, 353, 355
óculos, 166, 258
ódio, 115, 246, 269, 270, 276NA, 387
onírico(s), onírica(s), 77-80, 88, 98-9, 106, 118, 295, 333, 341, 345NA, 431; *ver também* sonho(s)
ordem, ordeiro, 351, 353, 355
organismo, 398
*Orlando Furioso* (Ariosto), 326NT

## ÍNDICE REMISSIVO

ouro, 356-7
ovos, 216, 217

paciente(s), 73, 93, 103, 110, 113--5, 124, 128NA, 152, 167, 172, 237-8, 244NA, 249, 251, 255, 258-9, 273, 279NA, 282-3, 292-6, 305-6, 342, 344, 348--9, 353, 355, 407, 414, 417, 431

pai, 42, 44, 47-9, 55, 69, 98-9, 104-6, 124, 126, 129-30, 132-3, 135, 138, 141-2, 144, 148-50, 152, 155, 157, 162--70, 175, 177-8, 180, 184-7, 192-5, 198-200, 203-4, 214, 217, 219, 222, 224, 229, 231--3, 235-9, 241, 245-6, 248, 252, 254, 256-8, 260-6, 268-75, 277-80, 319, 394, 397, 401-2, 405, 407NT, 410-1, 420-2, 424

pais, 125, 128NA, 129, 137, 145NA, 170, 196, 217, 233, 236-7, 239, 241, 245, 247, 251, 253--6, 265-7, 270, 272, 277-80, 283, 316-7, 319-20, 322-3, 332, 362, 381, 387, 396, 400, 404, 406, 409, 420-4; *ver tambem* mãe; pai

paixão, paixões, 35, 48-9, 115, 247, 364, 377

*Palavras de Freud, As* (Paulo César de Souza), 147NT, 343NT, 397NT

pantomima, 413

*Paraíso perdido, O* (Milton), 426-7

paranoia, paranoico(s), 62, 93, 340, 344

parcimônia, 351, 353

pássaro(s), 35, 38, 44, 48, 87, 94, 106, 156

*Patients de Freud, Les* (Borch--Jacobsen), 283NT

pele, 245, 318, 355

pelicano, 156

pênis, 127-8, 134, 140, 142-3, 149, 159, 162, 164NA, 193, 233, 243, 262, 269, 399--402, 404

*Pensadores gregos* ver *Griechische Denker* (Gomperz)

pensamento(s), 16, 24, 33, 45, 47, 49, 54, 73, 79-80, 88, 93, 95, 98-9, 102, 104-7, 118, 146, 158-9, 199, 203-4, 214, 235, 237, 247-8, 254, 258, 266, 268-9, 280NA, 292-4, 301, 304, 306, 312, 320-1, 323, 345NA, 356-7, 380, 383, 394-5, 402

perigo(s), 74, 88, 128, 324, 364, 385, 405

personalidade, 25, 30-1, 35, 68, 101, 304, 326, 330, 341, 357, 368

perspicácia, 141, 224

perversão, perversões, perverso(s), perversa(s), pervertidos, 136, 242-3, 318, 340, 344, 370-4, 384

pés, 18-9, 21-2, 33, 62, 64, 68, 176-7, 180, 193, 200, 209--10, 213, 228, 270, 331

## ÍNDICE REMISSIVO

Pick, 340NA
poligamia, 135, 244
Pompeia, 18, 21-4, 26-8, 30-1, 35-7, 39, 42-4, 48, 55-8, 62, 68-9, 74-5, 77-9, 82, 84-6, 88-90, 93-4, 100-1, 104, 107-8, 120
Praga, 290
Pramantha, 231NA
prazer, prazeroso, prazerosa(s), 92, 120, 142, 149, 157-8, 165, 184, 186, 230, 240-2, 245, 247, 253, 261, 268, 274, 297, 310, 313, 318, 327-8, 337-8, 343, 352, 354, 364, 370, 377, 382, 400, 405-6, 427-8
préconsciente, 280NA
Prévost, 410
prisão de ventre, 232, 355
procriação, 224, 370, 422; *ver também* reprodução
Prometeu, 231NA
proteção, 104, 251, 255, 308, 310
psicanálise, 35, 72, 118, 124, 162, 202, 237, 252, 255, 259, 275, 279, 282-3, 284, 291-8, 344, 346, 348, 355-6, 367, 391, 397, 410, 413, 421, 430, 432
psicanalista(s), 125, 297
psicologia, 60-1, 104, 286, 299, 337, 420, 429
psicopatologia, 50, 65, 289
*Psicopatologia da vida cotidiana* (Freud), 288NA
psicose(s), 332, 383
psicoterapia, 114-5
psique, 15-6, 50-1, 57, 60, 83, 117, 132, 235-6, 250, 338, 373, 379, 429, 431; *ver também* aparelho psíquico; forças psíquicas; vida psíquica
psiquiatria, psiquiatra(s), 60-2, 93, 235
*Psychischen Zwangserscheinungen, Die* (Löwenfeld), 301NA
"Psychoanalysen von Zahleneinfällen und obsedierenden Zahlen, Drei" (Adler), 289NA
"psychologische Diagnose des Tatbestandes, Die" (Jung), 288NA
puberdade, 283, 317-8, 353, 392, 401, 408, 418, 421
pudor, 338, 341, 406

raiva, 180, 213, 351
Rank, 198NA, 250, 419, 428NT
razão, racional, 40, 45, 92
recém-nascido, 317
recordação, recordações, 38, 46--7, 49-50, 64-7, 70, 95, 109, 292, 336, 354; *ver também* lembrança(s); memória
regressão, 383
*Rei Lear* (Shakespeare), 60
religiosidade, religião, religiões, religioso, religiosa(s), 92, 301, 303-4, 307-8, 310-3, 322, 363, 368, 383, 429, 431
renúncia(s), 112, 305, 310, 312--3, 328, 368, 375, 379, 416
repetição, repetições, 120, 265, 266, 303, 395

ÍNDICE REMISSIVO

repouso, 387
repressão, repressões, reprimido(s), reprimida(s), 49-52, 54, 57, 65-7, 69-73, 78-9, 81, 83, 88-9, 92, 103-4, 108, 112-6, 119, 142, 147-50, 153, 156, 158-9, 170, 184, 196, 214, 240-2, 246-7, 250, 252-4, 259, 261, 270, 272-6, 279-82, 292, 296-7, 309-10, 313, 333, 342-3, 346, 355, 366-8, 370, 372-3, 381-3, 388, 398, 401, 403, 410, 415-8
reprodução, 318, 323, 370-1; *ver também* procriação
resistência(s), 49, 66-7, 71, 78-9, 83, 87-8, 163, 173, 187, 230, 236, 255, 258, 293, 296-7, 375, 415
Restif de La Brétonne, 404NA
*Reunião de pequenos textos sobre a teoria das neuroses* (Freud), 73NA, 304NA, 366NA
Roma, 18, 26, 28, 85-6, 88
Rops, 51
"Rote Schirm, Der" *ver* "Guarda-chuva vermelho, O" (Jensen)
Rouanet, 426NT
Rousseau, 52

sacrifício(s), 119, 282, 360, 368, 374, 388-9
Sadger, 243, 348NA
sadismo, sádico(s), sádica(s), 211, 214, 246, 264, 270, 274-5, 344, 404-5

salsicha(s), 227, 266NA
*Sammlung kleiner Schriften zur Neurosenlehre* ver *Reunião de pequenos textos sobre a teoria das neuroses* (Freud)
sangue, 130, 202, 213, 246NA, 405-6
Sante de Sanctis, 75NA
Sargão, rei, 198NA
satisfação, satisfações, 39, 53, 92, 148-9, 163, 245, 253-4, 267, 323, 340-4, 346, 367-9, 373, 375-7, 382-5, 389, 406, 410, 416-7
saúde, 61, 360
Schönbrunn, zoológico de, 128, 133, 145, 155-6, 162, 164-5, 203, 208, 256
sedução, 140NA, 146, 253, 319, 415
seio materno, 127, 128NA
sensualidade, sensual, 320, 364, 380-1
sentimento(s), 30, 38, 49-50, 52, 66-7, 71, 73, 77, 85-6, 101, 103, 113-4, 127, 138, 165, 248, 269, 273, 277, 308-9, 311, 334, 338, 354, 368, 378, 381, 395, 420
ser humano, 14, 63, 78, 246, 313, 323, 328, 352, 357, 368, 378, 394
sexo, 21, 52, 62, 150, 316, 330, 371, 382-3, 392-4, 399, 408-9, 417, 420-1
*Sexo e caráter* (Weininger), 159
*Sexualfrage in der Erziehung*

*des Kindes, Die* (Eckstein), 322NA
sexualidade, sexual, sexuais, 52, 73, 81, 114-5, 124-6, 128-9, 132, 143, 150, 157, 164, 204, 218-9, 238, 240-5, 247, 253, 267, 270-1, 273-7, 279, 297, 305, 309-12, 315-24, 340, 342-4, 346-9, 352-3, 359-61, 364, 366-89, 391-4, 398--410, 414, 417-8, 420, 422--3; *ver também* vida sexual
Shakespeare, 60, 279, 426
simbolismo, símbolo, 57, 69, 97, 108-9, 164, 262, 274, 304, 311, 345
*Simplicissimus*, 266NA
sintoma(s), 70, 72-3, 109-10, 115, 124, 159, 273, 278, 292, 296, 310, 312, 332, 340-1, 343-9, 366-7, 374, 376, 394, 407, 431
sistema nervoso, 363, 365
*Sketches* (Twain), 427
*Sobre a pedra branca* ver *Sur la pierre blanche* (France)
"Sobre as teorias sexuais infantis" (Freud), 132NA, 322NT
"Sobre os motivos para separar da neurastenia, como 'neurose de angústia', um determinado complexo de sintomas" (Freud), 81INA
sociedade ocidental, 360
Sófocles, 426
sofrimento(s), 335, 340, 372
sonâmbulo, 41

sonho(s), 14-8, 22, 24-6, 28, 31-3, 38, 57, 71, 74-84, 86--9, 91, 94-100, 102-8, 110, 112, 116, 118-9, 131INA, 132--3, 141-2, 144, 146, 149, 155, 188, 235, 240-1, 252-3, 284, 295, 311, 328, 332-3, 335, 337, 341, 345NA, 356, 399, 413-5, 424; *ver também* onírico(s), onírica(s)
sono, 15-6, 26, 81, 83, 106, 139, 225, 252, 284
St. Veit, 212
Stärcke, 128NA
Stekel, 249, 430-1
Strachey, 122NT, 138NT, 258NT, 287NT, 309NT, 397NT
*Studies in the Psychology of Sex* (Ellis), 393NT
sublimação, 273, 353, 369-71, 375, 378, 380
sugestão, 100, 235, 238-9, 356, 432
superstição, supersticiosos, 14, 356
*Sur la pierre blanche* (France), 427

técnica psicanalítica, 294-5, 344, 391
teimosia, 351, 355
temor(es), 93, 147, 156, 170, 197, 209, 232, 247-50, 278, 283, 403; *ver também* angústia; medo
tensão, 139
terapeuta, 113, 292

terapia, 37, 148, 204, 253, 291, 296, 307
ternura, 48, 64, 147-8, 150, 165, 197, 253, 275, 318, 355
Terra, 394
testemunhas judiciais, 286
testículo, 409
"Tipo especial de escolha de objeto, Um" (Freud), 397NT
toque, 416
transferências, 177
"Traum und Mythus" (Abraham), 231NA
trauma, traumática(s), 250, 271, 345
*Träume, Die* (Sante de Sanctis), 75NA
*Três ensaios sobre a teoria da sexualidade* (Freud), 124, 234, 243, 245, 315, 318, 342NA, 346, 348NT, 352, 353NA, 370NA, 385NT, 418
tuberculose, 387
Twain, 427

*Über den physiologischen Schwachsinn* (Moebius), 383NT
*Über die wachsende Nervosität unserer Zeit* (Erb), 362NA
"Über pathologische Träumerei und ihre Beziehung zur Hysterie" (Pick), 340NA
*Übermächte* (Jensen), 121NT
*Últimos dias de Hutten, Os* ver *Huttens letzte Tage* (Meyer)
*Unauthorized Freud* (Crews), 283NT

urina, 135, 142, 180, 242, 401, 406, 408

vaca, 126-7, 221-2, 319
vagina, 269-80, 402, 408; *ver também* clitóris
Van Houten, chocolate, 354
ventre materno, 198NA, 262, 410
Vênus, 88-9, 106
Vesúvio, 22, 32, 88, 92
vida emocional, 246, 395, 400; *ver também* emoção, emoções, emocional, emocionais
vida instintual, 73, 114, 243, 356; *ver também* instinto(s), instintual, instintuais
vida psíquica, 17, 60-1, 66, 71, 234, 247, 297, 328, 335, 353; *ver também* aparelho psíquico; psique
vida real, 21, 52, 68, 86
vida sexual, 125, 135, 234, 239, 243-4, 315-6, 319, 323-4, 342, 346, 353, 361, 366-8, 371, 374, 382-3, 385, 398, 400; *ver também* sexualidade, sexual, sexuais
Viena, 73, 128, 142, 148, 151NA, 170, 194, 212NT, 245, 267, 291, 330NT, 384
vigília, 16, 25, 84, 96, 118
vingança, 199, 214, 264, 313, 351, 423
violência, 404
Von Ehrenfels, 360-1, 389
Von Krafft-Ebing, 365

Weier, 426
Weininger, 159
Wertheimer, 290
Wundt, 132, 286

*Zeit, Die* (diário vienense), 121
*Zeitschrift für Sexualwissenschaft*, 414
Zola, 335, 427-8
zona(s) erógena(s), 241, 243, 318, 353, 355, 358, 370, 407
zoologia, 44, 46, 49, 98, 107
Zurique, 72NA, 287

# SIGMUND FREUD, OBRAS COMPLETAS EM 20 VOLUMES

COORDENAÇÃO DE PAULO CÉSAR DE SOUZA

1. TEXTOS PRÉ-PSICANALÍTICOS (1886-1899)
2. ESTUDOS SOBRE A HISTERIA (1893-1895)
3. PRIMEIROS ESCRITOS PSICANALÍTICOS (1893-1899)
4. A INTERPRETAÇÃO DOS SONHOS (1900)
5. PSICOPATOLOGIA DA VIDA COTIDIANA E SOBRE OS SONHOS (1901)
6. TRÊS ENSAIOS SOBRE A TEORIA DA SEXUALIDADE, ANÁLISE FRAGMENTÁRIA DE UMA HISTERIA ("O CASO DORA") E OUTROS TEXTOS (1901-1905)
7. O CHISTE E SUA RELAÇÃO COM O INCONSCIENTE (1905)
8. O DELÍRIO E OS SONHOS NA GRADIVA, ANÁLISE DA FOBIA DE UM GAROTO DE CINCO ANOS ("O PEQUENO HANS") E OUTROS TEXTOS (1906-1909)
9. OBSERVAÇÕES SOBRE UM CASO DE NEUROSE OBSESSIVA ("O HOMEM DOS RATOS"), UMA RECORDAÇÃO DE INFÂNCIA DE LEONARDO DA VINCI E OUTROS TEXTOS (1909-1910)
10. OBSERVAÇÕES PSICANALÍTICAS SOBRE UM CASO DE PARANOIA RELATADO EM AUTOBIOGRAFIA ("O CASO SCHREBER"), ARTIGOS SOBRE TÉCNICA E OUTROS TEXTOS (1911-1913)
11. TOTEM E TABU, HISTÓRIA DO MOVIMENTO PSICANALÍTICO E OUTROS TEXTOS (1913-1914)
12. INTRODUÇÃO AO NARCISISMO, ENSAIOS DE METAPSICOLOGIA E OUTROS TEXTOS (1914-1916)
13. CONFERÊNCIAS INTRODUTÓRIAS À PSICANÁLISE (1915-1917)
14. HISTÓRIA DE UMA NEUROSE INFANTIL ("O HOMEM DOS LOBOS"), ALÉM DO PRINCÍPIO DO PRAZER E OUTROS TEXTOS (1917-1920)
15. PSICOLOGIA DAS MASSAS E ANÁLISE DO EU E OUTROS TEXTOS (1920-1923)
16. O EU E O ID, "AUTOBIOGRAFIA" E OUTROS TEXTOS (1923-1925)
17. INIBIÇÃO, SINTOMA E ANGÚSTIA, O FUTURO DE UMA ILUSÃO E OUTROS TEXTOS (1926-1929)
18. O MAL-ESTAR NA CIVILIZAÇÃO, NOVAS CONFERÊNCIAS INTRODUTÓRIAS E OUTROS TEXTOS (1930-1936)
19. MOISÉS E O MONOTEÍSMO, COMPÊNDIO DE PSICANÁLISE E OUTROS TEXTOS (1937-1939)
20. ÍNDICES E BIBLIOGRAFIA

PARA MAIS INFORMAÇÕES SOBRE OS VOLUMES PUBLICADOS, ACESSE:
www.companhiadasletras.com.br

ESTA OBRA FOI COMPOSTA
EM FOURNIER E CONDUIT
POR CLAUDIA WARRAK
E IMPRESSA EM OFSETE PELA
GEOGRÁFICA SOBRE PAPEL
PÓLEN DA SUZANO S.A.
PARA A EDITORA SCHWARCZ
EM FEVEREIRO DE 2025

A marca FSC® é a garantia de que a madeira utilizada na fabricação do papel deste livro provém de florestas que foram gerenciadas de maneira ambientalmente correta, socialmente justa e economicamente viável, além de outras fontes de origem controlada.

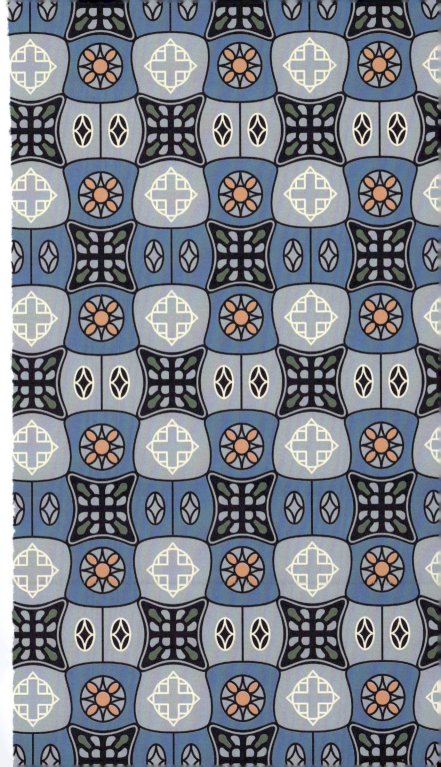

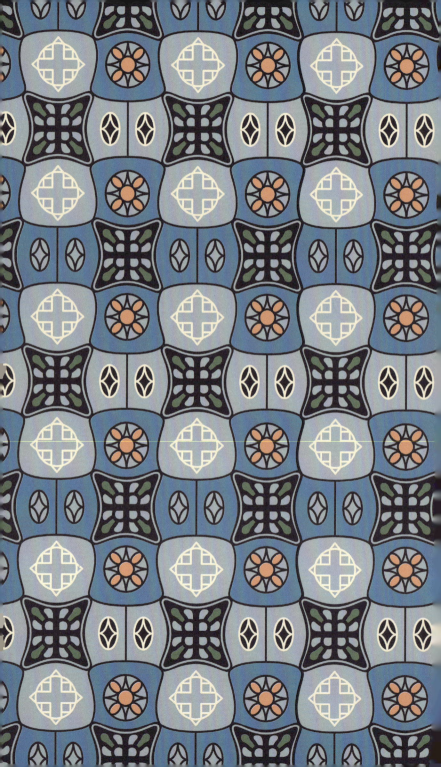